JN410566

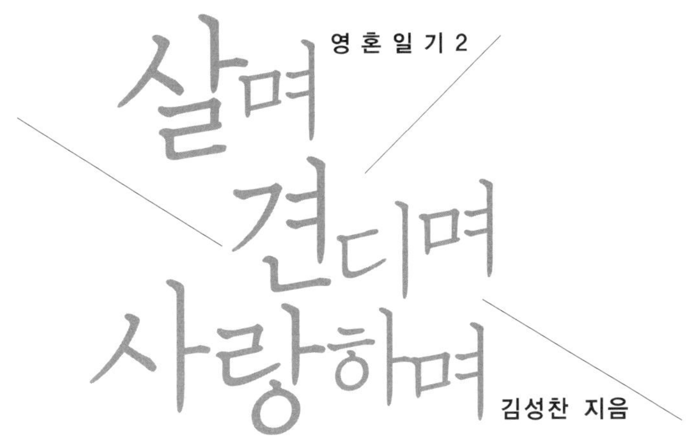

NO YES21.COM

'아니오'(NO)를 '예'(YES)하여, 그 에덴(Eden)을 이 땅에 회복하는 그날까지!

영혼일기 2

살며 견디며 사랑하며

2014년 1월 10일 초판 1쇄 발행

지은이 김성찬
일러스트 김나리
펴낸이 윤보경
펴낸곳 NOYES21.COM
서울시 노원구 공릉로59길 25, 707동 1204호
등록 2001년 6월 25일 제16-2445호
tel. 02) 6314-8156
e-mail. noyes21.com@gmail.com

제 작 *design* 두루
서울시 중구 인현동 1가 31-2 신도빌딩 203호
tel. 02) 2275-4287 fax. 02) 2272-1753

ISBN 978-89-952307-2-5

영혼일기 2

살며
견디며
사랑하며

날 것, 비린 것을, 감히.

변신한 프로필 사진이 필요해서, 사진을 한 컷 찍었습니다. 표정이 얼고, 잡티 천지라며, 내 회색 원판에 뽀샵질을 해대는 사진사. 그는 아티스트 아니라 마술사였습니다. 변신에 변신을 더해가던 나 아닌 나. 결국 분칠한 기생오라비가 되어버리고 말았습니다.

그리고 그 공정을 들여다보다가, 난 첨으로 알았습니다. 나란, 거울로 내가 본 내가 아니라는 것을. 사진이란 남이 나를 바라보는 시각이라는 것을. 어쩜 그것도 내 실상이라는 것을. 예를 들면, 내가 거울로 본 나는 왼쪽 눈 밑에 색소 침착으로 생긴 옅은 점이 있었는데, 광학기기에 비친 나의 얼굴에서는 오른쪽에 그 점이 자리했습니다. 내 자화상은 타인의 눈으로 보면 가짜였습니다. 좌우가 바뀐 모습이었습니다. 그것이 일견 객관적인 내 초상이었습니다. 그래 자화상과 초상화는 분명하게 달랐습니다. 서로 달라, 서로의 실체를 분간할 수 없다는 말도 됩니다. 그래서 서로 바라보는 시각이 다른 타인을 상호 이해한다는 것이, 본질적으로 불가능함을 나는 현상학적으로 인지했습니다.

그런 내가 타인에게 말 걸기에 나섰습니다. 그것도 포토샵에 의지하지 않은 날 것, 비린 것을 시장에 내놓습니다. 그것이 일기(日記)라는 형식으로 말입니다. 그래서 비리고, 냄새납니다. 해서, 어떤 이들의 구토를 유발할는지도 모를 나를 공개합니다. 더군다나 허용된 위선으로 뽀샵하고 강단에 서는 거룩한(?) 목사가 내뿜은 토사물이라니. 일세를 풍미했던 산방한담의 선사 법정 스님께서도 "일기를 써 보고 싶었다"라고 심중의 말을 내뱉은 적이 있었습니다. 공개적인 일기 쓰기 말입니다. 그런데 그분도 그 소망을 이루지 못했습니다. 용기가 없었으리라 생각해 봅니다. 그런데 나는 천방지축입니다.

내 일기는 판독이 어렵습니다. 난해합니다. 해프닝을 이벤트화 하는 과정에서 나는 그 사태를 뛰어 넘는 자기 성찰만을 토해 냈기 때문입니다. 거기다 더해 날 것이라고 하지만, 감추며 드러내는 뽀샵질을 심하게 해댄 까닭에 어떤 날의 일기는, 내 자신도 내가 무슨 사태나 사건에 대해 토로한 일기인지 분간할 수 없는 경우도 있으니까요. 그러니 타인들에게는 내 일기가 매우 생경하고, 난해하리라 여겨집니다. 그러나 그것이 내 한계이니, 어쩔 수가 없네요. 힘내어 읽어 주실 분들에게 그저 감사를 표하는 수밖에는, 없어요, 없습니다. 그리고 다른 한 측면에서는 일기란, 내 원판이기에 감정을 주체하지 못한 내 일상에 대한 나의 거친 숨소리가 도드라집니다. 그게 적잖이 불편하시리라 여겨집니다. 양해를 구합니다. 그리고 내 토사물로 인해 그 예복에 오물이 묻고, 내 격정으로 맘 상했던 분들에게 해서(海恕)를 빕니다. 굳이 변명하자면, 일기는 저널일 뿐이고, 에세이나 소설이나, 칼럼이나 더군다나 설교가 아닙니다. 각본 없는 일상처럼, 각본 없는 글쓰기일 뿐이기에, 나는 그냥

있는 그대로의 나를 그리고 나의 너를 원색적으로 투사한 것뿐이기 때문입니다.

책으로 묶어 내려고 일기를 쓴 것이 아니었습니다. 그런 의도가 전혀 없었는데, 지난 2008년 5월 22일 이후 거의 하루도 빠짐없이 일기를 써 오다보니 1,500회에 이른 것입니다. 영혼일기에게 미안했습니다. 만삭의 몸이 되었으니, 해산(解産)을 해야겠다고 일기(日記)가 나를 압박해댔습니다. 태아가 양수를 터뜨리자 산모가 어쩔 수 없이 아랫배에 힘을 주듯, 줄탁동기(啐啄同機). 그런 순리(順理)의 산물이 바로 이 책입니다. 암튼, 태아였던 일기가 옥동자 되어 자진 '해산(解散) 수고'를 외치며 세상으로 뛰쳐나가버린 형국입니다.

그 천 년 전, 천일야(千日夜)에 후배 강봉구 목사가 홈피를 제작해 나에게 선사했습니다. 그 열린 화면에 나는 거의 공개적으로 일기 쓰기를 감행했습니다. 이름 하여, 「영혼일기」 그 전일체(全一體)로서의 몸을 말하는 시대에, 내 영혼일기는 전인(全人) 일기입니다. 목표가 전인(全人) 완성에 있습니다. 미완의 그 완성을 위한 한 몸부림으로 커밍아웃을 합니다. 예쁘게 봐 주세요. 꾸벅. 수고한 분들, 디자인 두루, 예비 된 상상력의 산물인 표지화를 선뜻 제공한 디자이너 나리에게 감사를 표하며.

감히, 그분의 영광을 위하며.

寧木 김성찬

하나님께서
장미에 가시를 넣었다고 불평하지 말고,
가시에 장미를 넣었다고 감사하자.

목차

글머리에 • 4

내 영혼의 어두운 밤에

詩/비린 비 • 14

누수(漏水) • 16

가면의 생 • 20

나는 무죄다 • 26

나는 생생합니다 • 32

친애하는 오해춘 목사님께 올립니다 • 36

단어를 찾아서 • 43

어둠 속에서 벨이 울릴 때 • 47

심방, 그 유미재 갤러리하우스의 봄 • 51

암연(暗然) – 흐리고 어두움 • 56

끝이 아침인 인생 • 59

대게 세상 2 • 64

하나님의 기습 • 67

about 영혼일기

내러티브(narrative), 그 지금 내게 필요한 것 • 76

about 영혼일기 • 80

근데, 굿 나잇? • 84

「야곱 신부의 편지」• 88

인생은 예술처럼

詩/사랑의 건축학 원론 • 94

그의 현현(顯現) • 96

인생을 예술처럼 • 100

테러리스트 햄릿 • 106

굴비 • 110

연분홍 치마가 봄바람에 • 115

소리의 요철 • 119

그는 나의 시(詩)다 • 125

망중투한(忙中偷閑) • 129

남자의 변신도 무죄다! • 132

아이에게, 내 서정적 변절(?)에 대한 변명 • 138

감이후지(坎而後止) • 142

아내가 사라졌다 • 145

시인(詩人) • 150

마르타, 마르타 아~마르타 • 156

살며 견디며 사랑하며

詩/첫눈 • 164

고(故) 최진실 • 166

불암산은 없다 • 171

살며 견디며 사랑하며 • 175

내 어린 딸이 • 180

사우(思友)-After forty years • 184

그냥~, 그 부사적 삶의 묘미 • 189

자기애(自己愛)의 동기(動機)는 • 194

풀빵전문식당 • 199

난 외롭지 않아, 정말? • 204

아노덴($\alpha\nu\omega\theta\varepsilon\nu$), 그 위에서 오는(from above) 신생(新生) • 210

십×조, 일백만 원 • 216

그 낯설음에 대하여 • 224

"세상에서 제일로 맛난 차는?" • 229

그가 내 멘토다 • 233

빨래 끝~✹ • 238

사는 것처럼 사는 것밖에는 • 243

사는 것처럼 사는 것밖에는(II) • 250

수사(修士)의 땅에서, 우리의 아들 요셉에게 • 256

하나님을 공개적으로 망신시키기! • 262

여호와는 나의 현찰이시니……♫ • 267

고마웠어, 아지야 ♡ • 274

그 반편(半偏)들이 • 277

돌은 다른 돌을 • 282

너의 가는 길에~ • 288

쫓아가서 기다렸다가 쳐라 • 292

짧고 알찬, 엘리스 먼로의 단편 같은 하루 • 297

about NOYES

about NOYES21 • 306

NOYES-1 • 309

'아니오(no)'를 '예(yes)'하는 것에 대하여 • 313

유혹 • 317

다시 'NOYES'에 대하여 • 321

Wonderful, joyful life! • 325

영혼일기 1500회

영혼일기 1500회 상황을 견디게 한 글쓰기를 넘어 • 332

내 영혼의 어두운 밤에

영혼일기 1095

詩/ 비린 비

2012.10.14(주일)

오늘
비가 내렸다

마른하늘에서 살랑대는

화들짝 반길 수도 외면할 수도 없는
24시를 훌쩍 넘긴 시각

달포 해포 만에 출몰한 길손이

매장에 불을 끄고 간판도 내린 채
호객 행위 한 번 없이
화병의 꽃처럼 뿌리 없는 개점을 맥없이 유지하고 있는
내 영혼의 주막에

오늘
여우비로 내렸다

비다 비
한 줌 비에 내 맘 쓰이는 까닭은

촉촉해져서가 아니다
흡족해져서도 아니다

삼킬 수도 내뱉을 수도 없는
비린 비지만

단골 없는 주막에
단골 된 뜨내기들로 인해
산소 호흡기를 떼어내지 못하는

스치는 비바람에 화들짝 소름이 돋듯
단 한 번 들려준 것만으로도
존재의 이유를 득하는

난
천성길
목로주점지기이기에

누수 漏水

2008.07.25(금)

울력을 나갔다.

누수현상으로 상가(商街) 교회가 상가(喪家)가 되었다는 비보(悲報)를 접했기 때문이다. 살다 살다 이런 일도 당하는가 싶은 처연함에 가슴 태우고 있다는 통화음이 귓전에 맴돌았다. 그 후배의 애통함을 함께 애통해주러 간 것이다.

한 때 잘나가던 이들이 다시 회복된다는 것은, 만년 각설이였던 이들이 치부하는 것보다 만 배나 더 어려운 법이다. 그날의 영화가 눈에 어른거려 그 어느 것도 눈에 차들어 오지 않기 때문이다. 그래서 그런 류(類)들의 재기는 결코 쉽지 않다. 그 알량한 자존심이 바닥을 기는 것을 용납하지 않기 때문이다.

그 후배의 살다 살다, 라는 푸념은 그 옛날의 영화가 그 금간 현실에 자꾸만 오버랩 되어 오기 때문이리라. 그러나 그의 탄식은, 솔로몬이 "헛되고 헛되며 헛되고 헛되니 모든 것이 헛되도다(전

1:2)" 라고 읊은 금빛 허무가(虛無歌)와는 그 때깔이 다르다. 다 누린 허무가가 아니라 못다 누린 추락이기 때문에 그 윤기가 다르다. 솔로몬의 허무가(虛無歌)는 이 생(生)을 초월해내는 고등한 고양(高揚)이지만, 그의 금간 누수(漏水)는 그 욕망의 생(生)에 대한 집착으로 잠 못 이루는 몸부림이기 때문이다.

금간 현실. 내가 득달같이 그의 누수 된 생의 현장으로 뛰어 간 것은, 나를 향한 뜀박질이었다. 몇 해 전, 난 그 지하교회로 물길을 낸 폭우와 사투를 벌이고 있었다. 우군은 아내뿐인, 그 오밤중의 혈투는 먼동 트는 아침까지 계속됐었다. 그 물길은 정확했다. 금간 흔적을 따라 여지없이 흘러내렸다. 금간 옥합은 영원히 기념되는 향내나 발했지만, 금간 종지는 물벼락만을 뒤집어써야만 했다. 눈물이 빗물 되어 흘러내렸다. 난, 빗물을 퍼내듯 내 눈물도 퍼내야만 했다.

랜딩(landing). 물 밖으로 끌어내기. 지하에 고인 물은 바로 지하로 빠져나가지 않는다. 아니 못한다. 지하교회당은 흐르는 곳이 아니라 막힌 곳이기 때문이다. 그 막장은 하수조차 흘러내릴 길 없는 곳이다. 그 지하의 물은 랜딩(상륙)한 후에만 다시 흐를 수 있다. 랜딩(landing)이란 상륙이라는 말도 되고, 착륙이라는 말도 된다. 모든 것이 땅에서 시작되고 또 땅에서 그 끝을 본다는 말이다. 하여 땅에서 넘어진 자, 반드시 땅을 딛고 일어서야만 한다. 그래, 땅이다. 그러나 지하는 지하일 뿐, 땅이 아니다. 랜딩(상륙) 없는 재기란 그 동네에선 없다. 그래, 이 여름, 한철 가슴 서늘한 허무가를 불러대는 매미는 17년 만에 랜딩 했다지 않던가? 그 후배 또한 허공에 그 생을 걸치고 살기에 그 치받는 누수에 곤혹스러운 것이다. 땅에 발을 디딘 행복이란, 지하나 허공에 그 시린 생을 매단 이들 외에는 그 누구도 전혀 알 길 없는 신비요, 복락이다. 하여, 그네들은 틈만 나면 그 땅을 디딘 장미정원으로 그 생의 핸들을 꺾는다.

그러나 불행하게도, 그 핸들링은 도피다. 도피? 그래 그것은 도피다. 그러나 그럼에도 불구하고 난 그 찰나적 위안에 때때로 젖는다. 그러나 큰 고기 뱃속의 요나는 적어도 그 막장에선 도피하지 않았다. 도피할 수 없었기에 도피하지 않은 것이 아니다. 더 이상 도피해서 안 된다는 생각이 든 순간이 막장임을 그는 깨달아 알았다. 막장은 공간적인 것이 아니다. 막장은 영감으로만 감지되는 곳이다. 이제는 당신 앞에 무릎을 꿇어야 할 때. 그리고 그곳이 어디든, 그때가 언제이든 그 영감이 선사한 막장은, 구원의 해방구다. 하늘로 연통하는, 직통하는 야곱의 벧엘이요, 사닥다리다.

"요나가 물고기 뱃속에서 그의 하나님 여호와께 기도하여 이르되 내가 받는 고난으로 말미암아 여호와께 불러 아뢰었더니 주께서 내게 대답하셨고 내가 스올의 뱃속에서 부르짖었더니 주께서 내 음성을 들으셨나이다 /…… /

내가 산의 뿌리까지 내려갔사오며
땅이 그 빗장으로 나를 오래도록 막았사오나

나의 하나님 여호와여 주께서 내 생명을 구덩이에서 건지셨나이다
내 기도가 주께 이르렀사오며 주의 성전에 미쳤나이다 ……
구원은 여호와께 속하였나이다 하니라
여호와께서 그 물고기에게 명하시매 요나를 육지에 토하니라"
(요나서 2장)

그 예수만을 바라며, 오늘 하루만 잘 살면 된다는 하루살이 신

앙고백으로 그 빈한한 목회적 삶에 만족해하는 친구 박 목사도 한 때, 그 지하에서 연례행사로 펌프질을 해대곤 했지. 근데, 그는 이렇게 말했었지. 물 퍼낼 예배당도 없는 목사들이 얼마나 많은 줄 아느냐고. 그랬다. 그가 그 지하에서 퍼낸 한 바가지의 물은 삶의 원천, 행복의 샘, 예수를 퍼낸 Calling water(마중물)였다.

다시 그 울력 현장으로.

사실, 그 후배 목사는 그 누수를 나만큼 아파하지 않았다. 내가 오히려 더 아파한 것이다. 제 설움에 운다고 난 그렇게 남의 상가(喪家)에 가서 제 곡조를 이기지 못한 슬픔을 토해 냈는지 모른다. 함께 물 찬 바닥을 닦아내며 위로를 나눴다.

요나처럼 멋진 랜딩을 위해,
더 하강할 수 없는
이 막장을 감사해 하자고.

영혼일기 181

가면의 생

2009.01.08(목)

겨울바다가 따사롭고 감미로웠다. 오늘 북부 감찰회 목회자들이 부부동반으로 동해바다를 찾았다. 미시령을 뚫고 그 바다를 거닐다 오색약수에 몸을 담근 후, 한계령을 넘어왔다. 그러나 그 신바람 나는 나들이 중에도 내내 어제 영혼일기 '떠나라'가 맘에 걸렸다. 너무 적나라하게 표출해 낸, 내 심상의 어둔 한 켠 구석을 철없이 공개해 버린 것 같아서 종일 찜찜했다. "일긴대요 뭐." 관리자는 시큰둥했다. 그러나 그 누가 날 염세주의자라 매도하며 성직파문을 외치고 나오지 않을까 염려(?)된다. 물론 그럴 리가 없다. 내가 뭐 얼마나 대단한 인물이라고 그 누가 나에게 그런 태클을 걸겠는가?

마더 테레사가 생각이 났다. 그녀가 신의 존재에 대해 의문을 품고 고통스러워했다는 먼 기사가 생각났다. 그 내면의 고백이 화제가 됐었기 때문이다. 이런 내용이다. '빈자의 성자' 편지 40 여 통을 모아 발간한 책,《마더 테레사 : 와서 내 빛이 되라》에는 테레사 수녀가 무려 50년 동안 신의 존재에 대해 의문을 품고 고통스러워했다는 내용이 담겨 있다. 이 때문에 "신은 있다," "없다"라는 논란이 일기도 했다. 그녀는 이런 고백들을 그 편지를 통해 쏟아냈었다.

"내 안의 신을 느낄 수 없다." 이 고백은 그녀에게 잠깐 스쳐 지나간 한 순간의 의심이 아니라, 1948년 인도에서 가난한 사람을 돕기 시작한 때부터 1997년 선종하기 전까지 50년 가까운 세월 동안 그를 괴롭혔던 문제였다. "예수님은 당신을 특별히 사랑하십니다. 하지만 제 경우는, 침묵과 공허가 너무도 커서 보려고 해도 보이지 않고, 들으려 해도 들리지 않고, 혀를 움직여도 말이 나오지 않습니다. 저를 위해 기도해 주십시오." 실존주의자의 고뇌처럼 들리는 이 고백은 테레사 수녀가 1979년 12월 오슬로에서 노벨 평화상을 받기 불과 세달 전 마이클 반 데르 피트 신부에게 보낸 편지의 일부분이다. 1955 년 페르디난드 페리에 주교에게 보낸 편지에서는, "영혼의 구원은 제게 호소력이 없습니다. 천국도 아무 의미가 없습니다. 내가 이 모든 것에도 불구하고 주 앞에서 미소 지을 수 있도록 기도해 주십시오"라고 썼다. 1959 년의 편지에서는 "내가 누구를 위해 일하는가? 신이 없다면 영혼도 없다. 영혼이 없다면 예수도 없다. 당신도 진실이 아니다."고 썼다.

테레사 수녀는 세상을 떠나기 전, "이 편지가 공개되면 사람들이 예수님을 덜 생각하고 나에 대해 더 생각하게 될 것" 이라면서 없애버릴 것을 당부하기도 했다. 평온하고 온화한 얼굴로 빈자 구호에 일생을 바친 그가 "내 미소는 가면이고, 모든 것을 덮어버리는 망토"라면서 '건조함' '어둠' '외로움' '고문' 등으로 자신의 내면을 표현했다. 그래서 일부 사람들은 충격을 먹었단다. 하여 한 켠 구석에서는 테레사 수녀가 성인으로 추대 받는 데 걸림돌 될 것이란 설마저 돌았다고 한다. 그러나 가톨릭계는 이 책을 높이 평가하고 있다. 매튜 램 신부는 이 책이 성 아우구스티누스의 〈고백〉에 버금가는 자서전이 될 것이라고 평가했다. 좀 더 자유주의적 신학 연구소인 '어메리카'의 마르틴도 "마더 테레사의 내면의 고백은 그가 가난한 사람들을 위해 행한 봉사만큼이나 중요하게 기억될 것"이라면서 이 책이 "신의 존재를 의심하는 이들을 위한 봉사"라고 평했다.

"오호라 나는 곤고한 사람이로다 이 사망의 몸에서 누가 나를 건져 내랴(롬7장 24절)"라는 절규가 과연 바울이 구원을 얻기 전의 절규인가? 아니면 구원 이후 성화의 과정에서 발한 절규인가를 놓고 우린 설왕설래한다. 어거스틴을 비롯한 개혁교회 해석자들은 이 구절을 성도의 성화과정 속에서의 내적 고뇌라고 해석한다. 나도 그런 해석에 동의한다. 천로역정에 충성이 수다장이에게 '죄를 뉘우치는 것과 죄를 미워하는 것의 차이'를 이렇게 설명해 준다. "죄를 뉘우치는 사람을 나는 많이 보았어요. 그러나 말로만 뉘우친다고 그것이 행동과 진리와 부합하지 않으면 아무 의미가 없지요." 그 누가 그 누구에게 물었단다. "김성찬 그 사람 글은 잘 쓰는데, 글처럼 살아?" 그래서 그 친구가 답해줬단다. "글처럼 사는 사람이 그 어딨냐?"라고.

나는 밤무대 '사이키'(psychedelic)다. '깜빡이 조명'이다. 빛과 어둠을 섞어 뿌려대는 '사이키'다. 인간은 빛과 어둠 그 경계를 넘나드는 탈선의 음침한 현장을 절묘하게 '깜빡이 조명'으로 대치했다. 빛도 아닌 것이 어둠도 아닌 것이 공존하는 탈선의 무대. 그 난장(亂場)이 내 심령 안에서 펼쳐지곤 한다. 내 영혼일기는 내 영혼의 데일리 기상도이다. 오늘은 잔뜩 흐리고, 천둥 번개 가득하고, 때때로 맑고 쾌청하고 등등. 이 일기는 그런 기상도일 뿐이다. 안개 자욱해도 하늘엔 태양이 자리하듯, 설혹 이날저날 내 영혼의 기상도가 아무리 궂어도 내 영혼의 창공엔 그분이 좌정해 계신다. 마더 테레사의 그 50년간의 영혼의 어두운 밤(the dark night of the soul)에도 그분은 그 하늘의 하늘에서 빛나고 계셨을 것이다.

16세기 신비가 십자가의 요한은 우리가 신앙생활을 해 나가면서 초기의 열정과 흥분이 가라앉고 어느 정도 기도의 묘미를 터득해 나아갈 때, 하나님이 사랑하는 영혼들에게 특별한 영적 메마름을 허락하시게 된다고 말하였는데, 그는 이러한 현상을 '어둔 밤'이라고 불렀다. 이 '어둔 밤'은 세 가지 특성이 있단다. 하나는 세상사물 어떤 것에서도 아무런 감동이나 만족이 없는 무미건조함을 느끼며, 둘째, 심지어는 이제까지 영적 기쁨을 누리던 하나님의 임재와 관계된 묵상이나 기도조차도 건조해지지만, 그럼에도 불구하고 셋째, 가장 중요한 특징은 하나님을 향한 간절한 갈망이 마음속에서 불타게 된다는 것이다.

영혼의 어둔 밤 현상은 영적 여정의 진보를 의미한다. 내 영혼일기 '떠나라'는 마더 테레사의 고백처럼 태양을 삼킨 달의 흑암일 뿐이다. 행여 내 영혼일기가 병리적 우울의 표출이든, 아님 실존적 의미 상실에 대한 반응으로서의 실존적 우울이든, 아니면 그것이 영적 진보를 위한 어둔 밤이든 그 모든 것은 내 안에서 깜빡이는 사이키, 그 신의 일식, 신과의 분리 감정과 깊은 연관이 있다. 그리고 그것이 적어도 그분 안에서 겪는 갈등이요 고뇌인 것만은 틀림이 없다.

실존적 우울증이란 환경의 장애나 내면의 체질적으로 오는 일반적인 우울증과는 다르다. 그것은 처음부터 삶의 무가치함이나 의미 없음을 호소한다. 일반적인 우울이 일상생활에서의 행복에의 추구에 어떤 장애가 나타나는 것을 계기로 발생하는 반면, 실존 우울은 행복의 상태가 세상적인 만족으로 이루어진다는 가정 자체가 잘못되었다는 것을 깨닫는 탈착각화(disillusionment)로부터 시작된다고 한다. 탈착각화는 세상에서 잘렸다는 느낌인 이인화(alienation)로. 이인화는 세계만이 아니라 자기 자신이 밋밋하고 죽은 것처럼 느껴지는 상태를 가리킨다. 여기서 말하는 포기란 그가 세계를 포기하는 것이 아니라 세계가 그로부터 미끄러져나가 멀어지고 비현실이 되는 것이다. 여기 탈생동화(deanimation)과정에서의 자기 정체성은 단지 가면, 페르소나(persona) 또는 거짓처럼 여겨지고 마침내는 자기가 죽은 것으로 지각된다. 이런 과정들은 마침내 개인의 모든 희망을 앗아가고 절망(despair)으로 이끈다.

그러나 실존적 우울증의 과정은 때로는 새로운 신앙의 출현의 과정으로 새롭게 바뀔 가능성을 갖고 있는데, 즉 여기서는 모든 세계와 자기가 죽은 상태에서 새로운 갈망이 고개를 들고, 영혼의 깊은 곳에서 그 갈망은 은총에 의하여 믿음으로 되어 나온다. 대부분의 사람들은 우울을 치료하고 과거의 옛 자기(old self)로 돌아가나 절망을 경험한 사람들은 때로는 영의 부활로 나온다.

영적 어둔 밤과 우울증은 동일한 증상을 보이나 단지 한 가지가 다르다. 그것은 십자가의 요한이 가장 강조한 신을 향한 갈망이 있느냐 없느냐의 차이이다. (김만홍, '우울증, 정신과 영혼의 어둔 밤-정신의학적 관점에서 보는 우울증과 영성' 「모래와 함께 살던 사람들」 pp.62-67.)

넌 내게서 멀어져가고♫

여기서 말하는 포기란 그가 세계를 포기하는 것이 아니라 세계가 그로부터 미끄러져나가 멀어지고 비현실이 되는 것이다.

오호라 나는 곤고한 사람이로다 이 사망의 몸에서 누가 나를 건져 내랴 (로마서 7:24)

난, 아직도 이인화(alienation)의 과정 속에 있는가?

영혼일기 348

나는 무죄다

2009.07.28(화)

오늘 그들은 멀쩡한 시계도 내다 버렸다.

정지된 시간도 쓰레기라며 화마에 그슬린 집기 더미에 과감히 투척했다.

난 맥없이 밀렸다.

그 중공군 식 인해전술을 홀로 당해 낼 수가 없었기 때문이었다.

그러나…….

사람은 무엇으로 사는가? 톨스토이의 단편을 굳이 들춰내지 않아도 사람은 인간애로 사는 것임을 우린 안다. 오늘 나는 그 사실을 생생히 체험했다. 그 수마(水魔)를 이겨내는 힘이란, 기술문명의 진보나 인간의 의지만이 아니었다. 그 무엇보다 더한 재난극복의 힘은 바로 사심 없는 형제애의 실천에 있었다. 우린 오늘 그 감격적인 번개를 함께 누렸다. 그 소리 소문을 접하자마자 총알 탄 사나이 된 형제, 자매들이 득달같이 내게로 돌진해 들어왔다. 동서사방에서 말발굽소리를 드높이며 자진 원군 되어 내게로 다가오는 그들의 가쁜 숨소리에 나는 술람미 여인처럼 가슴이 벅차올랐다.

황야의 7인처럼 그들은 모여들었고, 이내 자신에게 부과된 임무에 즉각 돌입했다. 하나님께서 그들에게 허락하신 재난구호를 위한 사랑의 달란트는 각기 달랐으나, 그 다름으로 인해 만사를 형통케 하는 효율적인 연대를 이룰 수 있었다. 마르다처럼 몸과 물질로 서로를 공궤하는 이에서부터, 마리아처럼 기도와 말씀으로 신의(神意)를 갈구하여, 그 신탁(神託)을 하사하는 이들에 이르기까지 어느 누구 한 사람 예외 없이 내게 새 힘을 북돋워줬다.

우린 각자의 분량과 재능만큼 서로서로 도우며 사태수습의 만전을 기했다. 그런데 제자리 찾기가 목표인 원상복구 작업 중, 무익한 자리 없애는 정화 운동이 몇몇 혁신 인사들에 의해 전개되기 시작했다. 그들의 목표는 뭐든 무조건 내다 버리는 것인 듯 했다. 그네들은 자신들의 눈에 거슬렸다 싶으면 뭐든 일단 밖으로 내쳐댔다. 나에게 동의를 구하는 척 했으나, 그건 사실상 집달관의 강제집행 같은 강압적 행위였다. 수마(水魔)를 힘겹게 물리치고 나니 웬걸 원군을 자처했던 그들은 수마보다 더한 강압적 점령군들이었다. 멀쩡한 책상도, 책장도 그들은 죄다 내다 버렸다. 그 물건들, 책상이나 책꽂이 등을 그네들이 내다 버린 것에 대해 나는, 당신 탁상공론이나 일삼는 빈말놀음 이젠 관두라는 경고로 받아들였다.

그러나 거기다 더해 그들은 장식용으로도 일품인 말끔한 괘종시계를 내다 버리겠다고 했다. 게으른 괘종시계는 죽은 거나 마찬가지이므로 당장 버려도 싸다는 듯, 그들은 당당히 정지된 시간을 처치하겠다고 나섰다. 그러나 순간 그 폭탄선언(?)이 내 귀엔, 이건 당신을 처단하겠다는 말이오, 알갔소 라는 으름장으로 들렸다. 시간을 죽인, 정지된 시간을 방치한 너는 유죄다. 그들은 그렇게 행동으로 말하고 있었다. 빠삐용의 죄목이 시간을 죽인 죄였던가? 그러나 그는 말한다. "I'm Not Guilty!" 그는 자신이 아내를 죽인 살인범은 아니라고 강변한다. 그러나 그는 그가 시간을 죽인 자라는 양심의 소리에는 묵시적으로 동의한다.

Guilty, Guilty, Guilty 〉〉〉

그래 시간을 죽여보지 않은 자 그 누구랴. 다들 시간을 죽인, 정지된 시각 앞에서 죄의식을 느끼며 살고 있다. 그러나 나는 그런 일반적인, 통속적인 죄인 됨에 동의하지 않는다.

"I'm Not Guilty!" 나는 무죄다.

그 정지된 시간에 대해 나는 무죄다. 정지된 시간을 작동시키려 들지 않은 나의 행위에 대한 정죄를 나는 단호히 거부한다. 모세가 그 정지된 시간을 작동시키려 들지 않고, 무려 40년을 광야에서 빈둥댔어도 그 누구도 모세를 탓하지 않는다. 중환자실에 드러누운 이에게 시계 밥 주지 않았다고 타박하는 우인이 어디 있겠는가? 그런 관점에서 모세는 정지된 40년에 대해 무죄하다. 오직 광야 40년 그 정지된 시간을 작동케 할 수 있는, 하는, 했던 분은 창조와 역사와 심판의 주되신 여호와 하나님이시다. 오직 그 분 뿐이시다.

그러므로 광야 40년이 모세에게 책임이 없듯, 그 정지된 시간에 대해 난 책임이 없다. 일말의 책임도 없다. 책임이 없으니 죄도 없다. 하니 나는 무죄다. 생각해보라. 만일 내가 그 기계적 작동을 그간 끊임없이 시도했을지라도, 그건 내 희망을 그 생명 없는 기계에 건 의미 없는 인본주의적 노고에 불과했을 것 아니었겠는가? 그건 한마디로 시지프스의 헛된 수고였을 뿐이다. 형방의 무기수가 아무리 시계 작동에 열을 올린다 한들, 그 시계 지킴이 노릇이 부질없는 소일거리 외엔 그 무엇이란 말인가?

육 개월이나 일 년 정도의 형을 받은 잡범들이야 시간을 셈할 수 있지만, 적어도 국사범 정도 되는 무기수에게는 시간 계산 따윈 의미가 없다. 그들은 은사 망상(恩赦 妄想)에 빠져 그 옥중에서 죽어갈지언정 시시하게 일 분, 일 초, 하루, 이틀, 일 년, 이년 정도의 시간은 셈하지 않는다. 그래서 그들은 썩어도 준치다. 죽어도 시간에 얽매이지 않는다. 오직 무기수나 사형수가 바라는 것은 은사(恩赦)뿐이다. 그들은 그 시간을 초월해 역사하는 극적 구원의 은사를 사모하다 결국 그 형벌 방에서 죽고 마는 망상에 허덕일지언정, 그들은 시계에, 시간에 목을 매지 않는다.

그러나 그들은 고대한다. 오직 이런 은사적인 시간을. 그 은사로서의 시간이란, 정지된 시간을 수직적으로 베어내는 시간이다. 측정된 시간을 나타내는 크로노스(kronos)나 긴 시간을 나타내는 아이온(aion)이라는 시간과는 다른, 하나님께서 자신을 드러내는 특별한 시간 안의 어느 시점을 뜻하는 카이로스(kairos)로서의 시간이 그들이 희원하는 은사로서의 시간이다. 모세의 정지된 수평적 시간을, 단번에 수직으로 쪼개 낸 변혁의 시간이 바로 그 은사로서의 시간, 카이로스(kairos)다.

정지된 시간은 쓰레기에 불과하다며, 내 게으름을 비웃으며(?) 보란 듯이 측정 가능한 시간을 내다 버린 그대들의 행위는 내 형벌의 깊이와 무게를 모른 무지의 탓이다. 난 정지된 시간을 한 순간에 잘라내 버릴 은사(恩赦)로서의 카이로스를 고대했을 뿐이다. 그 카이로스를 고대하는 자는 미동하지 않는다. 시계 따위를 만지작거리지 않는다. 괘종시계 불알이나 만지며, 그 쇠붙이에 구원을 비는 어리석은 행위는 결코 하지 않는다. 아니 할 수가 없다. 빈둥거림. 그것이 카이로스의 은사를 기다리는 자에게 허락된 유일한 선물이다. 자유다. 그랬다. 그런데 그 정지된 시계를 운반하던 친구들은 나를 속으로(?) 비웃었겠지. 뭐하고 있었느냐고. 시계 밥도 안 주고. 그러나 내 사랑하는 형제들이여 한번 깊이 생각해 보라. 이내 잡아먹을 돼지에게나 밥을 주는 것이지, 은사를 희원하는 옥창 너머 하늘에 밥 주는 어리석음이 과연 존재하겠는가?

사람들은 모른다. 소명의 카이로스를 베푸시려 정지된 40년 광야에서 모세를 빈둥거리며, 늙어가게 하신 하나님의 깊으신 뜻을. 모세의 인생 해찰을. 사람들은 정녕 모른다. 모세의 무려 40년의 인생 해찰을 방치하신 하나님의 해찰의 의미를. 그 하나님의 게으름을. 그 하나님의 지나친 느림을.

고스케 고야마(Kosuke Koyama)는 그의 책, 『시속 3마일 하나님』(The Three Mile An Hour God) 에서 이렇게 말한다. "하나님은 사랑이시기 때문에 천천히 일하신다. 그가 사랑이 아니시라면 그는 훨씬 빨리 움직이셨을 것이다. 사랑에도 속도가 있다..... 그러나 그 속도는 우리가 익숙해져 있는 기술적인 속도와는 다른 것이다."

그렇다. 하나님의 순간은 그분의 사랑이 농익은 순간이다. 우리의 정지된 시간은 그 사랑이 내게 충만히 임할 순간을 잉태 할, 충만한 산고의 시간이다. 그 은혜의 복중에 거하는, 충만에 이르는 시간이 사람마다 다르다. 모세는 40년이었고, 아브라함은 무려 100년이나 되었으나, 요나는 단 사흘뿐이었다. 그러나 그 정지된 시간이 40년이든, 100년이든, 단 사흘이든 그 기간은 하나님께서 보시기에 동일한 기간이요, 그 중량도 동일한 무게이다. 거기다 더해 죽어 그 은혜를 누린 카타콤의 순교자들에 대해서는 무슨 해설이 더 필요하겠는가? 난 아직 모른다. 그 정지된 시계를 내다버린 믿음의 형제들의 행위가 내 정지된 시간의 종료인지 아닌지를, 나는 영적으로 분간할 수 없다. 그 영험한 아줌마들이 받았다는 '보라 새일 운운'한 신탁에 대해서도 반신반의한 상태다. 좋은 것이 좋은 것이라는 식의 해석은 난 거부한다. 그러나 이 사태와 정지된 시계를 내다 버린 일과 그 이구동성 신탁을 나는 예삿일로는 받아들이지 않는다. 왜냐하면 설혹 그것이 인본주의적 과거사 청산 의지의 발로라 할지라도, 그네들의 그 뜻밖의 행위가 사람은 무엇으로 사는가 라는 물음의 정답인, 사랑 그 인간애의 발로라 확신하기 때문이다.

그 형제들의 인간애의 진정성을 두 눈으로 생생히 확인했기 때문이다. 사람을 통해 그 신의(神意)를 드러내 보이시는 하나님을 나는 믿는다.

그 형제들은 모의를 했다.

이젠, 정지된 시간만이 아니라, 무너진 강단을 수축하겠노라고.

나는 그 무한 도전을 기대한다.

그 사랑에 기대어.

그 사랑의 사랑에 기대어.

땡큐 베리 머치, 마이 러블리 브래뜬!

영혼일기 505

나는 생생합니다

2010.02.23(화)

죽었냐? 물어왔다.

행여 우울증이 도져 칩거에 든 것 아니냐? 염려를 날렸다. 그는 나에게 요즘 홈피에 글이 올라오지 않아, 적이 내 안부가 궁금하다며, 샘터지기 전목사가 그렇게 깊은 속정을 나에게 표명해 왔다. 그의 눈에도 경황없어 뵀던 지방회장 임기가 끝내고, 행여 내가 접속 끊긴 외로움을 앓고 있지나 않은지, 그는 염려됐었다고 짧게 그 속내를 전했다.

"나는....... 생생합니다."

근데 그 위로 겹쳐지는 내레이션.

"나는....... 자유롭습니다."
"나는....... 행복합니다."

그 천일야(千日夜).

난 진종일 TV 앞에 있었다. 만날 TV냐고 그 누군가가 눈총을 던졌다.

난 대답했었다.

"보는 게 아니야. 틀어 놓았을 뿐이야……."

박광숙은 그녀의 수필집에서 옥중 결혼의 동지이자 남편, 시인 김남주의 석방이 가져다 준 반짝 행복을 모질게 앗아 간, 그 시인의 느닷없는 죽음 앞에서 그녀를 위로했던 유일한 대상이 TV뿐이었다고 기술했다. 단지 시간이 진행하는 유일한 매체가 그 TV였다고, 그 생각 깊은 인텔리겐차(intelligetzia)도 그렇게 자문자답하고 있었다. 얼마 전 인터넷 게임 중독증을 앓던, 그 중독증으로 그 놀이를 방해하려든 제 어미를 살해한 청년이 있었다. 그도 비슷한 말을 내던졌다. 시간이 흐르는 유일한 세계가 그 곳(것) 뿐이었다고.

그래 나는 그 시절 TV를 보지 않았다. 단지 틀어 놓고 있었을 뿐이었다. 그러다가 내 눈에 겹쳐지던 TV 드라마 속의 내레이션. SBS 주말 드라마 '태양의 남쪽'은 역설로 승화시킨 찬란한 슬픔의 진실을 나에게 토해냈다.

수인번호 1551. 성재(최민수)의 내레이션.

"나는....... 자유롭습니다."

그 위로 겹쳐지는 연희(최명길)의 내레이션.

"나는....... 행복합니다."

그 대위법(對位法)은 절묘하게, 그 남녀 주인공들의 현실 상황을 완벽하게 암시하고 있었다. 시청자들로 하여금 결론까지 감지해 낼 수 있는 발단(發端)부였다.

에밀리 브론테의 「폭풍의 언덕」 중에서 고독하고 거칠은 히드클리프와 야생마 같은 캐시의 사랑도 그 신분의 벽을 뛰어 넘지 못한다. 그 이생에서는 이룰 수 없는 찬란한 슬픔으로 차라리 죽기를 원하는 병에 걸려 죽어가는 타인의 아내 된 캐시와의 마지막 장면에서, 그녀의 죽음을 애도하고 있던 사람들이, 부디 천국, 운운하자, 히드클리프가 이렇게 냉소적 반응을 쏟아낸다.

"천국?"

그랬다. 그녀가 원했던 천국은 내세의 그곳이 아니었다. 그녀가 희원했던 천국은 바로 이 생(生)에서 그녀가 이룰 수 없었던 히드클리프와의 사랑을 이룰, 이 생(生), 이 땅이었다. 히드클리프는 그 죽음으로 도피한 사랑하는 여인을 가슴에 안고, 내세 천국을 운운하는 그들에게 진정한 천국이 어디에 있는지, 무엇인지 니들이 알기나 하냐고 반문한다. 그들의 천국을 앗아 간 이들에게.

엊그제 밤. 가망 없는 육신으로 생존의 의지를 불태우던 박경만 목사가 갔다. 이제 그는 정녕 자유롭고, 행복하고, 생생해진 걸까? 내일 있을 그를 위한 천국 환송식은, 정녕 누구를 위한 천국 환송식일까?

옥중에서 자유를 발하고, 희색이 만면한 기쁨을 노래했던 바울 사도는, 정녕 우리와는 차원이 다른 삼층 천(三層 天) 사람이라서 가능했던 것일까? 근데 나는 아직도 미명(未明)을 헤매고 있다.

수인번호 1551. 성재(최민수)의 내레이션.

"나는....... 자유롭습니다."

민중번호 511018. 누더기 되어가는 성찬(김남진)의 내레이션

"나는....... 생생합니다."

이상은 두 독립된 선율로 포장한 내 슬픈 역설의 모방 대위법이다. 생(生)을 주체할 길 없어, 죽기를 희원하는 나의 폭풍의 언덕이다. 허니, 묻지 마라, 그대. 내 안부를 묻지 마라. 노출됨으로만 생채기를 입는다면, 안부 없는 생은 상처도 없을 터. 지난 한 해 노출이 심했는가 보다. 여기저기 적잖은 생채기가 단잠을 못 이루게 한다. 오늘도 신구임원 사무인수 인계식이 있었다. 그 누군가 제 상처를 내 상처 되게 했다. 그냥 넘어갔다.

그래,
"나는....... 생생하다."

영혼일기 581

친애하는 오해춘 목사님께 올립니다

2010.09.14(화)

찬미예수 †

친애하는 오해춘 목사님께 올립니다.

한 여름이 시작되던 어느 날, 나는 불특정 다수에게 "안부를 묻습니다. '그냥~' 혹서(酷暑)☀에 구사일생하시길♥"이라는 문자를 날렸었습니다. 근데 내가 음서(飮暑)하고 말았습니다. 더위를 먹은 겁니다. 내가 더위와는 무관하게 살아왔던 찬피 동물이라서 더 힘들었던 것 같습니다. 내가 변했는지, 지구가 열 받았는지 암튼 금년 여름은 여름다웠습니다. 그 잔인한 무더위가 누그러지는 듯 하자 웬걸 가을장마까지 이어져 다들 혼절할 지경입니다만, 이젠 제법 조석으로 바람이입니다. 그 바람에 오소소 소름이 돋습니다. 과연 바람이 욕망입니다. 바람이 내 안의 욕망을 일깨웁니다. 하여 오랜만에 자판을 두드립니다. 나를 타전합니다.

바람이야기가 나와서 바람이야기를 덧붙여봅니다. 지하세계는 바람이 없습니다. 바람 없는 지하생활자였던 교우네 가족들이 출세를 했습니다. 지난 여름 무더위가 기승을 부리던 8월 19일, 우리 지하교회로 천 년 전에 숨어들었던 지하생활자들이 출옥을 했습니다. 간간이 빗줄기도 눈물처럼 흩뿌렸습니다. 그 출세를 억지로 반기는 듯 했습니다. 이삿짐을 나르는 동안 그 음지에서 추억된 쥐똥, 지린내, 눅눅함, 퀴퀴함 등등 다시는 누릴 수 없는 향수(享受)를 그들은 재음미하며 키득거렸습니다.

잘 아시겠지만, 바람 없는 지하 세계에서는 화초들이 자라지 않습니다. 그 천 년 세월 동안 바람 한 점 없는 그 지하 공간에서 숱한 식물들이 숫구멍이 막혀 시들어가다 죽어 나갔습니다. 시간마저 정지해 버린 스올(sheol) 속, 내일을 기약할 수 없는 막막함이 그 숫구멍을 막아버렸기 때문이라 나는 여기곤 했습니다.

그러나 그들은 그 지하에서 살아남았습니다. 바람 때문이었습니다. 바람은 창조입니다. “땅이 혼돈하고 공허하며 흑암이 깊음 위에 있고 하나님의 영은 수면 위에 운행하시니라(창1:2).” 그 새 창조의 바람은 하나님의 영, 루아흐(rûah)입니다. 신약에서는 프뉴마(pneuma)- 바람, 호흡, 생명, 성령을 의미하기도 합니다. 그렇습니다. 비록 지하(地下)였지만 그곳은 하나님 성소(聖所)였습니다. 지하(地下)였기에 요나의 큰 고기 뱃속처럼 세상에서 제일로 안전한 곳이었습니다. 물론 그랬지만, 때때로 그들은 수치스럽고, 자존심 상하는 지하생활의 자기 멸시와 치욕을 이겨내지 못하고, 탈출을 감행해 보려 발버둥 쳤지만 무기력한 분노만 켜켜이 쌓아 가며, 그 시린 현실에 어쩔 수 없이 굴복해야만 했다고 눈시울을 적셨습니다.

그러나 그곳은 그 마른 뼈 같고, 생명의 기운을 소진한 그네들의 기실 최상의 은신처였습니다. 왜냐하면 그곳은 성령의 바람이 쉼 없는 지존자의 은밀한 곳이기 때문입니다.

"지존자의 은밀한 곳에 거주하며 전능자의 그늘 아래에 사는 자여 / 나는 여호와를 향하여 말하기를 그는 나의 피난처요 / 나의 요새요, 내가 의뢰하는 하나님이라 하리니 / 이는 그가 너를 새 사냥꾼의 올무에서와 심한 전염병에서 건지실 것임이로다 / 그가 너를 그의 깃으로 덮으시리니 네가 그의 날개 아래에 피하리로다(시편91:1-4a)."

러시아의 대문호 표도르 도스토예프스키(Fyodor Dostoevsky)(1821~1881)는 그의 젊은 시절 혁명에 가담한 죄로 체포되어, 총살형을 언도 받았습니다. 그러나 다행히 그 사형 집행이 연기되었고, 그 대신 그는 10년 동안을 시베리아에 유배되었습니다(1849). 그러나 그 형극의 유배 기간이 그에게는 평범한 사람들에 대한 그의 위대한 사랑을 발전시키는 한 기간이 되었다고 합니다. 그가 죽기 바로 전 해에 완성된 카라마조프의 형제들(The Brothers Karamazov)에는 '생명에 대한 사랑'(The love of life)이라는 다음과 같은 기도가 있습니다.

주여, 당신의 모든 피조물을 우리가 사랑하고, 온 땅과 거기에 있는 한 알의 모래까지라도 사랑하게 하옵소서. 낙엽 하나라도, 당신의 한 광선까지라도 사랑하게 하옵소서. 또한 우리가 동물들을 사랑하게 하옵소서. 당신은 그들에게 근심 없는 생각과 기쁨의 근본을 주셨습니다. 우리로 하여금 그들을 근심시키지 말며, 우리로 하여금 그들을 괴롭히지 말게 하시며, 우리로 하여금 그들에게서 그들의 행복을 빼앗지 말게 하시고, 우리로 하여금 당신을 역행하지 말게 하소서. 당신에게는 모든 것이 한 대양(大洋)과 같고, 모든 것이 흐르며 조화되어 있음을 우리가 인정하며, 당신의 우주 안에 있는 어떤 것에서 어느 정도의 사랑을 억제하는 것은 바로 그 만큼의 사랑을 당신이 유보하시기 때문임을 우리가 시인합니다.

당신의 한 광선(光線)까지라도 사랑하게 하옵소서.

지하교회에서 성령의 바람으로 새 힘을 얻어 세상으로 나간 그들은 이제 '당신의 한 광선(光線)까지도 사랑하는 존재'가 되었을 겁니다. 천 년 만에 양광(陽光)에 빨래를 말리면서 햇볕을 주신 하나님을 사랑하고, 그 빛 아래 거하는 모든 이들을 사랑하는 신앙인이 되었을 겁니다. 이젠 그들이 시궁쥐나 바퀴 벌레의 근심일 수도 없을 겁니다. 그 미물들과 함께 뒹굴며 살던 그 지하가 구원에 적합한 환경임을 그들은 발견했습니다. 그런 것 같습니다. 왜 우리 교회가 지하에 있으면서도 그 이름이 양지(陽地)인지를 체험한 최초의 사람들이 그들입니다.

나 또한 그들의 한과 아픔을 함께 품고 앓으며, 그 연약하고, 가련한 자들을 위해 신음하며, 기도하다가 외려 그들을 딛고 직립보행을 시작한 영적인 나를 발견했습니다. 비움으로 채우고, 돕다가 도움을 입는, 치료해주다 치료받는 역설의 진리가 복음임을 새삼 깨닫습니다. 그네들이 일어서자 나도 생생해졌습니다. 아직도 서로의 다리가 후들거리지만, 적어도 우리는 그 사랑을 입은 21세기

베냐민 지파임을 확신합니다. 여호와의 보호하심을 힘입어 거룩한 성 예루살렘을 사수한 지파 베냐민. "베냐민에 대하여는 일렀으되 여호와의 사랑을 입은 자는 그 곁에 안전히 살리로다 여호와께서 그를 날이 마치도록 보호하시고 그를 자기 어깨 사이에 있게 하시리로다(신33:12)."

홈피 동네방네에 올려주신 '새로운 유목민' 잘 읽었습니다. 답글을 올렸다가 날아가 버린 바람에 그 의지를 접고 말았습니다. 더위가 그만큼 심했다는 말입니다. 늘 정갈한 필치로, 객관적인 정보와 잔잔한 감동을 불러일으키는 워싱턴 특파원의 글은 항상 신선하고, 따뜻합니다.

그 글을 읽다가 "광주 모 대학에 겸임교수 시절, 남양주에서 광주광역시까지 새벽공기를 가르며, 냅다 고속도로를 달려, 3시간 4,50분이면 광주에 도착하여 오전 강의를 마치고 곧장 천안에 있는 모대학교에 오후 강의를 하고 남양주 집으로 귀가하던 시절이 있었다"라는 구절에 한동안 눈길이 머물렀습니다. 그 애달팠던 시절. 그 원족(遠足)이 오늘의 새로운 유목민을 탄생시킨 것 같습니다. 나는 굳게 믿습니다. "우리가 환란 중에도 즐거워하나니 이는 환란은 인내를, 인내는 연단을, 연단은 소망을 이루는 줄 앎이로다(롬 5:3-4)."

고맙습니다. 왕복 38시간을 운전해 가며 우리 애들을 찾아가 위로해주시고, 격려해 주신 그 사랑, 진심으로 감사드립니다. 오목사님을 새로운 유목민 된 우리 애들의 영육간의 멘토 삼아주신 하나님께 찬양과 감사를 올립니다. 자식은 여호와의 주신 기업입니다.

아니, 가난한 영적 파이터에게는 가끔씩 혹이기도 합니다. 금년 여름은 내가 존경하고 사랑하는 고(故) 김대중 선생님의 자서전을 읽는 재미로 지냈습니다. 그 역사실록 속에 이런 이야기가 나옵니다. 그분이 영국 옥스퍼드에서 생활하고 있을 적에, 연구실 이웃이 스티븐 호킹 박사였다고 합니다. 그 장애를 입은 몸으로 심혈을 기우려 연구에 몰두하는 그를 안타깝게 여긴 김대중 선생님께서, 그에게 이런 질문을 던졌답니다.

"박사님, 그 불편한 몸으로 왜 그토록 힘들여 연구에 몰두하십니까?"

그 우문에 현답이 돌아왔다고 합니다.

"음, 처 자식도 먹여 살려야하고……."

우리 큰 딸 아이가 이제 곧 귀국한답니다. 미국에서 계속 공부하고 싶지만, 부자 할아버지를 두지 못해서 돌아 올 수밖에 없다네요. 가난한 아버지 때문은 절대로 아니랍니다.

이제 가을입니다. 더 이상 더위 먹을 일 없는 이 좋은 계절에 "거리개념이 이처럼 하찮게 취급된 적은 일찍이 없었다"는 오목사님의 진단처럼 우리 상호간의 전인적인 건강을 위해 '하찮은 시공(時空)'을 넘나드는 영육간의 교류가 보다 더 활발해 졌으면 합니다.

지난 여름 한동안 영혼일기를 외면하고 있을 때, 나에게 안부를 물어 오신 분들이 꽤나 많았습니다. "어디 아프냐?" "무슨 일이 있느냐?" 더 나아가 적극적으로 잠자는 홈피를 일깨우느라 좋은 소식과 글을 올려주신 분들께 감사를 드립니다. 샬롬님, 구재천님,

박병권님, 임태석님, 그루터기님, 박원석님, 행복한 사람님, 조직적 린치를 당한 나에게 댓글로 위로해 주신 나그네님, 우유식빵님 그리고 더 나아가 noyes 21.com을 아끼고, 사랑해 주신 모든 분들께 심심한 감사를 올립니다. 그리고 예배의 소중함을 깊이 깨달아 안, 그 극적인 예배회복의 은혜를 누리게 된 '딸기네'에게 신령과 진정한 예배가 온전히 회복되는 하늘의 은총이 가득 임하길 기원드립니다. 나는 그저 그 집 앞을 지나치기만 했을 뿐인데 그 난관을 뚫고 우뚝 선 '나눔아트센터' 양동춘 목사님의 노고를 찬양합니다. 안석구 목사님의 기도에도 응답하신 하나님께 영광을 돌립니다.

더위와 물난리에 홍역을 치룬 이웃들과 형제 교회를 위로합니다.

천안함을 넘어 쌀 5천 톤이 북송된다니 참으로 다행입니다.

미국 경제도 속히 회복되었으면 합니다.

내내 강건하소서.

Shalom!

2010.09.14(Tues.)

김성찬 拜上

단어를 찾아서

2011.02.23(수)

“가장 잔인한 단어는 지극히 자비롭고”

이는 비스와바 쉼보르스카의 詩, 「단어를 찾아서」 중에서 나온 한 구절이다.

“그녀의 조국 아우슈비츠가 위치한 폴란드는 제 2차 세계 대전 당시 유대인 대학살이라는 인류 역사상 전무후무한 비극의 무대가 된, ‘저주받은 영토’였다. 그 비극의 현장을 지켜보았다는 이유로 폴란드의 문인들은 문학적 상상력을 초월하는, 허구보다 잔혹한 현실 앞에서 처절하게 좌절할 수밖에 없었다. 쉼보르스카의 데뷔작 「단어를 찾아서」에는 도저히 문학 작품으로 활자화할 수 없는 야만적인 현실에 대한 시인으로서의 절망감, 그리고 인류의 도덕적 가치에 대한 믿음이 송두리째 무너진 데 대한 상실감이 절실히 반영되어 있다.(최성은 해설, 「존재의 본질을 꿰뚫는 심안(心眼)을 가진 시인, 비스와바 쉼보르스카의 생애와 시 세계 중에서」, 『끝과 시작』).”

이상과 같은 언설로 표현할 길 없는 극단적 상황과 현실 속에서, 그녀는 「단어를 찾아」 나섰다. 좀 더 그 아득한 속내를 들여다보자.

전략(前略)
가장 용감한 단어는 여전히 비겁하고,
가장 천박한 단어는 너무나 거룩하다.
가장 잔인한 단어는 지극히 자비롭고,
가장 적대적인 단어는 퍽이나 온건하다.

중략(中略)
우리가 내뱉는 말에는 힘이 없다.
그 어떤 소리도 하찮은 신음에 불과하다.
온 힘을 다해 찾는다.
적절한 단어를 찾아 헤맨다.
그러나 찾을 수가 없다.
도무지 찾을 수가 없다. (「단어를 찾아서」 / 쉼보르스카)

그랬다. 허구를 뛰어넘는 야만적 실제상황에 직면했던 그녀에게 있어서, 언어의 식자공(植字工)인 그녀가 차용하려든, 인구에 회자하는 '가장 잔인한 단어'조차 그 현실에 비하면 '지극히 자비'론 단어였다는 말이다. 그래서 그녀는 그 현실에 부합하는 적절한 단어를 찾아 헤맸으나, 찾을 수가, 도무지 찾을 수가 없었다는 거다.

그렇다. 창조주 하나님께서도 탄식하신(창6:5-7;여호와께서 사람의 죄악이 세상에 가득함과 그의 마음으로 생각하는 모든 계획인 항상 악할 뿐임을 보시고/땅 위에 사람 지으셨음을 한탄하사 마음에 근심하시고/…내가 창조한 사람을 내가 지면에서 쓸어버리되…내가 그것들을 지었음을 한탄함이니라 하시니라), 간악하고, 추악한 아니 패역무도(悖逆無道:사람으로서 마땅히 하여야 할 도리에 어긋나고 순리를 거슬러 사람다운 데가 없음)한 인간 본성을 묘사할 수 있는 단어란 이 세상에는 없다. 아직은 없다. 아직도 없다. 오늘의 그 어떤 신조어로도 내일 터져 나올 가공할 인간 본성의 사악함을 묘사할 길이 없다. 의료과학의 진보로도 따라잡을 수 없는 숱한 질병들이 내일을 선점하고 있듯이, 장차 그 어떤 인간의 언어로도 인간은 내일 표출될 악한 인간 본성의 진보(?)를 묘사할 길이 없다. 그렇다. 도무지 찾을 수가 없는 「단어를 찾아」 나섰던 쉼보르스카는 어제로 종결된 것이 아니다. 나도 너도 그리고 미래의 그 누구도 찾을 수 없는 단어를 찾아 나서는 무의미한 노역에 시달릴 것이다. 그것이 인간고(人間苦)의 본질이다. 나는 지금 찾을 길 없는 단어를 찾느라 깊은 밤을 헤매고 있다. 힘들다. 지친다.

오늘 몇 사람에게서 전화가 왔었다. 그 중 어느 사람이 이렇게 말했다.

"어떻게 목사님은 만날 사심 없이 베풀고, 뒤통수만 맞습니까?"

그랬다. 그러나 나는 그 시시한 인간들과 그들의 이해할 길 없는 행태를 다시 복기하고 싶지 않다. 그런데 어제 겪은 그 패역무도함은 잠들려던 인간 본성에 대한 내 시린 성찰을 다시 한 번 더 내게 강요하고 있다. 내가 쉼보르스카의 "가장 잔인한 단어는 지극히 자비롭고"라는 시구(詩句)를 물먹는 스펀지처럼 빨아들이게 된, 이 소름끼치는 인간 현실이 너무 기가 막힌다.

그 신앙은 뭐고, 그 양심은 대체 뭔가?
아니 사람이란 도대체 그 어떤 존재인가?
과연 인간은 얼마나 악마적일 수 있는가?
여기에 차마 옮겨 적을 수 없는, 그 문자화 되어 날아다니는 상상을 초월한 엽기적 언어.

'엽기라는 말은 너무도 간지럽고.'

그래, '가장 천박한 단어는 너무나 거룩하다.'
도무지 (나도 적절한 단어를) 찾을 수가 없다.

오, 주님!

어둠 속에서 벨이 울릴 때

2011.2.24(목)

어둠 속에서 벨이 울렸습니다. 연신 울렸습니다. 어둠이 일순 더 깊어졌습니다. 벨이 울리고, 다시 벨이 울리고, 또 다시 벨이 울리자 흑암이 깊음 위로 내려앉았습니다.

그 어둠 속의 벨은 공포 그 자체였습니다. 벨이 공포일 수는 없으나, 그 벨 속에서 흘러나온 섬뜩한 어둠을 맛 본 사람은 어둠 속에 울린 벨은 무서운 공포였습니다. 이미 두 차례 학습되어진 조건 반사였습니다. 그 공포가 전이된 나 또한 어둠 속의 벨 소리에 소스라쳤습니다. 내가 이렇게 심약한 사람인지 예전에는 몰랐었습니다. 그런데 그녀는 어떠했을까요? 꿈속에선지, 비몽사몽간엔지 그녀는 그 공포에 소르라치다가 잠에서 깼다며 가슴을 쓸어내렸습니다.

그 공포증(恐怖症, phobia)은 용서와 노는 방이 다릅니다. 용서는 그 사랑으로 허(許)할 수 있지만, 그 공포의 잔상은 쉽게 지워지지 않는가봅니다.

전화통을 들 수가 없었습니다. 그 비정상에 대한 공포가 거부의 미학을 창조해 내고 있었습니다. 거부가 미학인 것은, 거부가 아름다워서가 아니라, 거부할 수밖에 없는 절체절명의 불안에 몸이 악기 되어 절로 떨리고 있었기 때문입니다. 그 무엇이, 그 누군가가 그녀의 몸을 악기 삼아 예술하고 있었기 때문입니다. 그녀는 극한적인 두려움에 떨며 우는 비파와 수금이었습니다.

피동태로 연주당하는 공포증은 그 용서와는 별개로 움직였습니다. 하여 그 끔찍한 사건은 심리적 탐구의 대상을 의식에 두지 않고, 외현적으로 나타나는 행동에 두는 행동주의(behaviorism, 行動主義)의 한 표본 같습니다. 인간을 자극에 따라 반응하는 존재로 보고, 학습이란 인간의 바람직한 행동의 변화를 일으키기 위해 적절한 자극과 그 반응을 강화시키는 것으로 이해한다는 행동주의 말입니다. 그래서 그녀가 실험실의 개가 되어버렸습니다. 벨소리만 울려도 침을 흘리는 개처럼, 벨소리만 울려도 경기를 일으키는 그녀는, 그 누군가에게 단단히 학습되어졌습니다. 나도 적잖은 공포에 시달렸습니다.

감당할 수 없는 그 비정상에 대한 공포. 정상에 대한 공포란 있을 수가 없겠지요. 정상은 까닭 없는 공포를 유발시킬 수 없을 것이기에 말입니다. 그래서 다행인 것은, 그녀 주위에는 정상적인 사람들이 훨씬 많다는 겁니다. 파블로프의 실험에 의하면, 조건반사는 한 번 익혔다고 해서 계속 유지되는 것은 아니며 자극이 계속 가해지지 않으면 사라지게 된다고 합니다. 그래 정상적인 접속이 계속 이어지면 그 악몽은 차츰 소거되어 가겠지요. 종소리를 울린 후 먹이를 주지 않는 경우처럼 말입니다. 부탁입니다. 설혹 문자로라도, 다시는 용서를 비는 문자로라도 그녀에게, 그 누군가가 강화를 위한 조건부여가 없길 소망합니다.

불안은 특정대상과 결부되지 않는 두려움을 가리키지만, 이것이 특정대상에 결부되었을 때의 두려운 감정은 공포라고 합니다. 다행인 것은 그것이 불안이 아니라, 공포였다는 사실입니다. 특정대상이 있는 공포라는 사실에 안도합니다. 그 특정대상의 그 도발을 차단해 버리면 되기 때문이지요. 그러나 두려움을 넘어 정말 가슴 아픈 것은, 그 사건이 인간에 대한 기독교적 자존감을 갉아 먹었다는 데 있습니다. 사람이 두렵습니다. 사람이 돌연 무서워지는 심각한 후유증을 느꼈습니다. 하나님께서 창조하신 보시기에 심히 좋은 피조물인 사람이 제대로 값을 받지 못한 감가상각을 셈해야 했습니다.

> **"그러나 너희는 택하신 족속이요 왕 같은 제사장들이요 거룩한 나라요 그의 소유가 된 백성이니 이는 너희를 어두운 데서 불러내어 그의 기이한 빛에 들어가게 하신 이의 아름다운 덕을 선포하게 하려 하심이라**(벧전2:9)."

이 말씀이 형편없는 인생들을 격려하는 대(大)사도 베드로 선생의 덕담일 뿐인가? 깊은 회의가 듭니다. 그 사건이 이런 고귀한 자존감을 한 순간에 무너뜨려 버렸습니다. 우리가 하나님의 자녀라는 , 빛 된 존재라는 기독교적 자존(신)감을 그 사태는 산산조각 내어 버렸습니다. 사람이 두렵습니다. 어린 아이들의 미소조차 두렵습니다. 그래서 사도 바울의 자기진단이 설득력이 있습니다. "죄인 중에 내가 괴수니라(딤전1:15)." "한 입에서 찬송과 저주가 나오는도다(약3:10a)." 인정합니다. 물론 인정합니다. 정도의 차이만 있을 뿐 나도 그 누군가처럼, 그 누구에게 공포의 대상 '이었고,' '이며,' '일 것'이라는 사실을 말입니다. 그래 그 누구 말하기 전에 나도 그런 기독교적 자존(신)감을 여지없이 갉아 먹고 있는 괴기스런 존재임을 고백합니다. 그러나 이렇게 나를 포함한 모든 사람을 그 누구와 일반화 시키는 것이 내심 못마땅합니다. 그 사태는 그렇게 물 타기해서 나를 포함한 모든 사람을 무력화시켜서는 안 된다고 생각되기 때문입니다.

저 아래 글, '황당 시추에이션' 댓글에 친구 박목사가 올려놓은 말씀(벧전2:19-23; 억울하게 고난을 당하더라도 하나님을 생각하면서 괴로움을 참으면, 그것은 아름다운 일입니다. 죄를 짓고 매를 맞으면서 참으면, 그것이 무슨 자랑이 되겠습니까? 그러나 선을 행하다가 고난을 당하면서 참으면, 그것은 하나님께서 보시기에 아름다운 일입니다. 바로 이것을 위하여 여러분은 부르심을 받았습니다. 그리스도께서는 여러분을 위하여 고난을 당하심으로써 여러분이 자기의 발자취를 따르게 하시려고 여러분에게 본을 남겨 놓으셨습니다. 그는 죄를 지으신 일이 없고 그의 입에서는 아무런 거짓도 찾아볼 수 없었습니다. 그는 모욕을 당하셨으나 모욕으로 갚지 않으시고, 고난을 당하셨으나 위협하지 않으시고, 정의롭게 심판하시는 이에게 다 맡기셨습니다.)이 마음에 와 부딪히지 않는 것은 아니로되, 당분간 이 우울한 감정을 그냥 지속하고 싶습니다.

그 사태로 기독교적 자존감, 자신감이 내 안에서 처참하게 무너져 내렸습니다. 여전히 어둠 속에 벨이 울리는, 그 이명 증세가 계속되고 있습니다. 가슴이 두근거립니다.

하여, 구원을 청하며, 평안을 누리지 못한 이 현상에 대하여 해서(海恕)를 빕니다.

하늘과 땅에.

내 자신에게.

심방, 그 유미재갤러리하우스의 봄

2011.05.10(화)

목사가 고난을 감당하지 않으면 그 고난을 교회가 당한다. 그러므로 목사가 당하는 고난은 목사 개인적 차원의 고난이 아니다. 그건 전적으로 교회를 위한 거다.

청평 호반 물위에 뜬 유미재갤러리하우스에서 그는 그리스도의 남은 고난을 교회를 위하여 내 몸에 채우는 형극의 겨울나기를 나직이 발설했다. 한 겨울을 슈베르트의 겨울나그네로 견뎌냈다고도 했다. 그랬었지. 지난겨울은 정말 매서웠었지. 하여 동참한 것은 아니지만, 척하면 천리라고 나는 그 목회적 인내에 내심 경의를 표했다. 그렇다. 겨울을 나지 않는 초목이 없듯, 겨울을 인내하지 않는 우리네 봄이란 없다. 허나, 겨울은 어렵다. 모두에게 어렵다. 오죽했으면 초인적 사역을 감내했던 사도바울까지 "겉옷을 가지고 / 겨울 전에 오라(딤후 4:13a,21a)"고 그의 영의 아들 디모데에게 간청했을까?

춘래불사춘(春來不似春). 눈을 들어 산을 본다. 봄은 왔건만 봄이 오지 않은 둥지들 마다 폐허다. "데마는 이 세상을 사랑하여 나를 버리고 데살로니가로 갔고, 그레게스는 갈라디아로, 디도는 달마디아로 갔고, (달랑) 누가만 나와 함께 있느니라 / (허니) 너는 어서 속히 내게로 오라(딤후4:10,9)." 그는 엊그제 어느 노(老) 사역자네 빈 둥지를 찾았단다. 심방이었기에, 그는 그 폐허를 탓하지도, 그는 치어(稚魚)조차 전무한 그 노인의 바다를 비방하지 않았다.

측은지심. 그랬다. 그건 측은지심의 발로였다. 사람됨의 근본인 인(仁)을 이루는 측은지심(惻隱之心). 혼자 풀어본다. 인(仁)이란, 人(사람)이 하나가 아니라 二(둘)이다. 그런데 인(人)을 이루는 두 사람이란, 한 마음을 이룬 다른 전혀 두 사람이란 의미가 아닐까? 나(一)처럼 다른 나(一), 즉 타인도 人(사람)으로 셈해주는 것. 나(一) +다른 나(一)=둘이나 하나인 사람. "내가 진실로 네게 이르노니 오늘 네가 나와 함께 낙원에 있으리라 (눅23:43)." 막장 같은 강도도 품으신 예수. 이런 어지심. 그래서 그분이야 말로 참사람이시다.

겉옷으로는 겨울 찬바람을 이겨낼 수 있다. 그러나 겉옷만으로는 그 누구도 사명의 겨울을 이겨낼 수가 없다. 외투를 가지고, 사람이 와야 한다. 사람이 위로다. 그 허무바다의 노인은 그가 진정으로 고마웠을 거다. 자기 안에서 자신의 수치가 수치로 셈해지지 않는 위로를, 그분은 그에게서 받았을 거다. 자신을 열어 보일 수 있는 대상이 존재한다는 것. 그것이 복음이다. 다윗의 자손 예수여, 나를 불쌍히 여겨주소서!(마20:31) 뵈는 것 없는 소경들의 복심 드러내기란 별거 아니다. 사도 바울이 그의 영의 아들 디모데에게 자신을 열어 보였다는 사실이 놀랍다. 그것이 용기다.

감히 그 누가 태양을 직시할 수 있는가? 근데 유미재流美齋갤러리하우스 층층마다 걸어 놓은 김옥지(DOROTHY DEON)의 창작물은 감히 빛의 세포를 탐색하고 있었다. 그녀는 뉴욕 아티스트 100인 안에 든 작품성과 대중성을 겸비한 대단한 화가다. 작품 하나가 수만 달러를 호가한단다. 작렬하는 태양과도 맞서는 무시무시한 그녀를 보듬어 안고 사는 그 목자는 고국 땅 청평 호반 멋진 갤러리하우스에서 그녀를 찾았다. 뉴욕 자신의 집에 그녀의 값나가는 소품들이 몇 점 있다며, 뉴욕에 오면 나에게 한 점 선사하겠다고 했다. 고난에 절인 인육을 한 점 떼 내어 주겠다는 말과도 같았다.

그는 자신을 심방하고 있었다. 엊그제는 빈 바다의 노인을, 오늘은 천일야(千日夜)의 나를 그리고 DOROTHY DEON을, 안식하러 숨어 든 이 땅에서도 그의 심방은 멈추지 않았다. 그렇게 무차별적으로 인지단야(仁之端也), 인(仁)의 극치를 그는 드러내 보였다.

물이 물 되는 것. 그건 두 말이 필요없다. 아래로 흐르는 것이다. 물은 위로 흐를 수 없다. 물은 차서 넘쳐흐를 수는 있어도, 넘친다고 위로 솟구친 것은 아니다. 옛 친구 된 몇, 몇 아이들이 상석에 올랐다고 날 외면한 한심한 기억이 새롭다. 바보 같은 것들. 그들만이 아니다. 좀 큰 교회 맡았다고, 오만의 극치를 공공연하게 표출하는 '아주 작은 이'들이 있다. 가련하다. 그들은 눈에 뵈는 가련한 이들을 가련히 여기지 못함으로, 정작 그들은 자신들이 눈에 뵈지 않는 가련한 자가 되어 버렸다. 자신을 심방할 기회를 스스로 폐쇄

해 버렸다. 아니 그들은 자신을 심방하지 않는다. 허니, 그들은 과연 그 어디에서 위로와 안식을 얻을 수 있을 건지? 그 허상인 이미지. 톨스토이는 그의 참회록에서 만인에게 추앙을 받던 성공의 정점에서 "그러나 이러한 환경에 있으면서도 나는 살고 있지 않는 것만 같은 심적 상태에 있었다"고 고백했었다. "예술도 아름다운 허위에 지나지 않는다. 예술은 거짓이다. 이제는 아름다운 거짓을 사랑할 수 없다." 바로 그런 성찰에서 만년의 거작『부활』이 생산됐다. 내 설교가, 대표기도가 허용된 위선에 지나지 않는다. 설교도, 기도도 거짓이다. 이제는 아름다운 설교도, 기도도 자랑할 수 없다. 이런 고백이 나와 너의 고백이 될 때, 교회는 교회가 될 것이다.

상선약수(上善若水). 가장 으뜸가는 선(善)이 물이다. "나를 믿는 자는 성경에 이름과 같이 그 배에서 생수의 강이 흘러나리라 하시니(요 7:38)." 가장 착한 물은 낮은 데로 흐른다. 그러나 인간들은 역류성 식도염에 시달리고 있다. 역류하는 쓴물. 내가 그 꼴이다. 모처럼 7080시대의 시사 논쟁이 있었다. 복고풍은 언제나 감미가 돈다. 시차적응이 아직 안 돼서 중언부언했다고도 했으나, 취중진담이란 말도 덧붙였다. 물의 역류를 인공적으로 강제하는 사대(四大) 강 사업에까지 끝 간 데 없는 사설(辭說)들도 오갔다. 그랬어도 재밌었다. 그 시절의 거친 열정이 그리웠기 때문이다. 그리고 이념이 다른 것은 그래도 견딜 수 있지만, 복음에 대한 이해가 다른 이들과는 함께할 수 없다는 우리들의 공통 분모 된 신앙고백이 뜨거운 연대를 강화시켰기 때문이다. 그리고 그의 본능적 휴머니티가 말이다.

세상을 치유하는 방식으로 물처럼 낮은 곳에 임하신 예수처럼, 그는 자신을 치유하는 고등한 방식으로 야곱의 우물가에서 자신을 열어 보인 용기를 발했다. 평안과 안식의 진리는 변함이 없다. 사마리아로 가라. 그러면 그 사마리아가 너를 치료해 줄 것이다. 사마리아로 가라. 그곳이 너를 심방해 주리라.

나는 즐겨 듣는다. KBS 제 1 F.M 93.1 국악한마당. 남들은 웬, 청승이냐고 시비해대지만. 그대, 칙칙하다고 내게 시비하지 말지어다.

이게 나의 심방이니까.

나를 구원하는 심방.

영혼일기 834

암연暗然 – 흐리고 어두움

2011.10.24(월)

벌써 난 돌아 와 세수하고 발 닦고, 허기도 매우고, 나가수에서 만난 맑고 시원한 록커 김경호가 공들여 가다듬은 절제된 창법으로 숨넘어가며 부른, ♫암연(고한우)♫을 반복해서 들으며, 난 안식을 취하는데, 그네들은 지금도 그 먼 길을 돌아가느라, 힘에 겹겠지. 아득한 귀가를 서두르는 그네들을 생각하며, 홈피를 열어 뭔가를 펴 올리다가, 그만 내 눈시울이 뜨거워진다.

적어도 오후 5시 20분에 학교에서 출발하지 못하면 밀양까지 내려가는 차편을 놓치게 된다던데. 만일 그 시간을 넘기면, 한대(寒帶) 정거장 플랫폼에서 졸며 고된 몇 시간을 견뎌내야 한다던데. 문득 그네들이 내 앞에서 흘린 졸인 맘이 내게로 전이되어 날 시리게 한다. 그래도 오늘은 좀 일찍 끝나서 그나마 다행이었을까? 뭔 사명이 그렇게 대단하기에, 그 나이에 그 먼 길을 오가며, 그 모진 사명을 죽어도 감내하려드는 걸까? 그래 이젠 그 생의 가을도 깊어 막차라도 타야, 그 사명의 끝이라도 부여잡을 터. 뒤늦게라도 반드시 감당해야 할 그 사명처럼, 이 온 밤을 지새우며 돌아가야 하는 그네들의 먼 기적소리가 내 심사를 애잔하게 적신다. 내 가슴을 스치는 바람이 차다.

청승을 떨고 있다. 그렇다. 문득 내가 청승을 떨고 있다는 생각이 든다.

제 설움에 우는 소쩍새처럼, 난 그네들인 나를, 울고 있다.

암연(暗然)이란 뜻이, 흐리고 어두움이란다.

그래 오늘은 가을비도 설핏 스쳤지.

이젠 흐리고 어두움 밖에 뭐가 더 올 수 있을까?

환경에 절망하고,
사람에 절망하고,
한 생에 절망하고,

절망으로 샛노랗게 멍든, 밤 새워 고단한 몸을 이끌고,
흐리고 어둔 생의 질곡으로, 마지못해 되돌아가는,
제 아무리 용을 써대며, 작심하고 튕겨져 나가려드는 무한 원심력에,
자신을 흔쾌히 투신해도

결국엔
제자리만 파고 돌다 스러져 가는 모진 팽이의 구심력처럼
제대로 마실 한 번 돌지 못해 본 생(生)이
가을을 타고 도는데
이젠

그랬어, 오늘 롯데월드에서 물경 만원씩이나 한다는 형광 팽이를 단돈 삼천 원에 판다고, 쌩쌩 지하철 열차 바닥에 내돌리던, 장돌뱅이의 그 현란한 팽이를 나는 나를 위해 사고 싶었어. 근데 못 샀지. 들킬 리가 없는데, 남들의 눈이 무서워 못 샀어. 대봉만한 큼직한 형광 팽이를 정말 사고 싶었는데. 대봉만한, 거함같이 둔중하나 쌕쌕 돌고 돌던, 제 자리에서도 씩씩한 구심력의 정염을 한껏 토해내던 그 때깔 나던 팽이를. 그랬어, 오늘.

나도 뒤돌아서서 눈물만 흘리다
이젠 갔겠지 하고 뒤를 돌아보면
아직도 그대는 그 자리 아직도 그대는 그 자리
먼 길을 왔다가 쉼 한 번 없이
다시 먼 길을 되돌아가는 아직도 돌아가고 있을
난 안식에 겨워 흐느끼는 데
넌 흐느낄 안식도 없이 그저 돌아가기에도 바쁜

훠이, 훠이
이삭줍기도 어려운 늦가을 밤길을
왜 그리도 재촉 하는가?

내 맘에 그대는 아직도 그 자린데.
달아날수록, 조여드는
그 자린데.

영혼일기 1367

끝이 아침인 인생

2013.07.24(수)

저녁은 생의 종언을 가리키는 시간대다.
울음이 깃든 저녁은 만회할 기회가 없는 게임 종료 휘슬이다.
울음이 깃든 밤을 보내고 있는 이들에게는 재기할 기회란 없다.
슬피 울며 이를 가는 25시의 탄식만이 그들의 몫이다.

그러나
저녁이 되고 아침이 되니(창 1:5)
창조적인 태초의 시간, 그 하루의 순서는 낮밤이 아니라, 밤낮이다.

그래서 시편 30편에 나오는, 울음이 깃드는 저녁은 인생 역전이 불가능한 마감 시간이 아니다. 비록 울음에 절어 있지만, 그 정도의 상태나 환경은 얼마든지 뒤집을 여유가 깨알 같이 널려 있는 1회 말이다. 기쁨의 아침을 잉태할 산통(産痛)의 시발(始發)이다. 모든 것이 끝난 뒤, 모든 것이 가능한 스타트 라인(start line)이다.

말씀은 뒤집는다. 시간을 뒤집어, 시말(始末)을 뒤집고, 등수(等數)를, 공과(功過)를 뒤집어 결과를 뒤집는다. 하여, 오전 9시에 온 사람과 오후 5시에 일터에 투입된 이들의 노동 성적표를 발표함에 있어, 나중 된 자가 먼저 된 자라고 말해 준다. 저녁이 되고 아침이 되니, '낮밤'을 입에 자연스런 '밤낮'으로 뒤집어 시간을 전복시키고, 현실을 까부순다. 미추(美醜), 빈부(貧富), 귀천(貴賤), 상하(上下), 승패(勝敗)를 뒤집어 인생을 역전시킨다.

저녁에는 울음이 깃들지라도 아침에는 기쁨이 오리로다 (시 30:5)

울음이 깃든 저녁으로 시작하는 성서의 하루는 기쁨의 아침으로 하루를 마감한다. 아니, 마감하며 다시 하루를 연다. 새벽 기도는 감사로 하루를 결산하는 마감 시간이자 동시에 기쁨의 새 날, 그 개막을 알리는 팡파르(fanfare)다. 아무리 빨라도 늦은 후회로 탄식하던 밤이 되돌릴 길 없는 끝이라고 생각하던 이들이, 그 후회를 아무리 늦어도 빠른 회개로 바꾸는 시점인 새벽에 하루를 되물릴 기회를 얻는다. 헌집 주고 새집을 얻는다.

아침이 되고 저녁이 되니. 이는 재기의 기회를 허하지 않는다. 당의정(糖衣錠) 같은 인본주의 사상이 양광(陽光)만을 좇으며, 점철된 백주(白晝) 대낮의 과오를 회복할 시간적 여유가 전혀 없는 어둔 저녁을 낳았다. 해가 뜨고 져서, 아침이 되고 저녁이 되는 크로노스의 시간에는 관용도, 역전도 없기 때문이다. 저무는 가 했더니 다시 밝아 오는 '저녁이 되고 아침이 되니-그 태곳적 창조적 어순, '밤낮=밤과낮'에 '고통과 변화'라는 카이로스로서의 날마다 새로운 구원이 있다.

저녁이 고통스럽고, 밤이 두려운 자(者)여.
거절당한 백주(白晝)의 내침에 영혼마저 신(神)의 일식(日蝕)에 이른,
너 절망의 언어(言語)여.

속지마라.
끝이 아니니.

저녁이 되고 아침이 되니
저녁이 되고 아침이 되니
저녁이 되고 아침이 되니

끝은 없나니.

낮밤없이, 라는 단어는 없다.
밤낮없이, 라는 단어는 있다.

사전적 의미로 '밤낮없이'란 '언제나 늘'이라는 말이다. 이게 창조적 어법이다. '언제나 늘,' 저녁이 되고 아침이 되는 그 창조(創造) 동산에만 빛도, 하늘도, 꽃과 열매도, 새도, 짐승도, 사람도 있다. 그곳에는 무한한 재(再)도전의 기회도, 회개를 토해 내게 하는 용기도, 다시 정죄가 없는 용서도, 재기(再起)를 흔쾌히 허하는 배려도, 바라는 바가 이루어지는 응답도, 세상이 줄 수 없는 평안도,

머리가 하늘까지 닿는 기쁨도, 죽음을 넘어선 부활도 있다. “저녁이 되고 아침이 되는” 창조적인 카이로스의 시간이 흐르기 때문이다.

하나님이 지으신 그 모든 것을 보시니 보시기에 심히 좋았더라
저녁이 되고 아침이 되니 이는 여섯째 날이니라(창1:31)

끝이 아침인 인생.
끝이 아침인 우리.

끝이 아침인 우리에게는 사망조차도 우리를 엄몰(淹沒)하지 못하나니.

사망아 너의 승리가 어디 있느냐 사망아 너의 이기는 것이 어디 있느냐(고전 15:55)

우리의 구원자, 십자가상의 예수는 끝이 아침인 구세주의 부활 승리로, 그 사실을 우리에게 자신의 몸으로 확증해 주셨다. 세상을 이기신 그 부활의 아침에.

Joy comes with the morning.(RSV)
아침과 함께 기쁨이 온다.

너와 나, 그래 우리
끝이 아침인 우리는 어떤 존재인가?

창조 안에 있는 우리요,
생명 안에 있는 우리요,

승리 안에 있는 우리다.

다시는 속지마라.
세상 미혹에. 저녁이 끝이라고 가르쳐 주는
당신에게는 더 이상 기회가 없다고 공갈 때리는 세상에

우리의 일상을 지배하는 크로노스의 시간에. 인간들의 시간 계산법에. 생각 없이 물들어 있는 너여, 나여, 우리여.

to You,
깨어나라! 털고 일어나라!!

창조의 시간은
저녁이 되고 아침이 되니.
하루의 끝이 광명한 아침이니.
인생의 끝도 찬란한 부활이니.

끝은 없나니.

그의 노염은 잠깐이요, 그의 은총은 평생이로다
저녁에는 울음이 깃들일지라도
(끝인)
아침에는 기쁨이 오리로다.
시30편5절 말씀
아멘

대게 세상 2

2013.08.31(토)

내가 천재라고 일컫는 문인 조병세를 우연히 만났다. 우연히 란 없다. 우리는 한 울타리 안에 한때 갇혀 있었으니까. 그 울타리 안에서 만났으니까, 우연이 아니라 필연이다. 우연한 조우가 아니라, 필연인 조우다.

세상 만사에 우연히 라는 말은 소용이 닿지 않는다. 우연히, 라는 부사는 '어떤 일이 뜻하지 않게 저절로 생겨 묘하게'라는 뜻이기 때문이다. 저절로 생긴 만물이 없다. 우리는 넓게 우주공동체의 일원이다. 그래서 우리들의 만남은 그 공간 안에서, 제 때에 만난 필연밖에는 없다. 우리 모두는 필연적인 만남을 맺는 우주적 형제자매다.

사람에게 일어나는 현상은 모두 전에 있었던 원인에 의해서 필연으로 따라오는 것이지 우연히 오는 것은 하나도 없다. 그 교정에서 우리는 필연적으로 만났었고, 오늘 필히 만나야할 존재론적인 이유가 있었기에 우리는 만난 것이다.

그가 내 시(詩) 한 편을 읽고 평했다. 이렇게. 속내 들어내세요. 감추려고만 하지 말고 솔직하게. 이 시(詩)에는 그 누가가 없어요. 없어. 당신이 없어요. 없어. 당신을 드러내세요. 장독대 뒤로 숨어들려고만 하지 말고 커밍아웃을 하세요.

그리곤 들먹였다.「가재미」를 내「대게세상」과 견주며. 문태준의「가재미」가 진솔하게 그려 낸, 죽음만을 바라보는 "그녀가 살던 파랑 같은 날들"을 당신의 시(詩)에도 적시하라. "있다" 그 현재형으로, 실존적으로 너를 토해내라.

그는 짧고, 단호하게 내질렀다. 어린 그가. 아직도 장가도 안 간 그가. 그랬다. 돌들이 소리 지른다고 했던가?

저건, 느브갓네살의 뜨인 돌이다.

"또 왕이 보신즉 사람의 손으로 하지 아니하고 뜨인 돌이 신상의 철과 진흙의 발을 쳐서 부숴뜨리매 / 때에 철과 진흙과 놋과 은과 금이 다 부숴져 여름 타작 마당의 겨 같이 되어 바람에 불려 간 곳이 없었고 우상을 친 돌은 태산을 이루어 온 세계에 가득하였었나이다(단2:34-35)**."**

뜨인 돌, 예수님이시다.

아닌, 저건, 벨사살의 손가락인지도 모른다.(단 5장)
"메네 메네 데겔 우바르신(25)" 벨사살 왕의 행적을 세어보고, 달아보아도, 모자라서 다른 나라에 넘기겠다는 여호와께서 발하신 벨사살 왕에 대한 심판의 계시인지도 모른다.

벨사살의 아버지 느브갓네살 왕은 말년에 교만해지고, 완악해져서 하나님의 심판을 받았다. 그 결과 미쳐서 들짐승처럼 풀을 뜯어먹다가 죽었다. 그런 죽음을 죽은 아버지를 보고 왕위에 오른 아들이었지만 그는 하나님 경외하기를 거부하고 살았다. 그는 무척 무거웠다. 이미 죽은 자였기에. 시체는 무겁다. 그러나 산 사람은 업어도 무겁지 않다. 살아 있음으로 가볍다.

하나님은 나를 달아 보시고 계신다. 내가 너무 무겁단다. 토해 내지 않아서, 아직도 원한과 수치를 가슴 가득 품고 있어서, 저울이 감당 못할 만큼 무겁단다. 시신처럼 무겁단다. 당신을 호응하지 않아 무겁단다.

당신을 반응하지 않아 무겁단다.

토해 내라. 그리고 살라.
더 이상 위선(僞善)도, 위악(僞惡)도 거절한다.

"백성들아 시시로 그를 의지하고 그의 앞에 마음을 토하라 하나님은 우리의 피난처시로다 (셀라)(시 62:8)." "내가 내 원통함을 그의 앞에 토로하며 내 우환을 그의 앞에 진술하는도다(시 142:2)."

당신 앞에서의 겸손은
감추는 것이 아니라, 드러내는 것이기 때문이다.

하나님의 기습

2013.08.28(수)

새벽부터 심리(心理)도 심리(審理)한 후, 그녀의 각별한 기념일에 세상을 바꿀 스마트한 창(窓)을 그녀에게 오랜만에 열어 준 스톱워치같이 분초를 다툰 오후를 보내고 난, 수요일 저녁 기도회.

당신이 기습했다. 그렇게 해석되어졌다. 그렇게 해석해야만 했다. 그렇게 해석되어지는 은혜와 그렇게 해석해야하는 체념으로만, 나는 아연실색할 수밖에 없었던 그 기습에 담담할 수 있었기 때문이다. 은혜와 체념, 체념과 은혜는 분간하기 어려운 동의이음(同義異音)이다. 적어도 내게 있어서는 말이다.

꼼짝 마! 엄폐물에 숨어 기회를 엿보던 당신의 척후병이 나를 기습했다. 그가 불시에 들이 닥쳐 내가 남몰래 구축해 놓은 참호(구덩이)를 털었기 때문이다. 나는 손을 번쩍 들어 일순 해맑게 투항하며, 나는 그를 당신의 척후병으로 셈했다. 그래야 체념이 은혜가 될 수 있으니까. 은혜가 되는 체념 말이다.

어떻게 그 척후병은 나를 염탐했을까? 그 궁금증은 이내 풀렸다. 내가 기척했기 때문이다. 그 기습은 내 탓이다. 그래야 체념이 은혜가 될 수 있으니까. 은혜가 되는 체념 말이다. 그래 내가 짐짓 낭랑한 소리를 내왔고, 내 낯빛에 분칠을 해 대고 백주(白晝)에 나댔기 때문이다. 날 잡아 봐라, 나는 천지 사방에 나를 노출시켰다. 그런 내 기척과 내 기색을 그 척후병이 놓칠 리가 없었다. 척후병의 장점은 뛰어난 판단력과 예민한 감각에 있다. 아무나 척후병으로 별택(別擇) 되는 것이 아니다. 모든 개가 폭발물 탐지견이나 정찰견(Scout)이 되는 것이 아니듯 말이다. 그렇다. 별택(別擇)된 척후병이 내 인기척, 내 분 냄새를 놓칠 리가 없다. 꽃향기를 좇아 천리 길을 날아 든 벌 나비처럼, 진동하는 악취에 바글거리는 × 파리 떼처럼.

그 척후병만 별택(別擇) 된 존재가 아니다. 나도 특별히 가려서 하나님께 뽑힌 자다. 그런데 별택(別擇) 된 내가 별택(別宅)에 있다. 별택(別宅)에서는 별나게 살아서는 안 된다. 오히려 별나게 살지 말라고, 별택으로 모신다. 모세의 호렙 산은 별택(別宅)이었다. 그는 별택지기답게, 그는 그 거룩한 임재 앞에 두려워 떨며, 설칠 힘도 없는 자신의 현실을 직시했다. "내가 누구이기에 바로에게 가며 이스라엘 자손을 애굽에서 인도하여 내리이까(출3:11)." 그랬어야 했다. 그런데 나 혼자 무슨 역사적 사명을 띠고 이 땅에 태어난 것처럼 근자에 나는 설레발을 쳐댔다.

"너 하늘아 이 일로 말미암아 놀랄지어다. 심히 떨지어다. 두려워

할지어다. 여호와의 말씀이니라. / 이 백성이 두 가지 악을 행하였나니 곧 그들이 생수의 근원이 되는 나를 버린 것과 스스로 웅덩이를 판 것인데 그것은 그 물을 가두지 못할 터진 웅덩이들이니라(예레미야 2:11-13)."

내 별택은 웅덩이다. 그런데 그 웅덩이는 내가 스스로 판 것이란다. 성경 말씀이니까, 더군다나 여호와 하나님의 직언(直言)이니까, 그 사실을 부인할 길 없다. 그 웅덩이는 누가 파놓고 몰래 나를 밀어 넣은 것이 아니다. 하나님께서 나를 위해 파신 것도 아니다. 하나님이 파신 웅덩이라면, 그것은 비록 기가 막힐 웅덩이(시 40:2)일지라도 축복일수 있다. 예레미야가 내던져짐을 받은 구덩이(렘38:6)라면, 바울 사도가 갇힌 감옥(빌1:7,12)이라면 그것이 그렇게 사명을 온전히 이룬 이들에게 있어서는 그 구덩이가 은혜요, 도리어 복음의 진보를 이룬 터전이요, 장차 받을 하늘 훈장이리라. 그리고 요셉처럼 형들의 시기로 내던져진 구덩이라면, 그나마 형 유다 같은 휴머니스트에 의해 미디안 상인들의 손으로 넘어갈 수 있겠으나(창37:28), 이는 누가 나를 이 구덩이에 내던진 것이 아니라, 내가 판 것이라는 데 문제가 있다. 적어도 오늘 본문은 생수의 근원이신 이스라엘의 하나님을 외면하고, 자기들을 도와줄 자로 그들이 선택한 것이 웅덩이였다는데 일차적 문제가 있다. 자신들이 웅덩이를 팠고, 자기 스스로 웅덩이로 머리를 쳐 박았다. 그 별택을 직접 제 손으로 지어, 제 발로 걸어들어 가 살고 있다는 말이다. "나를 상관하지 마시오. 하나님." 그런데 설상가상으로 더 큰 문제는 그 웅덩이가 물을 가두지 못할 터진 웅덩이라는 사실이다. 밑 빠진 독이라는 말이다. 그렇다. 그 별택(別宅)에는 생수가 없다. 물이 머무를 공간이 없다.

감이후지(坎而後止)라, 구덩이에 빠지면 위에서 흘러내린 물이 찰 때까지 기다리라고 했는데, 웬걸 이는 밑 빠진 독이라니. 생수의 강이 흘러내려도 밑 터진 웅덩이니, 무슨 효험이 있겠는가?

그런데 그런 바닥에 당신이 기습했다.
저 바닥의 핏빛 잔영은?
그 바닥에 괸 물에 당신의 얼굴이 비쳤다.

밑 빠진 구덩이에 괸 물이라니. 그건 당신이 고개를 가누지 못할 만큼 나를 위해 애통해 하며 흘린 눈물이다. 구덩이에서 흘린 내 시린 눈물보다 더 흥건한 당신의 나에 대한 애통의 눈물이 그 구멍 난 웅덩이에 괸 거다. 내 밑 빠진 믿음보다 더 큰 당신의 나에 대한 기대와 그 기대에 대한 확신이 위로부터 흘러, 흘러들었기 때문이다. 밑구멍 뚫린 내 소망의 인내보다 더한 나에 대한 당신의 인내가 그 구멍을 메우고 있기 때문이다. 내 책임지지 않는 사랑조차 보듬어 안는 당신의 나에 대한 가없는 사랑이 내 헌데를 핥아주고 있기 때문이다. 밑 빠진 독에 물을 붓기란, 인간의 노력으로 채울 수 없는 인위적인 허망한 공사를 지칭하지만, 당신의 사전에는 못 채울 밑 빠진 독이란 도시 없다. 피눈물이기 때문이다. 엉겨 붙어 노아의 방주 역청처럼 물샐 틈을 막아 선, 예수의 피.

밑 터진 구덩이에 흘러내린 것은 물이 아니라, 피였다.
고이고 고여, 괸 피로,
예수의 피로,
허망한 밑구멍이 단단히 메워졌다.

노출의 계절이 여전한 폭염으로 대미를 화끈하게 장식하고 있다. 한 여름에도 흰색 긴팔 티를 즐겨 입던 나는 금년 여름 맹위를 떨친 폭염에 반팔 티로 살았다. 육체를 노출하자, 심령도 외출을 했다. 내 맘 문 밖에서 나를 두드리시던 당신이 내 노출을 틈타 틈입해 드셨다. 착각은 자유다. 황당 시추에이션은 시도 때도 없다. 때마다 일마다 주의 황당하신 나에 대한 도발이 나를 샛노랗게 한다.

그러거나 말거나 누가 뭐라거나 말거나, 떠들거나 말거나, 짖거나 말거나 그 구덩이를 개방하라는, 당신이 문밖에서 두드리고 계신 내 옥문을 활짝 열어젖히라는 말씀이 아닌가? 누가 팠던, 그 구덩이를 판 주체가 중요한 인물이 아니라, 그 구덩이에 누가 손을 내미느냐가 소중하다는 사실을 알라는 말씀이 아닌가? 설혹 내가 팠을지라도, 구원은 위로부터(from above)만 온다는 사실을 다시 알라는 말씀이 아닌가?

파내려 가는 우물이 아니라, 솟구쳐 오르는 샘물을 돈 없이, 값없이 와서 취하라는 말씀이 아닌가? “너희 목마른 자들아 물로 나아오라 돈 없는 자도 오라 너희는 와서 사 먹되 돈 없이 값없이 와서 포도주와 젖을 사라(사 55:1).”

물 값은 유료지만,
피 값은 무료다.

주 여호와를 앙망하는 자 새 힘을 새 힘을 얻으리로다
독수리 같이 날개를 치며 높이 높이 푸른 하늘 날으네

날 황당하게 했던, 당신의 기습(sucker punch)은, 그 착검 야습(夜襲)은, 돌고 돌아, 결국 당신의 피로 의문을 풀었다. 너 지렁이 같은 야곱아, 지렁이도 꿈틀댄다는데, 꼼지락거리지도 않는 너는 뭐냐? 뱀도 양광에 습한 몸을 말린다는데, 너 교회 이름만 양지(陽地)냐?

널 공개해라.
내 보혈의 역청이 도배질 된
그 음지나 실상은 양지인 양지를 공개해라.
부끄러워 말라.
그것은 복음을 부끄러워하는 것일 수도 있나니.

내가 여호와를 기다리고 기다렸더니
귀를 기울이사 나의 부르짖음을 들으셨도다
나를 기가 막힐 웅덩이와 수렁에서 끌어올리시고
내 발을 반석 위에 두사 내 걸음을 견고하게 하셨도다
시편 40편 1~2절

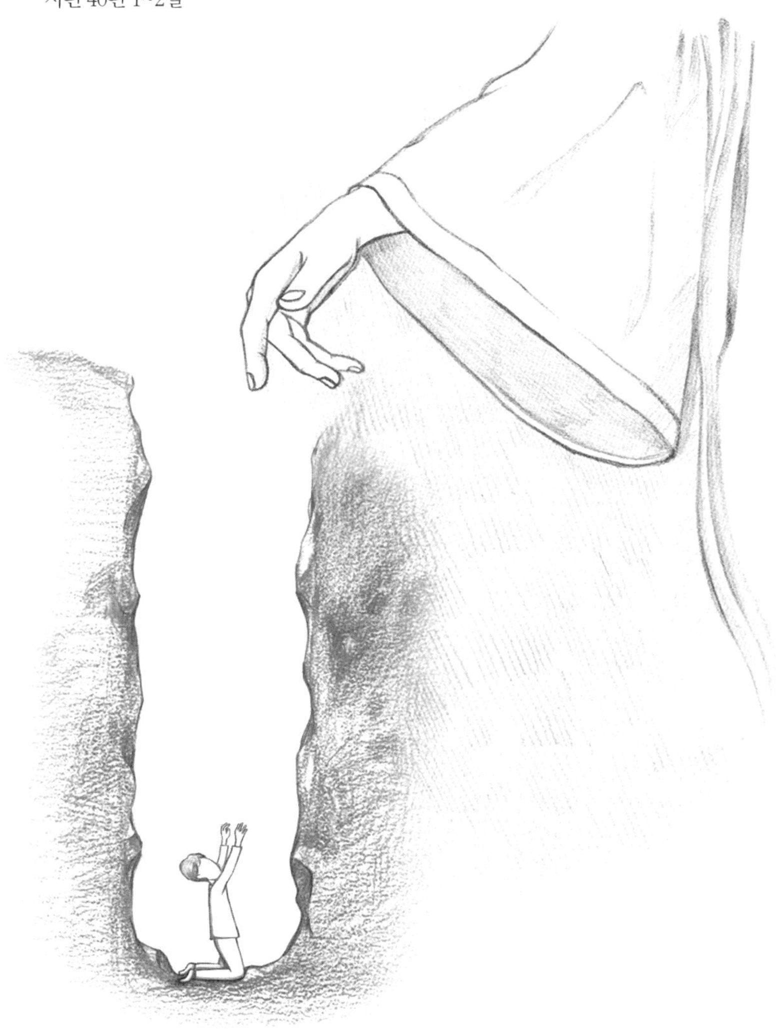

about 영혼일기

내러티브(narrative), 그 지금 내게 필요한 것

2008.11.17(월)

아내가 이번 주간은 백동조 목산데, 라고 말끝을 흐린다. 한여름 내내 그녀는 그 산행을 강행하고 있다. 그녀 때문에 난 낯선 교계 부흥강사들의 이름뿐만이 아니라 그네들끼리 얽히고설킨 촌수까지도 파악하게 되었다. 누구와 누구는 처남 매부 지간이고, 그 누구는 누가 키웠고, 그네 집 밥숟가락은 몇 개고 등등. 그리고 슈퍼스타 장아무개 목사보다 더 잘한다는 이아무개 목사도 있다는 것도 알게 됐다. 그 잘난 장목사보다 더 잘한 이목사라니? 얼마나 잘할까? 그래 장삼이사(張三李四)란 말은 들어봤지만, 소위 장씨네 셋째 아들과 이씨네 넷째 아들로 일컫는, 그저 그런 평범한 위인들의 열전이 아닌, 이번엔 장일이일(張一李一), 장씨네 큰아들과 이씨네 큰아들의 진검 승부가 그곳에서 벌어진 게구나 생각했다.

그녀는 직설화법으로 날 '교만하다'고 했다. "다 우습지?" 그런 말도 했다. 그래, 어쩜 그렇게 단 한 번도. 코 앞 천보산 기도원에조차 안 가볼 수 있느냐는 말이다. 다른 목사님들은 왜 와서 은혜를 받느냐 라고 객관적 시비도 걸어왔다. 그 누구누구도 오셨다 면서, 내가 아는 목사들의 이름 석 자까지 꼭꼭 찍어 압박에 압박을 더해왔다. 그러다가 때로는 그 기도원 대모 우원장 가라사대 해가며, 삼위 하나님 다음으로 조지 부시를 4위 삼는 언설들로 촛불 운운하며 그녀는 날 공박하기도 했다. 그래, 그 폭포수같이 넘쳐나는 그 은혜가 너무 귀하고, 하여 내가 안타깝다는 말일 거다.

동료 김 곤 목사는, 요샌 새벽잠마저 잃어, 새벽 두 시면 눈이 번쩍 뜨여진다고 했다. 너무 그 새벽이 무료해 성경책도 보고, 교회성장학도 뒤적인단다. 내가 어깃장을 놨다. 아니, 이제 은퇴 준비해야할 나이에 교회 성장학이라니 그게 무슨 말이냐, 괜히 생명 단축 시킬 일 관두고, 군번에 걸 맞는 책 찾아 읽어라 충언(?)을 내던졌다. 사실인 것은 그 불도저 같은 친구 박 목사도 이젠 수련회가 너무 부담스럽단다. 근데, 그 딱딱한 마룻바닥에 엉덩이 붙이고 앉아 있는 것만도 이젠 극심한 육체적 고통이 된 내게, 기도원 집회 참석 안한다고 눈총주는 저 부인네는 당최 뭔가? 어느 병약한 후배 목사는 그 아내가 이렇게만 말한단다. "살아만 있어 줘요." 눈물 나는 이야기지만, 이젠 나도 아내가 밥도 먹여 줬으면 좋겠다는 생각이 솔솔 드는데, 그러니 내가 이렇게 살아 있어 주는 것만도 그녀는 감사해야하는 것 아닌가? ㅎ ㅎ

그녀는 모른다. 내가 누리고 있는 은혜를. 내가 누리고 있는 새 은혜를. 지금 나에게 필요한 것은, 내러티브(narrative)다. 다시 말해 이야기하기다. 내 개인사나 내가 속한 집단의 이야기, 그 사건의 전말과 경험담 등을 흥미 있게 정리하여 이야기하기다. 그 텍스트를 회상하며 현실로 가져와 난, 나를 치료한다. 상처인 내 독백을 대화로 전환하고 있다. 만인에게 말을 걸며 난, 영혼 일기란 방식으로 날 치료하고, 동시에 널 치료하고자 한다. 나의 적극적 상상이 요구되는 이 작업은 내게 돌이킬 수 없는 불안감을 던져 주지만, 이것이 내가 강사 되어 행하는 산상집회다. 그걸 그녀가 알까? 아니, 내가 이런 말을 해 본적이 없으니 알 턱이 없을 것이다. 이렇게 말해 줘도 어렵다고만 할 것이다.

그러나 난 이렇게 우둔하게 내 고통스런 세계와 죄의식의 세계를 드러냄으로 영적, 도덕적 비난을 면할 길 없는 모험을 감행하고 있다.

그러나 내러티브 룸 일수 있고, 정신 병동일 수도 있는, 아니 기도원일 수도 있는, 이 나의 영적 공방(工房). 여기서 지금 난,

프로이트 식으로, 화해되지 않은 채 망각된 내 무의식을 이곳으로 불러내어 화해를 청하든, 융의 방식대로, 이 영혼일기라는 적극적인 상상을 통해 무의식에 내재된 이미지나 자아 콤플렉스의 내용을 의식의 수면 위로 떠오르게 하는 한 과정 삼든, 게슈탈트 식의 타인과 효과적인 접촉을 방해하는 과거의 초기 기억들을 불러와서 현재의 느낌으로 표현하든, 난 지금 드러냄으로 치유 받는 자유를 이 나의 영적 공방(工房), 영혼 일기에서 누리고 있다.

딱 떨어지는 적합한 표현은 아니지만, 이탈로 스베보의 다음 같은 말은 내겐 절반의 진리다.

“보라, 글쓰기 덕분에 나는 밤마다 편안한 마음으로 잠자러 갈 수 있다.”

그리고 더 나아가 욕심이 있다면,

이 홈피를 드나드는 모든 이들이, 자신의 삶을 텍스트 삼는 내러티브(narrative)를 통해 자신의 건강한 정체성을 찾는 기적이 일어나길 기원한다. 거기다 더해, 이 마당이 우리네 집단 죄의식을 해소할 수 있는 공동 스크림 룸(Scream room)이 되었으면 한다. 공중목욕탕이 되었으면 한다.

그 산에 오르는 이들이여, 이곳에도 종종 들려다오.

그 찬송으로 가슴 연,

그 내러티브를 들려주오.

about 영혼일기

2008.11.17(월)

"영적인 글을 계속 쓰려면 깊이 있는 자기반성과 정직성이 필요하다. 글을 쓰면 자신과 하나님을 보다 잘 알 수 있고, 때로는 고통스럽더라도 문제 이면까지 들여다보게 된다." -셸리 스펜서-

나는 영적인 글쓰기로서의 일기를 쓰고 있다. 그러나 날마다 자신을 돌아보며 글을 쓴다는 것이 결코 만만치 않다. 내 청년시절 근 6년여 가까이 날마다 일기를 썼던 저력이 바탕 되지 않았다면, 난 백회를 넘긴 이 작업을 오늘까지 이어올 수 없었을 것이다. 그 젊은 날의 백지에의 인내가 그 시절의 나를 오늘에 재연케 했다.

작금 내가 쓰고 있는 일기는 '영혼'을 표방하고 있다. 셸리 스펜서는 "영적인 글을 계속 쓰려면 깊이 있는 자기반성과 정직성이 필요하다"고 말한다. 동의한다. 내 자신의 일상을 좀 더 깊이 성찰하며, 내 영적 내면을 보다 더 풍요롭게 개발할 방식의 하나로, 나는 날마다 이 일기를 써 내려가고 있다. '성찰'이라는 단어는 're-flecting' 즉 '다시 구부린다 - bending again'는 말이다. 이는 '자기반성으로 내면을 들여다본다'는 뜻이다. 그런데 이 깊은 성찰이 나처럼 서슬이 퍼렇고, 자아 비판적이며 동시에 멜랑콜리아(melancholia), 담즙질적인 성향을 갖고 있는 사람인 경우는, 그 병을 더 깊게 하는 경향이 있는 듯싶다. 자기 내면에 집중하다 보면 병적으로 집착하거나 마음속에 자리 잡은 어둡고, 건강하지 못한 부분만 들춰내는 것이 아닌가 싶어서이다. 그래서 두렵다.

그러나 나는 이 영혼일기를 보다 정직하게 써내려 왔고, 써 내려 갈 것이다. 그 '경이로운 정직성(작가 천승세가 시인 천상병을 가리켜 한 말)'으로 내 안의 모든 가식적인 것들을 무람하게(부끄러워하여 삼가고 조심함) 만들어 버리고 싶다. 그리고 무엇보다 이 영혼일기를 통해, 나와 이 시대에 주는 하나님의 고요하고, 세미한 음성을 듣고 싶다. 이런 일종의 기도문으로서의 영혼일기는 하나님의 임재를 사모하는 가운데 내 안의 긍정과 부정의 요소들이 그 분 안에서 연합을 이루어, 종국에는 내가 그분 안에서 영혼의 성숙을 이루게 해 줄 것이라고 나는 믿는다.

그러나 문제는 이 영혼일기가 반(半) 공개적인 글이라는데 문제가 있다. 이 공개적 만인 검열 메커니즘은 때때로 날 움츠려들게 하고, 영적인 글의 생명력인 자기반성과 정직성을 기탄없이 드러내는 일을 멈칫거리게 한다. 일제 강점기 이후부터 유신독재시절과 그 시퍼랬던 5공 시절 등, 엄혹한 통제와 검열에 시달려오면서 우리 민족은 자진하여 자신의 상상력을 통제하는, 자기검열의 메커니즘을 내면화해오지 않았던가? 이런 자기검열 메커니즘이 내면화된 이 땅의 자녀인 나 또한 그런 자동 방어기제가 내 안에서 나도 모르게 활발히 작동하고 있을 것이다. 그러니 사실 나의 파격은 파격이 아닐 것이다. 공개적인 일기 쓰기. 파격은 파격이나 자동 방어 기제가 내면화 된 공개적인 일기. 어폐가 있다. 그래도 나는 공개한다. 자기 검열 메커니즘에 찌든 나를 공개해도 행간 읽기에 능한 이 세대는 능히 나를 읽어낼 것이라 믿기 때문이다. 읽히기를 바라는 나의 커밍아웃. 날 욕할 수 없는 당신들. 나를 부러워할 당신들, 나는 나를 만인 앞에 토해내는 내가 자랑스럽다.

다시, 나는 왜 영혼일기를 공개하는가?

『소멸의 아름다움』을 쓴 작가 필립 시먼스는 겨우 서른다섯 되던 해에 루게릭병에 걸려 5년 시한부 인생이라는 판정을 받았다. 그는 "이 책을 쓴 것은 쓰지 않을 수 없었기 때문이다.……글쓰기는 결국 작가가 사물을 이해하는 방식이다. 하지만 또 한편으로는 다른 사람들이 저마다 자신의 존재를 신성한 것으로 느끼도록 도와주고 싶었다."라고 말한다.

그러면서 그는 이렇게 말한다. "인생은 우리가 소망했던 것보다 더하기도 하고 덜하기도 한다. 또한 우리가 알았던 것보다 희극적이기도 하고 비극적이기도 하다. 희극은 행복으로 끝나고, 비극은 지혜를 낳는다. 우리는 행복하게 현명하고 현명하게 행복해지기를 바란다."

'죽어가는 기술'(art of dying)을 배워 가야했던 그가, '살아가는 기술'(art of living)을 터득하여 되살아나는 '풍성한 구속(救贖)'을 오늘 죽어가는 자들에게 전하고 있다. “불완전한 삶이 주는 뜨겁고 고통스런 기쁨”에 대하여 말하고 있다.

난 그래서 영혼일기를 쓴다.

다시 필립 시먼스 이야기다. “한 번에 찻숟가락으로 하나씩 생명력을 덜어내는……날마다 당하는 이 느리고 성가신 폭력……죽음이 언제 닥칠지 모른다는 공포가 항상 눈앞에 대롱대롱 매달려 있는……결함 있는 삶이 어떻게 충만한 삶이 될 수 있는지, 깨진 꿈이 어떻게 우리를 더 완전한 상태로 깨어나게 할 수 있는지” 생각하는 기회를 얻기 위해 난 영혼일기를 써 내려갈 것이다.

감추인 것이 드러나지 않는 일 없다는 말이 진리라면,
난 먼저 자진해서 드러냄으로 선(先) 구속(救贖)을 받고 싶다.

그리고 먼저 맞은 매의 희열을 이웃들과 나누고 싶다.
그 풍성한 구속(救贖)을 기다리며,
차마 세상에 공개하지 못한, 작자 미상(未詳)의 글을
밤마다 옥창(獄窓) 밖으로 띄워 보내고 있는
몰래 시린 영혼들에게
한 줌 용기를 선사하려는
동병상련(同病相憐)의 애정으로.

영혼일기 868

근데, 굿 나잇?

2011.12.06화)

내 공개 된 일기에 대해 관전평들이 구구하다. 대체로 이런 평들이다.

악센트가 강하다/ 화끈해서 좋다/ 시원하고 따뜻하다 등등. 거기다 더해 그 어떤 예리한 분은 내 감정의 이면까지 읽은 독심술로 "뭔가 기색이 슬프다" 라고 평하기도 했단다.

다 맞는 소리다. 일 년에 사계절이 있고, 삼백 예순 날이 고른 적이 없는데 일기(日氣)를 일기(日記)로 쓰는 일기가 일기 불순할 수밖에 뭐가 더 있겠는가? 그리고 제목이 영혼일기이니, 죽은 자의 이야긴지 산자의 일기인지 알 수 없고, 피안의 이야긴지 차안의 이야긴지 알 수 없는 수렁이 그 영혼에 가로놓여 있지 않은가?

오늘도 그 어떤 후배가 나를 아끼는 맘으로, "그 사태에 대한 목사님의 글이 좀 강하다"고 넌지시 말을 건넸다. 다소 강경해서 부담스럽다는 표현 같았다. (물론 입장에 따라 다를 수 있겠지만) 사실 그랬다. 설교도, 강연 원고도 아닌 일기를 공개하다 보니, 그날,

그때 일기와 기분에 따른 생체리듬에 충실하려다 보니, 원색적 표현들이 적잖았을 거다. 일기는 정직하게 써야 된다는 원칙에 충실하려는 모범생 일기이니 말이다. "그래도 내가 말보다는 신중하게 질러대는 글이기에 그래도 그만한 것이니 다행으로 알아라. 니들." 나는 그들의 조언에 그렇게 대꾸하곤 했다. 오늘도 그랬다.

그러나 (고백) 문학으로서의 내 일기에 대한 변명을 해보자면 이렇다. 그런 타박을 들은 오늘 마침 이런 기사가 떠 있다.

경향신문, 오늘(2011.12.6(화) 조간 「책 읽는 경향」에 실린 글이다 여기 인용해 본다. 강신주 철학박사가 『지금은 없는 이야기』(최규석사계절)를 소개한 글이다.

"언젠가 카프카는 말했다. 문학에서는 얼어붙은 바다를 도끼로 내려쳤을 때 발생하는 소리가 들려야 한다고 말이다. 찡하고 기묘한 불쾌감과 전율이 손, 아니 온몸을 감싸고 돌아야 한다는 것이다. 아니 문학에서 들리는 이런 찡하는 소리는 학창시절 시끄러운 교실 풍경을 잠재우는 손톱으로 칠판 긁는 소리에 비유하는 것이 더 좋을 수도 있다. 그렇다. 문학은 진정 그래야만 한다. 우리의 허영과 허위를 날카롭게 찢어버리는 파열음이 나지 않고서야 어떻게 문학이 문학일 수 있다는 말인가. 그렇기에 진정한 문학은 오직 극소수의 사람만이 감당할 수 있는 법이다. 고개를 돌리지 않고 칠판 긁는 소리에 직면한다는 것은 아무나 할 수 없는 일이니까.(후략(後略))."

강신주는 "『지금은 없는 이야기』(최규석사계절)가 최근 출간된 수십권의 문학서보다 더 카프카적이고, 그만큼 더 문학적이라고 할 수 있다고 평을 하면서, 아! 잔혹한 우화집이여" 라고 끝을 맺는다. 나는 이 구절에 언더라인을 쳤다.

우리의 허영과 허위를 날카롭게 찢어버리는 파열음이 나지 않고서야 어떻게 문학이 문학일 수 있다는 말인가.

내 시(詩)가 여전히 젊은 이유를, 그 어느 합평(合評)의 자리에서 늙어가는 여류시인이 "세상과의 불화"라고 평했다. 괜스레 자신이 노화된 퇴물이라고 말할 자신이 없으니까, 나를 불화덩어리로 몰아 세웠겠지만, 그랬어도 나는 그녀를 받아줬지. 세상과는 불화해도, 그 세상과의 불화로 고통 받는 이들만은 보듬어 안아주려는 맘을 나는 아직도 잃지 않았기 때문에. 오늘 그 말을 카프카 식으로 다시 표현하자면, 내 삶이 "얼어붙은 바다를 도끼로 내려쳤을 때 발생하는 소리" 같다는 말이다.

내 글에서 "찡하고 기묘한 불쾌감과 전율"을 맛보았다면, 그 사람은 그래서 얼어붙은 바다라고 평해도 좋을 사람일 거야. 문제는 내게 있지 않고, 내 글이 강경하다고 느끼는 니들에게 있다는 말이다. 그리고 이해해라. 우리의 허영과 허위를 날카롭게 찢어버리는 파열음이 나지 않고서야 어떻게 문학이 문학일 수 있다는 말인가. 우리의 신앙이 신앙일 수 있단 말인가?

그래, 날 제대로 읽은 어느 후배의 평가가 진짜다.

"김성찬의 글은 시원하고 따뜻하다."

이는 김성찬이 냉온탕이라 말이 아니다. 절대로 아니다. 이는 얼어붙은 바다를 도끼로 내려치는 서늘함만이 김성찬이가 아니라, 김성찬은 그 꽁꽁 언 바다를 도끼로라도 녹이려는 온정(溫情)의 화신(化身)이기도 하다는 말이다. 혹한 속에 전해지는 화신(花信)이라는 말씀이다. 알긋냐?! 친애하는 이문동 감찰장. ㅋ,ㅋ

왜 내 스마트폰 카톡 상태 글이 '콕, 콕'이냐고 물었지?
내 속을 콕, 콕 쑤셔댄 인간들이 있어서 그랬다. 그랬어.
그 중 한 사람이 당신인지도 몰라.
근데 얼마 전 바꿨어. 'ㅋ,ㅋ'로.

왜냐고? 인간들이 하는 짓이 너무 가소로워서. 간지러워서,카톡 상태 메시지에 자기 교회 이름이나 무슨 금언, 구호, 전도표제 같은 것 넣는 인간들은 대체 뭐냐? 그 공간은 교회 간판이나 교훈 액자 거는 자리가 아니야. 지금 니 상태가 어떤지 묻고 있어. 그런 '상태 메시지'를 허위와 위선으로 가득채운 니들, 정말 문학하기는 영 틀렸다. 성경이 대표적인 문학작품임을 안다면, 위선을 버리고 사금파리 긁는 전율을 말씀에서 찾아 누려야 할게야.

작금 우리 동네 목회자들에게, 성경은 파열음을 발하고 있어.
"이 00의 자식들아!"
하늘의 진노를 피할 길 없는 칠판 긁는 소리에 난, 자지러지고 있어, 이 밤.
근데, 굿 나잇?

영혼일기 1104

「야곱 신부의 편지」

2012.10.25(목)

고고한 선비의 풍류가 깃든 사인암(충청북도 단양군 대강면 사인암리 25)을 석양에 돌개바람처럼 스쳤다.

단양팔경 중 하나로 푸른 계곡을 끼고 있는 70m 높이의 기암절벽이다. 고려 말의 학자 우탁(1263~1343년) 선생이 정4품 '사인재관' 벼슬에 있을 때 휴양하던 곳이라 해서 사인암이라 불리게 되었다. 기암절벽 위에 서 있는 노송이 멋스러우며 우탁 선생이 직접 새긴 '뛰어난 것은 무리에 비유할 것이 없으며 확실하게 빼지 못한다. 혼자서도 두려운 것이 없으며 세상에 은둔해도 근심함이 없다'는 뜻의 글씨가 암벽에 남아 있다.

사인암 앞에는 긴 흔들다리가 있는데 이 다리가 놓인 계곡은 운선계곡으로 단양팔경의 계곡 중 빼어나기로 유명하다. 조선시대 최고의 화가 김홍도가 그린 단원화첩에도 빼다 박은 듯한 사인암과 계곡의 절경이 남아 있으며 실제로 사인암 아래 앉아 기암절벽을 싸고 흐르는 물줄기를 바라보면 옛날 선비들이 이 자리에 앉아 시 한 수 읊었을 듯한 분위기를 느끼게 된다. -네이버 지식백과-

풍류를 즐길 수 있다는 것은 지상 최대의 지복(至福)에 속한다.
우연이 필연 된 과정을 통해 나는 단양과 인연을 맺었다.
서울에서 적잖이 먼 길이다.
하지만, 멀어 청량하다.

역려과객을 극진히 섬겨 준 귀인의 환대로 사인암에 다녀 온 후, 호텔에 투숙했다. 체온 38℃ 강아지를 끌어안듯, 그 누군가의 체열로 몸을 달군 듯 안온한 심신 상태로 영화를 한 편을 감상했다. 북유럽 핀란드産「야곱 신부의 편지」(감독 클라우스 해로, 카리나 라자르드(레이라 역), 헤이키 노우시아이넨(야곱 신부 역))를 감상했다. 영화 감상한 후, 뜨거운 물에 몸을 적셨다. 밤이 깊다. 열탕에서 후끈 달아오른 몸으로 깊은 밤의 정막에 기대어 자판을 두드리는 이 쾌감은 늘 느끼는 내 희열의 극점이다. 더할 나위 없는 복이다.

엔틱 북유럽 풍의 외진 성당이 주무대인 잔잔한 영화는 러닝타임 74분에, 등장인물로 단 세 사람으로 단출하다. 늙고 눈 먼 신부 야콥, 무기수였다가 사면을 받아 신부에게 보내진 여인 레일라 스텐 그리고 우체부. 그러나 그 단순한 그림 속에 편지가 중심을 잡고 있다.

눈 먼 신부 앞으로 온 편지를 밋밋하게 읽어주던 레일라. 고해성사하듯 토로한 발신자들의 애절한 사연에 영안을 연 중보기도로 "모든 편지는 가치 있다"며 일일이 응답하던 야곱 신부. 그녀의 무관심과 신부의 사목적 성실함이 엇박자를 이룬 불협화음. 더 이상 편지가 오지 않자, 야곱 신부는 "누가 늙고 눈 먼 나를 찾겠느냐"라고 자조(自嘲)한다. 한때 늙고 눈 먼 신부의 의미 없고, 열매 없는 사목 행위를 비웃던 레일라는 그런 야곱 신부의 실의에 찬 모습에서 그녀는 자신의 할 일을 발견한다. 오지 않는 편지를 오게 하고, 온 적이 없는 편지를 눈먼 신부에게 읽어 주다가 그 허위를 눈치 챈 신부가 자리를 털고 일어서자, 그녀는 자신의 고해성사를 눈물로 야곱 신부에게 털어 놓는다. 야곱 신부가 고대하던 자신을 편지로 내놓는다. 자신의 보호자였던 언니를 학대하는 형부를 살해했던 자신의 행위가 언니의 인생까지 망쳐버렸다고 생각해서 옥중에서 언니의 편지를 죄의식 때문에 거절했던 그녀가 "나 같은 죄인도 용서 받을 수 있느냐"고 물어 오자, 야곱 신부는 답한다. "사람이 할 수 없는 것을 하나님은 하실 수 있나니(눅18:27)" 그리곤 편지 뭉치를 레일라에게 건네준다. 그녀의 언니 리사 스텐이 동생 레일라의 오해를 풀어 주고, 맘 문을 열어 달라며 신부에게 보내 왔던 편지 뭉치였다. 마음의 짐, 편지 사역 그 사명을 다 감당한 신부는 죽고, 레일라는 언니를 찾아 떠난다.

빌립보서 4장 6-7절(아무것도 염려하지 말고 오직……)과 사랑장 고린도전서 13장이 묵상의 배경으로 진하게 다가오는 담백하나 맛 깊은 고전을 한 편 읽은 기분이었다.

각양각색의 사연이 담긴 편지를 듣고 중보기도해 주는 사역을 사명으로 여겼던 야곱 신부가 내뱉은 이런 내용의 대사가 내 맘에 와 닿았다. 영혼일기를 쓰고 있는 내 입장을 재점검하게 하는 의미 있는 대사였다.

"(사연 많은 구구절절한 편지에 기도로 응답해 왔던 일이 사명자로서) 하나님의 일을 하는 것이라고 생각해 왔는데, 그 일이 하나님의 일이 아니라 그 일이 내 일일 뿐이었고, 외려 그 일이 날 예까지 지탱시켜주신 하나님의 일이었노라"고 야곱 신부는 뒤늦게 깨닫는다.

나는 영혼일기를 쓰는 일을, 외람되게 하나님의 일이라고 생각해 본 적이 없다. 나의 일이라고 생각하긴 했다. 그러나 이 일이 나를 예까지 붙잡아 주신 하나님의 일이라는 생각까지는 미치지 못했다. 그런데 「야곱신부의 편지」는 나에게 영혼일기에 괄호를 치게 만들었다.

「영혼일기」

그 누군가가 애정을 담아 '영혼일기'를 시상해야 한다고 날 격려해 줬고, 나도 내심 어깨를 으쓱대기도 했지만, 「영혼일기」는 지렁이 같은 나 야곱 - 눈도, 귀도, 척추도 없는 지렁이 같은 나를 지탱시켜 주시려는 당신, 나의 주 하나님의 안간힘의 산물이었음을 새삼 깨닫는다.

스올 같은 서울을 떠난 먼 땅, '단양(丹陽)'에서. 붉을 '단(丹)'과 볕 '양(陽),' '붉은 볕'을 쬔 그 성령의 '불기운(火氣)'으로…….

인생은 예술처럼

영혼일기 1105

詩/ 사랑의 건축학 원론

2012.10.26(금)

천년 흑암 고수동굴에는 사랑의 건축학 원론이 있다
천년의 사랑을 키워 온 사랑 짓기가 있다

사랑 건축학 원론 제1장 1조
종유석으로부터 물이 떨어지는 바닥에서 석순이 자란다

흘러내린 종유석을 향하여
타오르는 저 석순

빗물처럼 눈물처럼 핏방울처럼
사랑은 위로부터 왔다

위에서 떨군 사랑의 부피만큼
자라고 자라 올라

그 사랑에 하마터면 다다를 뻔한

하늘이 내민 입술에
가없는 발돋움으로
마지막 접촉을 고대하는
가닿지 않아
더 애타는 저 입맞춤

천상을 연모해
발끝으로만 선 발레리나처럼

위로부터 내려
다시 제게로 돌이키려는 안간 힘
저 애절한 사랑 짓기

억겁 흑암 동굴 속에서
몰래 키워 오다 반짝 들킨

한 눈물, 한 피톨,
한 몸 되고픈

종유석과 석순의
천년의 비의

저
사랑의 건축학 원론

그의 현현 顯現

갈소영 복음성가 CD volume1, 'My Lord/나의 하나님'을 밤새워 듣는다. 귀에 들려, 귀 기울여 듣는다.

1.

예수의 피 예수의 피.

갈소영의 예수의 피는 확신의 언어다. 하여, 그녀는 염통을 쥐어짜며, 찍어 바르듯, 한자 한자 확신을 각인한다.

악마가 나타나 루터의 죄목 리스트를 펼쳐 보였단다. 루터는 잉크병을 집어 던지면서,

예수의 피, 예수의 피.

라고 외쳤단다. 그의 눈앞에 예수의 피가 묻은 손이 나타나 그 두루마리의 죄목을 지우는 것을 확인했기 때문이란다.

그녀는 루터처럼 예수의 피가 묻은 손이 그 눈앞에 나타나는 황

홀경에 빠져 있음에 틀림없다.

그 피가 맘속에 큰 증거가 되지 않고선, 그녀는 이렇게 소리 높여 외칠 수 없었을 것이다.

예수의 피 예수의 피 예수의 흘린 피.

왜, 예수인가? 왜, 예수여야만 하는가? 라는 젊은 날의 영적 방황 중에,

주예수를 깊이 아는 놀라운 그 은혜, 라는 찬송가 구절이 그 방황을 멈추게 했듯,

이 밤, 갈소영의 예수의 피 예수의 피 예수의 흘린 피 거듭 되는 확신의 언어가

그 누구처럼 흑암에 잉크병을 집어 던지게 하고 있다.

예수의 피 예수의 피 예수의 흘린 피.

2.

강원도 철원 갈말읍 군탄리에 대한수도원이 있다. 한탄강을 끼고 도는 기암절벽 위에 자리한 수도원은 김일성 별장이었고, 박통이 탐냈던 절경에 자리하고 있다. 절경이기에 깊다. 깊어서 범인은 근접할 수 없는 성지다. 그 깊음에 예수의 사람이 칩거했었다. 유재헌 목사. 그는 그 토굴에서 이렇게 노래했다.

1. 예수 소유하여서 나는 부자 되고 예수 한 분 잃어서 나는 거지 되네
2. 예수 없는 문화는 사막같이 뵈고 예수 없는 식탁도 맛을 잃게 되네

3. 예수없는 천당은 내가 원치 않고 예수 있는 지옥도 나 싫지 않도다
4. 아침에는 예수로 눈뜨게 하시고 저녁에도 예수로 잠들게 하소서
5. 예수 함께 나아가 일하게 하시고 예수 함께 들어와 감사케 하소서
6. 나의 혈관 그 속에 주님 피 부시고 나의 심장 그 속에 주님 힘 넣소서
7. 사랑하는 예수로 나 아주 미치고 그 예수님 위하여 죽어 시원하네

〈후렴〉 예수여 예수여 내 중심에 오소서 주님 한 분만으로 만족하옵니다.

유재헌, 그는 자신의 존재의 근거를, 이유를, 양식을, 완성을 오직 예수에 둔 예수의 사람이었다.

갈소영, 그녀의 오, 귀한 주님은 내가 사랑했던 모든 것 내려놓고 주님만 사랑하는 일향(一向)한 사랑이다. 내영혼의 반석, 그 사랑 위에 서는 견고함이다.

그 고운 목소리로 애틋하게 부르는 그 귀한 주님은 사뭇 에로틱하기까지 하다. 막달라 마리아의 현현이다. 창녀였던 그녀가 최초로 느끼는 sexless의 쾌감이 묻어 있다. 그 말로 다 표현 못할 사랑의 하모니. 아라베스크, 설화석고 자신의 전부를 깨뜨려 그의 장례를 준비하던 그 사랑에의 올인. 그녀가 있어 예수는 행복하다. 행

복한 예수를 사랑한 그녀는 행복하다. 그녀는 그 사랑으로 두려울 것이 없다. 하여, 저 성벽을 향해 전진한다.

갈소영은 루터의 피와 유재헌의 귀한 주님과 맥을 같이 한다. 친 예수적이고 친목회적인 찬양을 모처럼 그녀는 우리에게 선사했다. 여기에 이르기까지 그녀가 넘어야 했던 고산준령은 핏빛으로 물들었을 것이고, 그 골짜기는 눈물의 강을 이루었을 것이리.

어제, 주일 우리의 찬양은 실로 충만했다.
갈소영의 은혜가 물이 바다 덮음같이 우리에게 임했다.

내가 꿈속에서라도 꼭 한번 만나고 싶었던,
강원 철원 갈말 군탄 그 토굴 속의 유재헌.

신새벽,
그의 현현(顯現)을, 이렇게 맛본다.

영혼 일기 61

인생을 예술처럼

2008.09.11(목)

딩동. 문자 메시지가 날아들었다.

"목사님 출강 축하드려요. 활기찬 생활이 느껴집니다. 황은연."

이내 답 글을 보냈다.

"출감을 축하한다굽쇼? 출감? 두부 한 모 사주셔요. 다시 감옥행하지 않도록 ㅋ ㅋ, 감사합니다. 그 격려 길이 새기겠습니다."

왜 내 출강에 그녀가 신났을까? 내 출강(出講)을 그녀는 출감(出監)으로 해석했음에 틀림없다. 철의 여인 대처처럼, 의지의 한국인인 그녀가 아침부터 감동을 선사하는 것 보면 말이다. 그녀는 숨죽이며(?) 한편의 연극을 관람하고 있었던가 보다. 허생傳도, 홍길동傳도 아닌 김성찬傳을. 이게 그 김성찬傳의 위기탈출의 신호탄인가? 그녀가 환호작약(?)하는 것을 보면.

아리스토텔레스는 그의 '시학'에서 극적(劇的)인 시(詩)는, 처음과 중간과 끝을 갖는다고 말했다. 그 처음과 위기-절정의 중간과 너무도 당연한 필연적인 결말은 상호 유기적 연관을 갖는다. 극예술 작품은 시간의 한 시점을 넘어서 확장하기 때문에, 그 형식은 작품이 경험되고 있는 중에는 결코 완성되지 않는다.

그래서 30여억 원의 빚에 시달리다 자살을 택한 안재환을 사람들이 용납하지 못하는 이유는 그가 그 생의 중간, 그 위기의 순간에 돌연 그 막을 스스로 내려버렸기 때문이다. 상영도중에 필름이 끊겨버린 영화처럼. 그 인생은 미완성이다. 그러나 가수 혜은이와 배우 김동현 부부는 그 50억의 빚을 함께 사력을 다해 갚았고, 이젠 그 위기에서 벗어났다고 당당히 그 인생 예술론을 공개하고 있지 않은가?

그래, 난 살아 있다. 그 극의 완성을 위해, 이 연극무대에서 내려갈 수 없다. 내려가지 않았다. 그리고 이 시점에서 난 그 관객에서 활기차게 보여지는 출감(出監)을 연출하고 있다. 그리고 난 그 필연적인 결말로 향해 나아갈 것이다. 그렇게 예견된다. 적어도 내가 이 시점에서 지구를 떠나지 않는다면.

인생은 예술이다. 스타크 영은 극예술 작품 안에서 “그 스스로 무엇인가를 의미하는 어떠한 동작도, 동작의 어떤 부분도 존재하지 않는다. 오로지 앞에 온 것에 뒤따라온 곳과 뒤따라올 것에로 나아가는 것으로서의 동작이 존재할 뿐이다” 라고 말하였다. 미래에 일어 날 일에 어떤 관심을 불러일으키는 것은 바로 이러한 관계인 것이다. 현재의 행동이 미래에 일어날 일에 관심을 갖게 한다는 점에서, 랭거는 극예술은 개인의 미래나 운명을 창조한다고 말했

다. (테오드르 생크, 『연극미학』중에서)

그렇다. 그녀가 환호작약(?) 했던 내 출감의 행위는 내일로 이어지는 내 극적(劇的) 동작일 뿐이다. 그 무엇을 의미하는 것이 아니다. 의미를 부여할 것이 없다. 정체(停滯)도 없으니 흔적도 없고, 흔적도 없으니 거기에 의미를 부여할 것도 없다. 각론에 의미가 있는 것이 아니라 총론에만 의미부여가 가능하다. 또한 희곡이란, 듣고 볼 수 있는 현전(presence)의 창조를 목적으로 삼는 극작가의 작품이다. 소설은 과거형이지만, 극본은 직접 듣고 볼 수 있는 현전의 행동을 그린다. 극예술 작품은 그래서 항상 현재형이다. 예를 들면, 전령이 나와서 과거사를 이야기 할 때, 그 전령은 저 성안에서 이런 일이 벌어졌다(과거)라고 말한다. 그 과거사를 이야기하는 전령의 시제는 현재형이다. 현전의 행동이다. 인생이 연극과 유사하다면, 우리는 늘 현전(presence)의 행동을 연기하는 배우들이다. 항상 우리 인생의 시제는 현재진행형일 뿐이다.

사도바울의 고백이 그것이 아니던가?

"내가 이미 얻었다 함도 아니요 온전히 이루었다 함도 아니라 오직 내가 그리스도 예수께 잡힌바 된 그것을 잡으려고 좇아가노라 형제들아 나는 아직 내가 잡은 줄로 여기지 아니하고 오직 한 일 즉 뒤에 있는 것은 잊어버리고 앞에 있는 것을 잡으려고 푯대를 향하여 그리스도 예수 안에서 하나님이 위에서 부르신 부름의 상을 위하여 좇아가노라(빌 3:12-14)**."**

희곡은 누구를 위해 쓴 것인가? 희곡은 절대로 독자를 위해 쓴 것이 아니다. 그렇다면, 관객을 위해 쓰여 진 것인가? 그것도 아니다. 희곡은 배우를 위해 쓰여 진 것이다. 그 작품이 그 누군가에 의해 연기되어져서 무대에 오를 때만이 그 희곡은 완전한 작품이 된다.

난 독자를 의식했고, 관객을 의식했었다. 그러나 이 내 인생 무대는 배우인 나를 위해 존재한다. 난 그동안 그걸 몰랐다. 관객들의 시시비비에 일희일비했다. 더 나아가 연극이론은 "연출가는 극본에 지시된 무대 지시문대로 연출을 해야 할 필요는 없다"라고 말한다. 그래 독자나 관객이 아닌 극작가의 지시문도 따를 필요가 없다. 배우는 허락된 자유 의지를 재량껏 구사해야 한다. 이런 점에서 인생은 연극이다.

다시 모두(冒頭)의 문자 메시지 사건으로 돌아가 보자.

쓰촨성 대지진 때 다리를 잃은 리웨가 9월 6일 밤 베이징 국가체육장에서 열린 장애인 올림픽 개막식에서 중국과 세계인들을 향해 희망의 메시지를 전했다. 2년 전 발레를 시작한 리웨는 아름다운 발레리나를 꿈꾸는 소녀였다. 하지만 2008년 5월, 베이촨 지역의 지진은 리웨를 피해가지 않았다. 왼쪽 다리를 잃었고, 발레리나의 꿈도 접어야 했다. 그러나 장애인 올림픽은 새 출발의 무대가 됐다. 지진이 중국을 덮칠 당시 올림픽 개막식 공연 준비에 한창이었던 장지강 총감독은 "지진으로 세계가 충격에 빠졌을 때, 우연히 신문에서 리웨의 기사를 보았다"고 말했다. 공연 준비팀은 리웨를 위한 발레를 만들기로 결정하고 리웨를 불러왔다. 리웨는 잠을 자지 않고 연습에 몰두했지만 피곤해하지 않았다고 한다. 무대에 선 리웨를 위해 비장애인 무용수들은 손에 발레신발을 끼었다. 볼레로 선율에 맞춘 '끝나지 않는 춤'(네버 엔딩 댄싱)이 시작됐고, 무용수들의 움직이는 손짓은 리웨의 아름다운 발놀림이 되었다. 중국 발레 대회의 우승자인 '발레 왕자' 뤄멍(23)은 그를 잡아 하늘로 올렸고, 리웨가 하늘로 날아 펼친 손을 보고 10만 관중은 감격에 젖었다. 장 감독은 "뤄멍이 리웨를 공중으로 들어 올렸을 때 나는 그 모습이 나에게 영원히 남을 것이라 생각했다. 우리는 이 공연 뒤에 그가 어떤 어려움과 미래에 맞닥뜨릴지 모른다. 하지만 이 순간 만큼은 꿈이 이뤘졌다"고 감격해했다

그런데 극 예술적 입장에서, 그 관객들이 리웨의 예술 작품을 관람하면서, 행여 그 총체적인 아름다움보다, 그 여아가 한 다리 없는 상태로 춤추는 것만 관심을 가졌었다면……. 데오도르 생크는 지적한다. "만일 발레에서 관객의 주목이 무용가의 놀라운 신체적인 민첩성이라든가 혹은 그것의 결여에 쏠린다면, 가상은 부서진다. 예술 작품은 더 이상 예술 작품이 아니게 되고, 그 자리에는 어떤 동작들을 취해 자신들의 재주를 과시하는 무용수로 들어서 버린다."

총체적인 아름다움을 맛보지 못한다면 그것은 예술 감상이 아니다. 인생을 예술처럼, 이란 제목의 안병욱의 수필을 청년시절에 읽었던 적이 있다. 난 그 내용을 후배들에게 열심히 설명해댔었다. 한마디로 썰을 푼 것이다. 그 내용은 기억이 나질 않는다. 단 우리 인생을 예술처럼 살자고 역설했던 것 같다.

나는 오늘, 내 출감, 그 활기찬 나날에 대한 그녀의 찬사와 격려

를 대하며, 난 외발 소녀의 발레에 쏠린 관중들의 눈길을 느낀다. 외발 무용수의 외발만 응시하는 것이 예술 감상이 아니듯, 내 출감 하나에만 쏠리는 관심사는 내가 연기해 나아가는 예술 인생의 덫일 수 있다.

내 인생을 작품 되게 하라. 출강(出講)만, 내 재능과 재주만, 아니 내 혈흔만, 주목하지 말라. 내 개별적인 재료와 기술만 바라보지 말라. 날 곡예사로 만들지 말라. 그 개별적인 재료들이(출강을 포함한) 시간이 지남에 따라, 내 인생 극예술에서 어떤 의미를 획득해 갈 것이지 지켜보라. 그 총체적인 아름다움을 감상할 수 있기를 바란다. 그리고 나는 듣고 볼 수 있는 현전(presence)의 창조를 목적으로 삼고, 늘 현전(presence)의 행동을 연기하는 배우이고 싶다.

재능이 없는 예술가들은 시시한 시나 평범한 회화를 창작해 내기 마련이지만,(나처럼)
이 작품들 역시 (시시하기는 하나) 예술 작품이다.(내가)
즉 그것들은 (적어도) '창작'된 것이다. (테오도로 생크)

나를 나 되게 하자.
인생을 예술처럼,
내 인생을 예술 되게 하자.

영혼일기 83

테러리스트 햄릿

2008.10.03(금)

아름다움과 정숙(貞淑)이 같은 의미를 지닌 단어이던 시절. 아버지를 독살한 왕의 왕비가 된 어머니를 용서할 수 없어 고뇌하던 햄릿. 그가 테러리스트가 되어 오늘 우리 앞에 등장했다. 21 세기 햄릿. 2008 국립극단은 '테러리스트 햄릿'을 선보였다. 이청준 선생이 복수(復讐)가 자신의 글쓰기의 원천이라 했듯, 테러의 원천은 복수다. 테러리스트는 보복자의 다른 말이다.

현대판 햄릿은 고뇌하지 않는다. 행동만 한다. 그래서 그 극중 그 유명한 대사 "사느냐 죽느냐 그것이 문제로다"라는 고뇌에 찬 독백은 전혀 빛나 보이지 않는다. 선왕을 죽인 숙부 클로디어스를 죽이고 자신도 죽어가면서, 햄릿은 그 독백보다 멋진 마지막 말을 남긴다.

"The rest is only silence."

남은 것은 이제 오직 침묵뿐이다.

행동이 인내보다 앞서는 시대상을, 현대판 테러리스트 햄릿은 테러하듯 보여 줬다. 참을 수 없이 가벼운 테러. 이젠, 산자의 테러와 죽은 자의 침묵만 있을 뿐이다. 그 사이의 고뇌는 없다.

살아있음이 테러다.
인간은 테러로 살아있다.

그러나 21세기, 더 이상 아름다움이 정숙일 수 없는 세상에서, 누가 그 누구에게 아름다움과 정숙을 동시에 요구할 수 있단 말인가? 그런 점에서 아름다움과 정숙을 한 묶음으로 대한 16세기 햄릿은 더 이상 존재할 의미가 없다. 아 아 참아야 한다기에 눈물로 보내는 여자의 일생이란 것도 없다.

동의어(同義語)가 사라진 시대.
아름다움과 정숙(貞淑).
인내(忍耐)와 여인(女人).
그리고
말씀과 삶.

이는 이젠 동의어가 아니다.
이젠 서로가 서로를 견제하지도 않는다.

18세기 말경부터 19세기 중엽 낭만주의 시대를 산 비평가 해즐릿(Willam Hazlitt)나 그 시대의 대표적인 시인 코울리지(Samuel

Taylor Coleridge)등은 복수를 결연하게 실천하지 못하는 햄릿의 우유부단함의 이유를 그의 지성에서 찾았다. 유럽의 엘리트 대학인 비텐베르크대학에서 수학한 햄릿이 지나친 지적 활동의 결과로 복수를 지연하는 '행동의 마비상태'에 빠져 있는 것으로 보았다.

그러나 오늘의 지성은 광속주행만을 부추긴다.
'행동의 과잉상태'다.

오늘 이 사회는, 죽을 수도 살 수도 없는, 우유부단함이 오히려 향수를 불러일으킨다. 삶과 죽음의 경계에서 이 시대는 우유부단하지 않는다. 망설임 없이 그 경계를 넘는다. 그래서 죽을 힘으로 살지 라는 말이 해독 불가능한 난수표가 되어버렸다.

자식들 놔두고 어떻게 그런 모진 결정을. 혀를 차는 사람들이 그리 많지 않다. 안다. 그 삶과 죽음의 경계에 이르면, 자식도, 체면도, 신앙도, 교리도 까맣게 잊혀 진다는 사실을. 죽음의 유혹이 얼마나 감미롭고, 안온한 것인가를. 그도 안다. 체험적으로 안다. 그 봄 동산 따사로운 햇살 아래, 삶보다 더 황홀한 죽음을 무사한 맘으로 맞아들이던 그 순간, 만일 그에게 동아줄만 그 하늘에서 내려왔었더라면, 그는 그 나무꾼의 아내처럼 하늘 두레박을 탈 수 있었었는데. 그래서 그는 그 누군가의 죽음을 나무라지 않는다. 생떼같은 자식을 놔두고, 쯧쯧. 난 혀를 차지 않는다. 그 경계를 넘을 수 있는 망각의 강, 죽음의 감미로운 유혹을 맛보았기 때문이다. 그들은 삶의 강도보다 더한 숨넘어가는 희열을 맛보며 갔을 것이다. 한 점 괴로움도 없다.

그러나 그래도 그 침묵만 남긴, 줄 이은 죽음의 행렬이, 이 시대를 테러하는 현실이 안타깝다. 말씀과 삶이 더 이상 동의어일 수 없는, 성서언어의 퇴조가 빚은 영적 공황상태를 대하는, 이 씁쓸함.

입맛이 쓰다.
좀체 가시지 않을 이 씁쓰름함.

명백히,
오늘의 햄릿이 테러리스트가 되어야만 하는 이유는,
순전히,
이 시대의 관객(수용자, 향유자)의 취향 때문이다.

자신의 삶에도,
아주 선선히 죽음의 테러를 가하는.

굴비

2008.11.07(금)

산에 올랐다. 계절의 변화를 실감케 한 풍광과 마주했다. 계절의 변화를 천체 물리학적으로 설명해 보자면, 그것은 지구의 공전(公轉)에 의해서 태양 고도와 일출 · 일몰 시간이 변하기 때문에 생긴 현상이다. 하여 가을이 되고 온도가 내려가면 녹색의 엽록소가 파괴되어 줄어들고 숨어있던 황색, 또는 주황색의 크산토필과 카로틴이 드러나 노란단풍이나 주황단풍을 만든다.

오늘 사패산을 황갈색으로 물들인 참나무 종류의 상수리나무, 굴참나무, 졸참나무, 떡갈나무, 신갈나무, 물참나무 등은 그 본래 잎사귀에 숨어 있던 본디 물질들이 그 본색을 드러낸 것이다. 그리고 또한 잎에서 합성된 당분이 기온하강으로 인해 잘 이동하지 않고 남아 있다가 붉은 색을 띠는 안토시안으로 변한다. 이는 단풍나무가 붉게 물드는 이유다. 단풍나무는 봄부터 붉은 잎사귀를 자랑하다가 가을에 더 붉게 타오르는 홍단풍이 있고, 본래 우리나라 산야에서 자생하는 산단풍이 있다. 산단풍은 봄, 여름엔 녹색을 띠다가 가을에야 붉게 물드는 단풍이다.

난 젊은 날에는 이 조락(凋落)의 계절을 별로 좋아하지 않았었다. 낙엽활엽수들의 변색이 내 젊은 눈에는 추레한 변질로 비춰졌고, 반면 소나무의 사철 푸른 기상을 난 가상히 여겼었다. 사철 푸른 상록수. 남산 위에 저 소나무 철갑을 두른 듯 바람 서리 불변함은 우리 기상일세 무궁화 삼천리 화려강산 대한 사람 대한으로 길이 보전하세 ♫ 그래서 이 기상과 이 맘으로 조국에 충성을 다하는 애국심이야 말로, 남산 위의 소나무 닮는 것이라 여겼었다.

그런데 세월이 흘러가면서 난 황금빛 낙엽활엽수 사이사이에 틀어박힌 푸르딩딩한 소나무의 칙칙함과 사철 노기(怒氣)를 띤 독야청청이 자꾸만 눈에 거슬리기 시작했다.

변화를 맛보지 못한 삶이 무슨 인생이더냐.

그 후, 난 가을 산에 오를 적마다, 만산홍엽으로 물든 산하, 그 군데군데 송곳처럼 시퍼렇게 날을 세우고 있는 소나무에 대해 그렇게 비아냥대곤 했다. 철따라 고운 옷 갈아입는 산. 그래 그게 산이다. 그게 인생이다. 단풍이란, 다시 언급하자면, 가을이 되어 온도가 내려가면, 녹색의 엽록소가 파괴되어 줄어들고, '숨어있던' 황색, 또는 주황색의 크산토필과 카로틴이 '드러나,' 노란단풍이나 주황단풍을 만든다. '숨어 있던' 색깔들이 얼굴을 내밀며 그 대미를 장식한다는 것 아닌가? 그래, 제 안팎을 다 뒤집어 내 보인 잎사귀들.

가을은 보여줄 것 다 보여주고 떠나는 계절이다.

오늘 우리는 오탁번의 시 두 편을 키득거리며 낭송했다. 가을 시 10편을 앞 다투어 낭송한 후, 오탁번의 에로티시즘에 우리의 몸과 맘을 내 맡겼다. 단풍나무처럼 홍조를 머금으면서 우린 보여 줄 것 다 보여 주는 시간을 가졌다. 그 시 두 편은 '폭설'과 '굴비'였다.

폭설로 인해, ×나게, ×도 아닌, ×되버린 남도 땅 끝 외진 동네 이야기에 우린 배꼽을 쥐고 나뒹굴었고, 적어도 "앞으로는 하지 마"라는 가난한 남편의 무기력한 경고를 문자적으로 받아 들여, "앞으로는 안 했"다는 아내의 몸 내준 굴비사냥에 우리는 잠시 썩소를 날리기도 했다.

전략(前略)
며칠 후 굴비 장수가 다시 마을에 나타났다
그날 저녁 밥상에 굴비 한 마리가 또 올랐다
또 웬 굴비여?

계집이 굴비를 발라주며 말했다
앞으로는 안 했어요
사내는 계집을 끌어안고 목이 메었다
개똥벌레들이 밤새도록
사랑의 등 깜박이며 날아다니고
베짱이들도 밤이슬 마시며 노래 불렀다 -「굴비」 오탁번-

그랬다. 오늘 그 황금빛으로 변신한 가을 산에 오른 우리 중 그 누구도, 그녀의 매춘(?)을 변절이라 욕하지 않았다. 그녀는 굴비로 인해 붉게 물들었으나, 그 홍조(紅潮)를 그 누구도 변절이라 욕하지 않았다. "앞으로는 절대 하지마!"라고 헛기침해대면서, 그 굴비를 맛나게 먹던 그 가난한 계집의 무기력한 남편이 바로 우리, 곡절 많은 한민족 후예의 설운 초상이라 여겼기 때문이다. 물질과 명예 앞에서 독야청청해야 할 목회자인 우리들이, 그 물질과 명예 앞에서 얼마나 '비굴'한 '굴비'인지, 우린 서로 너무도 잘 알고 있기 때문이다. 하여 그녀의 변색에 대해 먼저 돌을 든 사람은 아무도 없었다. 눈을 들어 바라 본 산천은 시리게 고운 변색, 일색이었다. 찬란한 생존에의 몸부림이었다.

이 시대의 화두가 변화다. 오늘 우리는 변화란 실용적으로, 내어줄 수 없는 것을, 생존을 위해 내어 주는 것이라 정의하게 한다. 미국의 주류 세력인 WASP(백인, 앵글로 색슨, 개신교도)이 오바마(흑인, 아프로아메리칸, 회색기독교인)에게 그 권좌를 내어 준 것을 가리켜, 온 세상은 '변화'라고 흥분해 대고 있기 때문이다. 그렇다. 그 WASP은 경제의 위기 때문에, 그 국가의 생존전략상 그 권좌를 일시 그 흑인에게 내어 준 것이다.

그렇다. 그 누구도 그 가난한 계집의 실존적 생존투쟁을, WASP의 실용주의적 생존전략을 시비하지 않는다. 그것을 변절이라거나, 변질이라고 말하지 않는다. 오히려 세상은 그것을 변화라고 말한다. 만산홍엽이 수목들의 암울한 겨울나기를 위한 화사한 생존투쟁의 절정임을 알고 있는 이들은, 사철 푸른 소나무의 절개에 결코 못지않은, 그 수목들의 가을 변색에 대해 감히 시비하지 않는다. 아니 할 수가 없다.

사람에서 벌레로 변하는, 카프카의 「변신」에 대해 그 누구도 기괴한 이야기라고 말하지 않는다. 인간 실존의 허무와 절대고독을 만분의 일이라고 이해하려드는 사람은, 그 변신을 몬도가네 식으로 혐오하지 않는다.

청송예찬에서 낙엽활엽수 예찬론자가 된, 이 초로(初老) 인생의 변색을 욕하지 말라. 그것을 변질로 보지 말고, 변화로 보아 달라. 그것이 나약한 인간의 생존투쟁일진데, 간음하다 현장에서 붙들린 여인을 대하던 예수의 눈으로, 세상이여 날 바라봐 달라. 막달라 마리아 같이 내가 이후로, 그분 안에서 진정한 변화의 존재가 되는 그 날까지, 날 인내하라. 가룟인 유다처럼 결백증적인 자기혐오로 자결하려 들지 말고, 화려하게 변색했던 시몬베드로에서, 순교자적인 신앙고백으로 거듭나는 그날까지, 단풍처럼 화사하게 이 시린 겨울을 살아남아라.

그리하여 그분의 이 약속의 말씀이, 끝내 내 안에서 실현되게 하라.

"그분은 만물을 복종시킬 수 있는 능력으로,
우리의 비천한 몸을 변화시키셔서,
그분의 영광스러운 몸과 같은 모습이 되게 하실 것입니다."
-빌 3:21-

연분홍 치마가 봄바람에

2009.05.03(주일)

난 연신, 몇날 며칠, 이런 원색적 탄성을 내 뱉었었다.
미치겠다. 미치겠다. 미치겠다.
정 말 미 치 겠 다.

맹사성은 그의 강호사시가 중 봄,에서 이렇게 읊었다.
강호에 봄이 드니 미친 흥이 절로 난다.

미친 흥.
오, 멋진 사람다운 맹사성.

난 길가다 눈에 띈, 화사한 봄꽃들을 더 이상 외면할 수가 없었다.
오메, 환장 허것네!

난 오늘 오후 세찬 봄바람을 가르며, 오매불망 그리던 꽃구경을 나서고야 말았다. 양귀비 꽃 보다 붉은, 죽음 보다 강한 이 내 봄꽃 사랑은 기어이 그 꽃망울을 터뜨리고야 말았다. 웬 뜬금없는? 마른하늘에 날벼락 같은? 마른하늘에 날벼락이란 말은 있을 수 없다. 마른하늘 그 너머 하늘에 뇌성벽력이 치고 있었다는 말이다. 이미 그 만세 전에 예정된 섭리의 동선(動線)을 따라, 난 오늘 움직였다는 말이다. 하여 내 안의 나는 솔로몬이 술람미 여인을 연모하여 내달리 듯, 이 봄꽃들을 그냥 내버려둘 수 없었다. 천지 붉게 핀 꽃송이들을 온몸으로 짓뭉개 내 핏 빛 되게 하고팠다. 난 연기 기둥처럼 거친 들에서 오는 자(아가 3:6) 솔로몬처럼, 난 일순 회오리 되어 꽃 숲을 누볐다.

구리한강시민공원. 지척에 이런 좋은 세상이 펼쳐져 있다니. 광활한 신록의 초원, 메트로폴리스를 유유히 관통하는(지구촌 그 어느 도시에서도 쉽게 볼 수 없는) 거대한 물줄기, 가오리 연[鳶]의 유희를 즐기는 봄바람의 너울거림, 인위적이나 인공적이지 않아 뵈는 여기저기 단정하게 피어난 꽃 숲들.

난 번개를 쳤다.
외로운 사람에게.

나의 사랑 나의 어여쁜 자야 일어나서 함께 가자 겨울도 지나고 비도 그쳤고 지면에는 꽃이 피고 새가 노래할 때가 이르렀는데 비둘기 소리가 우리 땅에 들리는 구나
무화과 나무에는 푸른 열매가 익었고 포도나무는 꽃을 피워 향기를 토하는구나 나의 사랑 나의 어여쁜 자야 일어나서 함께 가자
(아가서 2장 10-13절)

그 누군가와 함께 그 꽃 숲으로 향해 가는데, 또 다른 번개가 날아들었다.

"주일 오후, 자유하십니까?"

"난 자유인이요. 함께 누리길 원하시면 그 한강변으로 오시오."

답 글을 보냈다. 그는 득달같이 그 꽃 숲으로 날아들었다. 꽃보다 예쁜 그의 아내와 함께, 그 두발 훤한, 호박벌님께옵서. 모두들 지척에 둔, 이 에덴을 와 본적이 없었다. 우린 그만큼 사명에 분주했던가? 아니다. 아니었다.

오늘은 거룩한 주일. 우리의 번개는 그 오후에 번뜩였다. 사명에 지쳐 우린 칩거했을 뿐이다. 창조주께서 우리에게 안식하며, 즐기라고 허락하신 꽃 숲을 우린 망각하고 있었다.

밤에 토종 장사익이 어느 방송에서 인터뷰를 하고 있다.

난 웃어 본 적이 없었습니다.

내 노래가 이렇게 만인에게 인정받기 전까지는…….

항상 찡그린 몰골이 제 모습이었습니다.

그러다가, 노래만으로도 노래하는 삶을 살아도 좋은, '소리꾼'으로,

만인에게 인정받게 되면서, 내 오늘의 웃음이 부활한 겁니다.

내 얼굴에 웃음꽃이 피어난 겁니다.

난 그의 말을 이렇게 새겨들었다.

그랬구나.

내 눈에 꽃 숲이 붉어져 온 것은, 꽃 붉어 맘 붉은 것만이 아니라, 맘 붉어져 꽃 붉어진 게로구나.

내 맘 붉어져 꽃 붉어지고, 봄 붉어졌었구나.

그랬구나. 그랬어!
눈시울이 붉어졌다.

그 밤 장사익은 노래했다. 그 어느 일본 교수가 암 투병 말기에 장사익을 초청했고, 장사익은 그에게 날아가 꽃이 되어 주었단다. 리허설 현장에 휠체어 타고 나타난 그 환자만을 위해, 무려 한 시간이나 혼신을 다한 소리로 꽃 되어 주었단다. 그리고 그는 갔단다.

그가 이 밤 나를 위해 노래를 바쳤다.

연분홍치마가 봄바람에 휘날리더라 / 오늘도 옷고름 씹어가며 / 산제비 넘나는 성황당길에 / 꽃이피면 같이 웃고/ 꽃이 지면 같이 울던 / 알뜰한 그 맹세에 봄날은 간다.

어떤 활력 넘치는 후배가 이렇게 침을 놓았다.
노화현상입니다. 그건.

그래, 니 침은 ×침이다.
안 속는다, 안속아.

……………….

그래, 정녕 내 봄날이 가고 있는 겐가?
봄날이.

소리의 요철

2009.07.19(주일)

눈이 스르르 감기고, 귀가 절로 닫힌다. 작은 소리에도 민감해져 소리 자체가 몹시 성가시다. 탈진한 엘리야가 산을 가르고, 바위를 부순 크고 강한 바람 소리나 또는 지진 후 터져 오른 불호령이 아닌, 그 세미한 소리에 반응 했다는 말씀(왕상19장)이 눈앞에 펼쳐진다. 엘리야에게 크고 강한 바람 소리나 불호령 같은 중압감을 던지는 소리는 탈진한 선지자에게는 정녕 외면하고픈 굉음이 아니었을까? 물론 내 허약한 육감적, 자의적 해석이다. 암튼 나는 소리가 싫었다. 소리가 심장을 압박해 들어왔다. 몸이 약해지니 소리가 큰 짐이 되었다. 그 누군가가 켜 놓은 컴퓨터 작동 음이 너무도 귀에 거슬려 컴퓨터마저 죽여 놨다. 그렇게 모든 소리란 소리는 다 죽이고, 납작 엎드려 땅에 붙어 꼬박 이틀을 보냈다.

그렇게 죽은 듯 누워있던 중, 내 눈 앞에 문득 어머니의 병상이 떠올랐다. 작고하신 어머니께서는 그 모진 병상에서 의식이 없는 듯 누워계시다가도, 어디서 큰소리만 나면, 그 중환보다 더 견디기 힘드신 듯, 그 소음에 힘겨운 반응을 보이시곤 했다. 그래 중환 중에 계셨던 어머니께서도 그 높고, 큰 소리가 매우 견디기 힘겨우셨던가 보다. 그런데도 우리는 철없이 목소리를 높여대고, 아무런 배려 없이 TV 볼륨도 한껏 올려놓지 않았던가? 마지막 가는 길에 살아남은 유일한 신체기관이 귀청이라는 데, 우린 마지막 가는 분을 소음의 지옥에 시달리게 했던 것이다. 그 소리의 무게에 짓눌려 어머니는 힘들어하셨던 거다. 그래 소리에도 무게가 있다. 무게가 있는 소리는 심신이 무너진 자에게는 힘에 겹다. 내 몸이 쇠약해지니 소리조차 가슴을 짓누르는 가위 눌림이 되었다. 이렇게 소리의 무게까지 감지해내는 나약함 속에 난 내 던져졌다.

그러다 나는 주마등처럼 스치는 과거사를 회상했다. 마주하기 싫은 과거사다. 내 고함에 주눅 들고, 내 신음에 뼈가 녹아 내렸을 살붙이들이 겪었을 가위눌림이 가슴을 짓눌러왔다. 그래 나는 그 천일야 얼마나 많은 소음을 발했었던가? 폐차장으로 핸들이 꺾인 폐차의 치명적인 배기가스처럼, 내가 발한 이산화탄소는 천만인을 질식시킬 정도였다. 그 매연에 하늘로 치솟아 올라 그 생명의 위용일 한껏 발휘했어야할 수목들이 찌들고, 비틀어져 제 목소리 발하지 못하는 몰골 되어 버린 것 아닐까? 그래도 그나마, 그나마인 것은, 자동 천연향을 발하신 성령의 바람이 그 흑암 위를 운행하셨기에 망정이지, 생각만 해도 끔찍하다. 내가 내 소음에 귀가 멀지 않은 것 또한 그 보호하신 은혜가 아니고 무엇이란 말인가?

그래서 말씀이 진리고, 진리이신 하나님은 세상을 이렇게 사랑하신다.

하늘이 하나님의 영광을 선포하고 궁창이 그 손으로 하신 일을 나타내는도다
날은 날에게 말하고 밤은 밤에게 지식을 전하니
언어가 없고 들리는 소리도 없으나
그 소리가 온 땅에 통하고 그 말씀이 세계 끝까지 이르도다
(시편 19편 1-4a)

그렇다 말씀은 과학이다.
하나님이 세상을 이처럼 사랑하신 것이다.

언어가 없고 들리는 소리도 없으나
그 소리가 온 땅에 통하고 그 말씀이 세계 끝까지 이르도다 (3-4a)

그렇다. 이 소리도 아니고, 저 소리도 아닌 생명을 사랑하는 참 생명은,
"언어가 없고 들리는 소리도 없"다. 그래, 소리가 없다.

말없는 말이 그 말씀이다. 소리 없는 소리가 그 사랑이다.

만일 우리가 해와 달과 별의 운행, 그 굉음을 들으며 산다면? 그건 있을 수 없는 일이다. 그 살아남을 수 없는 굉음을 주께서는 우리를 위해 우리 안에서 소거해 주셨다. 우리는 가청주파수를 지닌 존재로 피조되었다. 가청주파수란 우리 인간이 들을 수 있는 음역 안에 있는 주파수라는 뜻이다. 20~20,000Hz의 주파수를 가청 주파수라고 한다. 그리고 그 2만Hz 이상이 되는 주파수를 초음파라고 한다. 그런데 우리는 그 초음파를 들을 수가 없다. 그러나 그 초

음파를 이용한 곤충 퇴치기가 있다. 무슨 말인가? 2만 헤르츠가 넘는 초음파는 곤충들이 굉장히 듣기 싫어한다는 주파수라는 거다. 그래서 그런 생물학적 사실을 이용하여, 인간들은 인간들을 괴롭히는 곤충들을 퇴치하는 기계를 발명했다는 말이다. 이렇게 듣기 싫은 소리란 사람에게만 있는 것이 아니다. 곤충들조차도 듣기 싫은 소리를 겁내며, 그 소리에서 멀어져 가려는 본능이 발동한다는 말이다.

그런데 우리는 얼마나 많은 소리, 듣기 싫은 소리를 질러대며 살아가는가? 억지소리, 쓴 소리, 고래고함소리, 헛소리, 된 소리 안 된 소리 오만 잡소리 등등.

소리에 관한 과학적 진실은 이렇다. 소리에는 무게가 없다. 이것이 과학적 진실이다. 소리란 원천적으로 '무게'라는 물리량을 쓰지 않는다. 왜냐하면 소리란 물체의 떨림에 의하여 생긴 음파가 귀청을 울리어 귀에 들리는 것이기 때문이다. 이렇듯 소리란 물질의 떨림이고 물질 자체가 아니므로, 소리는 무게라는 물성을 갖지 못한다.

그런데도 내가 여기서 소리의 무게를 운운하는 것은 그 소리에 인간들의 감정이 이입되어 있기 때문이다. 소리의 진동수(헤르츠)만이 아니라 소리의 세기(데시벨) 또한 감정의 무게의 바로미터가 되기 때문이다. 그리고 소리의 무게는 소리의 색채와 유관하다. 터무니없이 자랑으로 떠벌리거나 거드럭거리며 허풍을 떠는 말을 '흰'소리 라고 말하지 않는가? 소리의 색깔이 가벼우니 무게도 가볍다는 말이다. 그래서 소리에는 무게가 존재한다. 하여 우린 오만 가지 소리 중 삼희성(三喜聲)을 구별해 냈다. 삼희성(三喜聲)이란, 마음을 기쁘게 하는 세 가지 소리. 다듬이 소리, 글 읽는 소리, 갓난 아이 우는 소리를 이른다. 이렇듯 짓눌린 삶의 무게를 덜어주는 소리도 우리 안에 있다. 그러나 지난 며칠 동안 몸과 맘이 연약해진 나는 된소리의 중압감에 한참이나 시달렸었다.

제주도 공기는 참 맑았다. 공기가 맑으니, 소리도 청명했다. 청명한 공기를 타고 흐르는 소리는 그 음색과 질감이 실로 리얼했다. 주고받는 소리 하나하나에 탄력이 붙어 오가는 말이 발랄하고, 건강하게 약동하는 것 같았다. 그 소리가 눈에 뵐만큼 해상도가 증가되고, 소리의 요철까지 눈에 선히 뵀다. 그동안 흰소리, 오만 잡소리 가득한 소리 공기 탁한 서울에서 나는 얼마나 그 심령이 짓눌려 살았던가?

주의 음성을 내가 들으니 사랑하는 말 일세 ♬

의인들의 장막에는 기쁜 소리, 구원의 소리가 있음이여 (시 118:15)

교만한 자들이 거짓으로 나를 엎드러뜨렸으니 그들이 수치를 당하게 하소서 나는 주의 법도들을 작은 소리로 읊조리리이다 / 내가 주의 법을 어찌 그리 사랑하는지요 내가 그것을 종일 작은 소리로 읊조리나이다 (시 119:78, 97)

귀에 은은히 소리 들리니 주 음성 분명하다 ♬

목자의 음성은 은은하다. 결코 크지 않다. 된소리가 아니다. 그 목자의 음성을 따르는 양들의 응답도 크지 않다. 작다. 나직하다. 내가 주의 법을 사모함으로, 주의 법을 종일 작은 소리로 읊조리나이다.

오래토록 질리지 않는 소리. 미세한 현악의 배음이 내 안에서 살아나는 소리.그 청아한 주의 음성이 내 안에서 선명하게 울려나와, 울던 새도 잠잠케 하는 나는 주의 울림판이 되고 싶다.

너도 살리고, 나도 사는.

그는 나의 시詩 다

2009.12.26(토)

기온이 급강하했다. 영하 7도 칼바람이 일었다. 근데, 이 아침녘 그 누군가가 내 집 문 앞에 섰다. 강아지가 으르릉 컹, 컹 그 문을 향해 고갤 쳐들고 짖어댔다.

누가 이 아침에?

스치는 바람이려니 했다. 근데 바람이 잦아들지 않았다.
강아지의 목청이 한결 더 높아져 갔다.
개 짖는 소리를 잠재우려 문간 쪽으로 향했다.
쿵, 쿵.
바람이 아니었다.

그였다. 이 추운 날 아침, 그 흔한 승합차 한 대도 없는 그가 그 먼 길을 걸어 내게로 왔다. 화들짝 반기며, 문을 열어젖히고 그를 안으로 들이려 했으나, 그는 그길로 돌아섰다. 검정 비밀 봉지를 한 가득 채운 꼬들꼬들 갓 말린 조기를 한 줄금 소리 없이 내밀고, 그는 그냥 돌아섰다.

그는
나에게 그 무엇을 의미하는 자가 아니라,
시(詩)처럼 존재(存在)하는 자임을 다시 일깨웠다.
그 조기 더미가 아니 바로 그가,
나에겐 존재로서의 시어(詩語)다.

오늘도 그 누군가에게서 전자 카드도 받고, 전화도 받았다.
그들은 한 결 같이 나에게 의미를 부여했다.

뭔가 함께 해야 할 사람이라고 생각되어 그는 연하장도 보내고,
의미 있는 문자도 보내고, 기대한다는 전화도 넣어 주곤 했다.

난 안다. 그 의미 부여가 빛을 발하는 날, 난 그들에게 의미 없는 사람이 될 것을. 안다. 너무도 잘 안다. 체험적으로 난 안다.

그는 이 아침 사전 한마디 말없이, 뇌졸증에 극약이라는 찬바람을 뚫고 먼 길을 마다않고, 소리 소문도 없이 날 찾아 와(만일 강아지가 그 인기척을 감지해 내지 못했다면 그는 바람처럼 왔다 사라졌을 것이다) 그냥 조기 봉지(아무런 조미료도 첨가하지 않은 원시 검정 비닐봉지)만 달랑 건네고, 그냥 말 한마디 없이 갔다.

바람처럼 갔다. 다시 올 것 같지 않게 갔다. 그러나 바람이 임의

로 불되 바람이 늘 존재하는 것처럼, 그는 성령의 사람처럼, 그는 내가 그에게 의미가 있든 없든, 날 바람처럼 바람 되어 대할 것이다. 시원한 바람, 따뜻한 바람, 신바람 되어 그는 항시 내 곁에 존재할 것이다. 최대한 말을 아끼고, 구체적 사랑의 징표만 바람처럼 남기는 그는 오늘도 이렇게 나에게 행복한 시적 상상력을 선사했다.

만인에게 설교(說教)이기만 한 나는, 그 누구를 위한 진정한 존재(存在)일 수 없다. 많은 말은 너를 내게서 멀어지게 하고, 수다는 나를 휘발성 물질화한다. 화려한 수사는 간데없어도 천 년 돌담은 내 곁을 스치듯, 난 이젠 돌담길을 향해 갈 것이다. 아무도 날 찾는 이 없는 황망함에 다다를 것이다. 그러나, 그래 난 바람만 있으면 된다. 바람조차 없는 광야란 없다. 그곳이 시린 시베리아든, 모진 광야든 바람만 일어 준다면, 난 그 바람의 존재로 존재하게 될 것이다. 산문을 버리고, 설교를 버리고, 서사를 버리고 난 한 줄 시어(詩語)로 존재의 행복을 누릴 것이다. 아니 누려야만 한다.

돈 봉투 들고 실행위원회에 참석하라는 그런 류(類)의 의미를 난 정중히 거절하려 한다. 내 호주머니가 헐겁다. 그 가난이 날 존재(存在)되게 할 모양이다. 의미를 찾는 이들에게 의미 없는 자가 있을는지도 모르나(아니 의미를 찾는 자는 의미 유무가 존재다), 그 의미 없는 자도 존재하는 존재라는 사실을 그 누구도 부인할 수 없을 것이다.

수도사의 고독은 의미의 의미를 찾는 데 있지 않았을 것이다. 수도사의 고독은 비, 바람, 천둥 그리고 태산과 대양의 존재에 존재함으로 더 깊어졌을 것이다. 그리고 종국에는 눈에 뵈는 존재 너머 영존하신 그분의 존재 안에 존재함으로 그 깊은 고독은 완성되었을 것이다. 그래서 그들은 노래했으리, 행복의 노래를 목 놓아 불렀으리, ♫ 이 깊은 고독 속에 내 생명 끝나도 ♫ 내 곁에 계신 주님 늘 힘이 되시네 ♫

주님!

그러나 적어도 당신은 나에게 북극성으로, 한 빛 등대로는 나에게 구체적으로 존재해 주셔야 합니다. 이 시린 아침 조기 한 마리로 (맛(味)을 잃을 수도 있는 의미(意味)를 넘어) 존재로 다가 온, 그처럼. 적어도 나에겐 계절을 따라 훈풍을 몰고 오는 편서풍과 무더위에 데쳐지지 않을 만한 한 줄금의 세찬 비 벼락도 필요합니다.

부디,

내 입술에 시어(詩語)가 끊어지지 않게 하여 주옵소서!

내 감각에 시적 상상력이 무뎌지지 않게 도우소서!

바람 같은 성령님이시여!

이 아침 조기 한 줄금 세례로 존재의 존재를 각성케 하신 영존자시여!

이 심약한 존재를 존재되게 하소서!

망중투한 忙中偸閑

2011.04.12(화)

여기 올린 사진들은 자작극을 벌린,

산협(山峽) 하우디 하우스 촌장네 저물녘의 망중투한(忙中偸閑).

나는 망중한(忙中閑)이라는 말보다 망중투한(忙中偸閑)이라는 용어를 더 즐긴다. 둘 다 비슷한 의미이나, 망중투한(忙中偸閑)이라는 단어의 음절들(忙 바쁠 망/中 가운데 중/偸 훔칠 투/閑 한가할 한) 가운데, '偸 훔칠 투' 라는 음절이 맘에 들어서다.

偸 훔칠 투.

훔치다. 떨림과 긴장감이 감도는 스릴과 서스펜스(thrills and suspense).

훔친 에덴의 사과가 달콤하듯, 물건은 훔쳐야 제 맛이 난다.

偸 훔칠 투-閑 한가할 한.
그런데 한가함을 훔친단다.
한가한 겨를을 훔치다. 감성을 자극하는 멋진 말이다.

나는 오는 봄을 맞이하러 동구(洞口) 밖으로 나갔다.
망중투한(忙中偸閑) 바쁜 가운데서도 한가한 겨를을 얻어 즐겼다.

그동안 너무 무리를 했다. 나름대로 의미 있는 일을 수행했지만,
심신의 피로가 엄습해 오늘은 운신하기가 싫지 않았다.
그랬어도 오전 내내 짬을 못 내다가, 오늘 오후 늦은 시간에 투한(偸閑) 했다.

나를 훔치고, 그 누군가를 훔쳤다.
나는 혼자서 잘 못 노는 사람이다. 그 누군가를 훔쳐내어 동행한다. 다소 병적이다.
그래서 사람들을 훔쳤다.

어디를 가느냐보다 중요한 것은, 누구와 가느냐이듯,
무엇을 먹느냐보다 중요한 것은, 누구와 먹느냐이다.

밥 맛나고, 말 맛나는 이들과 산수유 향기가 샛노란 산협(山峽)을 파고들었다.
촌장님에게 드리는 헌시도 낭독하고, 앞서 간 님을 그리는 여인의 애틋함도 낭송했다.
여전히 그리운 장작불을 보듬어 안고, 우린 미친 흥을 나눴다.

오는 가 싶으면, 이내 가버리는 봄을,
훔쳐서,
심실(心室)에 우겨 넣었다.

꽃봄을 향한 미친 흥은 단풍나무의 소갈증이다.

샘솟는 자연미가 아니라, 파내려가도 물이 나오지 않는 우물 노역이다.

그랬어도, 그 노역의 시간을 훔칠 수 있는 행운을 얻음이 행복이다.

함께 소갈증을 앓으며,
저물녘을 벌컥,
벌컥 들이마시는,
가쁜 숨이 정겹다.
외려 정겹다.
외려.

영혼일기 1065

남자의 변신도 무죄다!(주일 설교)

2012.09.16(주일)

주일이다.

지난 화요일 나는 난생 처음, 나는 퍼머(Permanent Wave)를 감행하고는, '남자의 변신도 무죄!' 라고 소리를 높혔다. 그 강변에 눌렸는지는 몰라도 거의 99%(?)의 지인들에게서 나는 무죄를 넘어, 용기 있는 퍼포먼스를 연출한 청춘이라는 덕담을 선물로 받아왔다. 거기다 더해 몇몇 사모님들께서는 아부가 아니라, 진짜로 멋있다는 찬사까지 보태주셨다. 그러니까 통계적으로 보나, 피부로 느낀 바나, 그 무엇에 대비해도 나의 변신은 모처럼 내가 만인을 행복하게 해 준 화사한 연출이었음에 틀림없다. 단 한 사람, 40대인 C.S Kang만 어법이 달랐을 뿐이다. 40대 맞아?

그랬지만, 오늘 막상 주일 설교 강단에 서려고 하니, 성도들에게 뭔가 해명을 하지 않으면 안 된다는 생각이 들었다. 적어도 강단에서 성도들에게 '남자의 변신도 무죄'임을 설득하려면 무엇보다도 먼저 내가 말씀 앞에 서야 했다. 나는 주일을 앞두고 계시 의존적 사색 및 묵상에 몰입했다. 그리고 신중하게 접근했다. 행여, 자기변명을 위해 말씀을 자의적으로 해석하거나, 말씀 한 줄을 내세워 그 말씀으로 자신의 행위를 합리화해서는 안 된다고 다짐했다. 내 변신에 대한 해명이나, 설득을 넘어 선, 말씀의 동의를 나는 구해야 했다. 설교를 해야 했기 때문이다. 그랬다. 설교를 해야 했기에 내 행위를 어떻게 말씀에 녹여 적용해야 할 것인지가 관건이었다.

나는 본문을 세 곳에서 잡았다.
창세기 38장, 마태복음 1장 그리고 고린도전서 10장이다.

먼저, 창세기 38장에서는 시아버지를 유혹한 '다말의 변장을 구속(救贖)한 구원의 은총'을 적나라하게 이야기하고 있다. 그리고 마태복음 1장 3절은 유다는 다말에게서 베레스와 세라를 낳고, 라는 말씀에서 보듯 유다와 다말이 죄악 중에 잉태한 베레스와 세라를 구속(救贖)하시어, 세상의 구세주이신 예수 그리스도의 조상되게 한 구속사적 은총을 확증 시키고 있다.

다말은 하나님께서 아브라함의 후손인 자신의 집에 허락하신 기업, 하나님의 언약의 자녀를 얻고 싶었으나, 남편이었던 유다의 큰아들 엘이 하나님께서 보시기에 악하므로 여호와께서 그를 죽여 버리심으로(창38:7) 자녀조차 없는 과부가 되어버렸다. 그 후, 수혼법(嫂婚法;레비리트 율법 신25:5-10)을 따라, 둘째 오난이 그 대를 이어줘야 했으나 그가 거부함으로, 그도 하나님께 벌 받아 죽어 버렸고(38:10), 셋째 셀라는 어리다는 핑계로 친정에 가 있으면 후일에 기회를 주겠다던 시아버지 유다가 "셀라까지 다말에게 주었다가는, 셀라도 제 형들처럼 죽을지 모른다"(38:11)는 생각에 실질적으로 수혼법을 거부해 버렸다. 그 후, 시어머니의 부음을 들었고, 아내를 잃은 유다가 친구 아둘람 사람 히라와 양털 깎으러 딤나로 올라간다는 소식을 듣게 된다.

그러자 정상적인 방법으로는 더 이상 하나님의 언약의 자녀를 얻는 일이 불가능하다고 판단한 다말이 중대 결단을 한다.

창녀라도 되리라. '분장'한 그녀가 길을 나섰다.

다말이 과부의 옷을 벗고, 창녀처럼 분장하고는 딤나로 올라가는 시아버지 유다를 그 길목에서 유혹한다. 그리고 새끼 염소를 화대로 치르겠다고 약조하는 시아버지 유다에게서, 우선 그 약속을 지키겠다는 징표로, 유다의 도장과 허리끈과 지팡이를 담보물로 잡고 동침을 한다. 그 삼 개월 후, 과부인 며느리가 창녀 짓을 하여 임신했다는 소식을 전해들은 유다가 "그를 끌어내어 불사르라(38:34)"고 명한다. 그러나 다말은 끌려가면서, 유다에게 담보물과 그 담보물에 얽힌 비밀을 토해낸다. 이에 유다는 "옳도다 내가 그를 내 아들 셀라에게 주지 아니하였도다(38:26)."며 책임을 자신이 짐으로, 다말이 쌍둥이를 낳게 된다. 뱃속에서 나오는 순서가 교차되면서 동생이 형 되는, 육신의 장자권은 무의미하다는 영적 교훈을 하나님께서는 우리에게 계시하시며, 그 사건은 마무리 된다.

여자의 변신은 무죄다. 다말의 분장도 무죄다.

불가항력적 행음을 한 다말은 인간으로서는 그 누구도 속죄할 수 없는, 무서운 죄를 구속의 주되신 사랑의 하나님의 불가항력적 은총으로 용서를 받는다. "모든 사람이 죄를 범하였으매 하나님의 영광에 이르지 못하더니 그리스도 예수 안에 있는 구속으로 말미암아 하나님의 은혜로 값없이 의롭다 하심을 얻은 자 되었느니라(롬 3:23-24)." 창녀 짓을 했던 다말은 용서를 받았을 뿐만 아니라, 세상 죄를 지고 가는 하나님의 어린 양(요1:29)으로 오신 예수 그리스도의 가문의 조상으로 등극한다.

"유다는 다말에게서 베레스와 세라를 낳고(마1:3)**."**

참 아슬아슬하고, 흥미롭고, 기발한 다말의 분장 사건은 그 은혜 안에서 이렇게 아름답게 승화된다. 하여, 나 같은 죄인도 무죄다. 너도, 우리들도, 너희들도 무죄다. 더 나아가, 우린 하나님의 자녀다. 예수 그리스도, 그 보혈의 공로를 의지하는 우리는 모두 다, 왕 같은 제사장(벧전2:9)이다. 할렐루야!

여기서 다시 the Reverend C.S Kang을 끌어 들인다. 그를 우려내야 맛나고, 피부에 와 닿는 설교가 된다. 그는 자기네 강단에서는 와이셔츠 조차도 흰색 외에는 허락되지 않는다고 푸념(?)해대며, 은근짜 날 부러워(?)했다. 그는 인간적으로 가련한(?) 강단의 설교자임에 틀림없다. 허긴 영어로 와이셔츠가 White Shirts인데, 그래서 원어제일주의를 숭상하는 그 교회 강단에서는 당연히 White Shirts만을 입어야만 할 거다. 불쌍한 the Reverend C.S Kang. 그러니까 그가 나의 변신에 혀를 끌끌 찬 것은, 자신의 형편을 스스로 자조한 '끌끌'이요, 나에 대한 부러움을 뒤집은 시기심(?)에서 우러른 시비(?)이리라. the Reverend K! 나를 당신네 강단에 다시 한 번만 세워 보라. 그러면 당신은 그 얽매임에서 자유 할 수 있을 거다. 그 축자영감식 율법의 속박에서 벗어날 수 있는 용기를 얻게 될 거다. "진리를 알지니 진리가 너희를 자유롭게 하리라(요 8:32)." 그 진리에 굳게 선 그 용기가 너희를 자유롭게 하리라.

진리란 무엇인가? 용기를 선사하는 진리란 무엇인가?

겐그레아에서 머리를 깎은 사도 바울은, 자원한 종신 나실인이라고 해도 과언이 아니다. 종신 나실인은 삭도를 머리에 댈 수 없다.(일반 나실인은 일정한 기간만 삭도를 머리에 대지 않았다.) 그런 그가 삭도를 머리에 댔다. 왜냐하면 이전에 그를 얽어매던 나실인 법은, 오늘 율법에서 벗어나 은혜 안에 굳게 선 바울에게는, 더 이상 굴레가 될 수 없었기 때문이다. "내가 율법으로 말미암아 율법에 대하여 죽었나니 이는 하나님에 대하여 살려 함이라(갈 2:19)." 그렇다. 바울은 그 진리의 말씀을 믿는 믿음 위에 굳게 섰다. 그는 율법적 나실인 법을 복음으로 뛰어 넘었다. 그 삭발 행위는 복음적인 종신 나실인인 그가 주께, '나를 다시 드리는' 사명에 대한 충성과 헌신의 재 결단이었다.

그리고 오늘, 새 언약을 따라 하나님께 자발적으로 서원하고, 맹세한 우리도, 이 마지막 때에 하나님 뜻을 이루는 진정한 종신 나실인이라는 사실이다. 이같이 주 예수를 믿는 믿음으로 자유함을 얻은 우리들에게, 바울 사도는 말 많고, 탈 많았던 고린도 교회에 보내는 편지를 통해 시시콜콜 율법적 조문에 얽매이지 말고, 율법 정신 그 대의(大義)를 좇는 그리스도인의 자유를 설파하고 있다.

"그런즉 너희가 먹든지 마시든지 무엇을 하든지 다 하나님의 영광을 위하여 하라(31)"

나는 오늘 설교 마무리를 좀 불분명하게 했다. 결과적으로 나는 준비성 부족과 아전인수식 해석으로 복음을 훼손했다. 머리 만지는 용기를 지나치게 말씀으로 포장하려든 때문이다.

고린도전서 10장은 고린도 교회 신자들 가운데 믿음이 강하고, 지식이 있는 신자들을 향한 권면이다. 그러니까 믿음에 대한 방종을 경고한 내용이다. 그리스도인의 자유와 십자가에 대한 믿음의 절대성을 빙자하여 우상의 제물에 무분별하게 참여하는 지식 있는 고린도 교인들에게 경고하는 내용이다.

무엇이나 해도 좋으나 무엇이나 하는 것이 자유는 아님을, 다시 배운다. 머리 만진 것이 문제가 아니라, 그건 문제가 될 것도 없다. White Shirts를 만년 입는다고 율법에 얽매인 자라고 비하할 수도 없다. 다만, 매사에 믿음의 절대성을 빙자한 자유의 남용은, 그 자유를 오판하여 문란해지려는 내가 반드시 피해야할 것이다.

복음적 자유란, 결국 그 제한성 안에서의 자유다.

니 맘대로 해라, 그러나 교회에 거치는 자가 되지 말고, 모든 일을 하나님의 영광을 위하여 하라, 는 차원 높은 은혜의 복음을 기억하고 지키라는 말씀이다. 이것이 우리로 하여금 매사에 용기를 내게 하고, 자유롭게 하는 진리다.

그 제한 안에서 용기를 낸 남자의 변신만이,
무죄다. 무죄!

아이에게, 내 서정적 변절(?)에 대한 변명

2012.11.21(수)

아이가 아빠답지 않게 서정적으로 변했다고, 일침을 놓는다. 서정이 나쁘거나, 싫은 게 아니라, 아빠가 연약해져 가는 것 같아 애석하다는 말 같다. 사실 나도 간지러웠는데, 아이가 정곡을 찔렀다. 녀석, 눈썰미가 대단하다.

날 나무라지 마라. 그건 전적으로 단양 탓이다. 가을이 농익어 가던 그 시기에 가을의 단맛을 선사한 단양의 풍광 탓이다. 억겁, 천년 사랑의 비의를 남 몰래 품어 온 고수동굴의 사랑바위 탓이다.

날 가두지 마라. 내가 종유석에서 사랑의 건축학 원론을 캐내고, 첫눈에서 첫사랑을 훔쳤다고 날 비려하지 마라. 왜 아빠가 심오한 철학적 사색에서 이탈하느냐, 따지지 마라. 나를 특정한 카테고리에 가두지 마라. 아이야, 너의 청춘처럼 황혼의 아비도 여전히 생성되고 있는 생물이다.

날 오해하지 마라. 나는 본질상 서정적인 사람이다. 살 냄새, 흙 내음, 보리피리 그리고 인정(人情)을 그리워 뒤척이는 원시적 감각이 파도처럼 넘실거리는 사람이란다. 니네 아빠는.

그동안 아빠가 붉으락푸르락한 모습을 나타내 보인 이유는, 이 세상(태)이 가장 심약한 사람을 가장 전투적인 사람 되게 했기 때문이란다. 모순이지. 그래 이 세상은 모순 덩어리지. 투사(鬪士)란 독립투사라는 말로 더 익숙한 투사란 그 체질이 순수하다는 말의 다른 표현이란다. 그래, 투사형(鬪士型) 사람이란, 강한 정신과 굳은 의지를 지녀 투쟁에 활발하게 참여하는 성격을 말하지. 순수(純粹)란, 거침이 없다는 말이야. 공의를 위해 몸을 내 던진 투사형 인간들이 역사를 올곧게 이끌어 온 분들이 아니더냐?

철인(哲人)도 마찬가지야. 정복 왕 알렉산더가 찾아 와 "무엇을 해 주길 원하느냐?"는 어리석은 질문에 던졌다지. 그 우문에 철인(哲人) 디오게네스가 답했다는 현답. "단지 하나, 햇볕을 막아서지 말라." 이 경우 누가 부자인가? 대왕이 부러워하는 철인, 그 내면의 순수가 알렉산더의 지배욕을 능가했다는 말 아니겠냐? 이처럼 사심(私心) 없는 순수(純粹)가 인류가 정복해야할 참 목표가 아니겠니?

아빠는 적어도 순수(純粹)하고, 사심(私心) 없는 사람으로 타인에게 인정받고 있단다. 감사한 일이지.

본질상 서정적인 아빠를, 가장 심약한 아빠를 가장 전투적인 사람이 될 수밖에 없게 만든, 이 세태가 아빠에게서 서정을 잠시 앗아갔단다. 그러니 그 사악한 세태가 너의 지청구의 대상 되어야 하는 것 아니니?

가장 서정적인 행위란?

아니, 다시 정리해 보자. 아빠의 투사적 행위란, 엄밀히 말해 가장 서정적인 행위란다. 순수와 사심 없는 투사란 없기에. 투사란, 서정 덩어리이기에. 영악하고, 타산적이고, 이기적인 욕망 덩어리들이 어떻게 순수와 무사한 쟁투에 몸을 내 던지겠니?

중립과 통합의 차이

길 가다 강도 만난 이웃을 피해 달아 난 기회주의자들이 강도와 맞선 선한 사마리아인에게 '편든다.'고 시비하는 세상이야. 자신들은 중립이라고 강도와 선한 사마리아인을 똑같이 싸움질하는 인간들로 매도하면서 짐짓 자기들만 천사연 하는 자들이 사람 사는 세상엔 꼭 존재하지. 그런데 그들은 중립이란 말을 써서는 안 돼. 왜냐하면 엄정중립이란 존재하지 않기 때문이야. 가해자의 편에 선 방관자들이지. 그들은 중립과 통합의 차이를 몰라. 무지하고, 기회주의적이기 때문이야. 아빠는 분열이 아니라, 통합을 위해 서정적 힘겨루기를 하고 있는 거야.

서정(抒情)이란, 중립이 아니라 통합에 그 중심이 있는 정서야. 아빠의 홈페이지 첫머리에 아빠의 홈페이지를 열며, 서정의 정의와 부활에 대해 언급했지. 지난 세기 그 시대정신이 남겨 놓은 분열과 해체의 악순환을 단절하고, 인간의 내면과 사회를 통합하고 치유할 수 있는 구원의 방식으로 급속히 떠오르고 있는 서정에 대해서 말이다.

아빠의 서정적 변신은 본디 정신으로의 회귀야.
그리고 그 에덴을 이 땅에 회복하는 그 날까지.

아빠는 서정적 쟁투, '아니오'(no)를 '예'(yes)하는 이타적인 삶을 살아 볼 생각이야.
그러니 아빠에게 힘을 실어 줘.
그리고 니네들도 서정적 인간으로 세상을 평정해 봐.

순수, 그 가장 고상한 실천으로 십자가를 완성하신,
인류의 구원과 소망이신 예수 그리스도를 닮아가도록 하자.
함께.

글구
함
about NOYES21을 읽어 보렴.

감이후지 坎而後止

2013.06.04(화)

감이후지 坎而後止 구덩이를 만나면 넘칠 때까지 기다린다.

긴 가뭄에도
농심農心은 흔들림이 없다.
탄식과 투정도 없다.

하늘에서
물이 차서 넘칠 때까지
한 달, 두 달 아니 일 년 이 년도 농심은
기 다 린 다
단지 기다림에 낯익은 얼굴이 농심이다.

구덩이는 불가항력적 형벌의 웅덩이다.
웅덩이는 스스로 차고 넘침이 없다.

채워줌으로만 차는 구덩이다.
구덩이에 빠진 이 또한 빈 웅덩이를 채울 수 없다.
웅덩이를 채워주는 신비는 전적으로 하늘로부터만 임한다.

허니 불가항력에 맞서
원망과 시비를 일삼는다는 것은
어리석은 일임에 틀림없다.

난
어리석다. 어리석었다.
어리석어 어리석은 일을 일삼았다.

농심의 지혜는 묵묵히 기다리는 긴 기다림에 있다.
허나 기다림을 모른 어리석음을 난 앓았다. 앓고 있다.

기가막힐/ 웅덩이지만,

폭포수도 구덩이를 만나면 꼼짝없이 그 자리에 갇힌다.
내리 쏟아 붓던 힘도 구덩이에서는 아무런 힘을 발휘할 수 없다.
기가막힐 웅덩이란,
제 아무리 발버둥을 쳐 봐야 타도 넘을 수 없는 무기력이다.
제 가진 물질, 건강, 명예, 권력 그 무엇도 소용이 없다.

상류에서 물이 흘러내려, 위에서 물이 쏟아져 내려
웅덩이를 가득 채워 넘치게 할 때까지

기 다 리 는
수밖에는
없다.

없다.
전혀 없다.

감이후지 坎而後止 구덩이를 만나면 넘칠 때까지 기다린다.

기 다 림 그 자체인
농심農心은 그래서 천심天心이다.

내가 여호와를 기다리고 기다렸더니
귀를 기울이사 나의 부르짖음을 들으셨도다
나를 기가 막힐 웅덩이와 수렁에서 끌어 올리시고
내 발을 반석 위에 두사 내 걸음을 견고하게 하셨도다
♡시40:1~2♡

이것이 내가 부를 새 노래다.
곧 하나님께 올릴
당신이 내 입에 두신 입에 두신 찬송이다. ♬

신심信心은 천심天心이다.

아내가 사라졌다

2013.07.01(월)

눈 뜨면 없어라
통속소설의 제목 같은 현실이 내게도 임했다.

아내가 사라졌다.

사라진 아내를 나는 치사하게 이내 수배했다.
그냥 진득하니 못 본 체 내버려 둘 걸.

못 찾겠다 꾀꼬리 꾀꼬리 꾀꼬리 꾀꼬리 나는야 언제나(오늘도) 술래 ♬

못 찾겠다는 말이 아니다.
찾을 수 있지만 술래가 숨은 이를 바로 찾지 않고 있다는 말이다.
숨은 이들이 숨어 든 자리가 어딘지 빤히 알면서도, 머리카락이 발

견뎠어도
못 찾은 척 앞뜰과 뒤란을 오가며 뜸을 들이고 있다는 말이다.
술래잡기의 묘미는 숨은 이가 숨어 들키지 않는, 그 짜릿한 찰나적 희열에 있음 잘 알기에.
술래는 모처럼 숨어든 이가 누리는 안식과 쾌감을 이내 앗아버리지 않는다.
술래는 즉시 찾아내고픈 욕망을, 숨은 이를 위해 절제한다.
절제 된 욕망을 창조적으로 승화시킨 예술혼으로
술래는 노래를 빚는다.

술래잡기 내내 찾고 싶으나 찾지 않음으로 더 애절해진 사모곡을
숨은 이에게 들으라고 수탉처럼 목청을 드높인다.
그렇게 폼 나게 고백한다.

나는 술래잡기에 있어서 영원한 당신의 술래라고.
못 찾겠다 꾀꼬리 꾀꼬리 나는야 언제나 술래♬

아들에게는 엄마가, 딸아이에게는 아빠가, 피앙세에게는 사내가
아내에게는 남편이 술래였다.
나는야 언제나 술래였다.

그런데 나는 술래잡기를 예술로 승화시키지 못했다.
나는 늘 장독대 뒤로 숨어들어 누리는 찰나적 안온함조차 그녀에게서 즉시 앗아버렸다.
잔인하게 바로바로 그녀를 찾아 내버렸다.

그것이 족집게 같은 내 투시의 능력이라고
이내 들켜버려 재미가 없어진, 다시 술래잡기를 나와 하고 싶지 않아버린
그녀 앞에서 나는 으스대며 뽐냈다.

그런데 이번에는 달랐다.
그녀가 아예 집을 나가 버렸다.

술래잡기는 범위가 정해져 있다. 넓어 봐야, 우리 집 앞뒤 뜰이다.
그 이상 경계를 넘어서면 반칙이다.
내 집안에서 잘 숨는 재미로 술래잡기는 이어진다.

내 한 몸 숨기기도 좁은 공간에서 즐겨야 하는 게임이기에
보고도 못 본 척, 알아도 모른 척, 찾고도 못 찾은 척 해줬어야 했다.
그래야 집안에서의 술래잡기가 가능했다.

그런데 나는…….
그랬다, 그래 버렸었다.

그랬더니
아내가 집을 나가버렸다.
당신하고는 숨바꼭질을 할 수가 없어

그녀는 안식 없는 집을, 안식을 매번 앗아가는 나를 피해 훌쩍 떠나버렸다.

내 체력으로 뛰어다닐 수 없는 광역 지대로 날아가 버렸다.
이아침에.

자, 이제 내가 숨을 테니 잘 찾아 봐
라는 술래잡기 식 예고도 없이
사 라 져 버 렸 다

눈 뜨면 없어라

못 찾겠다 꾀꼬리 꾀꼬리 나는야 언제나 술래 ♬

나는 이 노래도 부를 수 없었다.
나는 오늘 아침부로 술래의 자격을 박탈당했기 때문이다.

이 술래잡기 놀이에서
판을 깨고 나간 사람은 그녀가 아니라
밀당의 기술조차 없는
나였다.

좁은 방안에서라도 숨 쉴 여유를 찾고 싶은 연유에서 시작 된
우리들의 술래잡기에서
나는 내 여유와 관용의 품으로 숨어들려는 그녀에게
한 치도, 촌음도 허락하지 않았다.

하여,
나는 더 이상 ♬ 나는야 언제나 술래 ♬ 라고 부를 수 없는

술래 직을 박탈당했다.
숨 막혀 죽어 가던 그녀가 까맣게 숨어 버렸기에

어두워져 가는 골목에 서면 ♬ 어린 시절 술래잡기 생각이 날꺼야

그래
그녀는 오늘 파랑새 되어 먼 남쪽 나라로 날아갔다. ㅠ,ㅠ

하여,
홀로 쓰디 쓴 에스프레소를 한 입에 털어 넣는
하루를
나는 보내야 했다.

시인 詩人

2013.08.08(목)

어지럽다. 진종일 몸은 구름 위를 걷는 듯 했고, 머리는 지근거리며 멍했다. 서울역에서 부산역까지 약 400여km를 단 2시간 26분대에 주파한 쾌감이 산뜻했으나, 그 축지법이 선사한 후유증도 만만치 않았다. 그것도 역방향으로 단 하루에 왕복을 강행했으니 살이 놀란 것은 틀림없다. 쾌속으로 이룬 정신적 성취감에 뿌듯했으나, 그 정신적 성취를 이루기 위한 살의 헌신은 결국 몸을 어지럽혔다. 빠른 것만이 좋은 것이 아니다. 저만치 내 영혼이 따라오고 있다며 미착한 영혼을 기다릴 줄 알던 육체가 참 지혜롭다. 단 한나절 만에 과업을 다 성취했지만, 내 몸이 그 정신적 성취를 육화(肉化)하는 시간이 필요했나 보다.

성육신(成肉身)의 비밀이 여기서 다소 풀린다. 공의로우신 하나님께서 죄(罪) 범한 육(肉)을 지닌 인간 영혼을 구원해 내시려, 긴 시간 짜내신 지혜가 당신의 성육신(成肉身)에 있었다. 육체로 육체의 죄를 사하는 방식. 이것이 바른 사죄의 정석이다. 어제 이룬 정신적 성취가 오늘 육의 저항으로 몸살을 치룬 것은, 미진한 육이 회복될 시간이 필요했기 때문이다. 정신과 함께 육의 만족이 다 이루기까지는 몸은 완전을 이룰 수 없다. 하나님께서 육을 지닌 영에 속한 인간에게 베푸신 완전한 구원도 영적 교감이나, 정신적 성취만이 아닌, 육체까지 온전해 지는 전인적인 구원에 있었다. 그래서 말씀이 육신이 되어 우리 가운데 거하신 것이다. 당신의 몸이 육화되어, 인간의 육체를 입고 오시어 그 육체를 온전히 깨뜨리심으로 당신은 몸의 구원을 이루셨다. 그래서 우리는 믿는다. 몸이 다시 사는 것과 영원히 사는 것은 믿는다.

내가 과했다. 나는 KTX를 타고 오가면서 나는 육체에 단 한순간의 쉼도 허락하지 않았다. 오가면서 나는 책만 읽었다. 부산에서 서울로 올라오던 저녁 7시30분경 나는 부산역사 책방에서 소설 한 권을 샀다. 이문열의『시인』이다.

김삿갓(병연)의 설화를 질료삼아 자서전적 참 시인의 길을 보여준,『시인』은 그의 단편 『금시조』와 구성이나 주제가 거의 동일하다.『그대 다시는 고향에 가지 못하리』라는 그의 소설의 제목이 말해 주듯, 고향을 팔아 먹고사는 작가는 결국 자신의 향리(鄕里)를 벗어날 수 없는 존재다. 그가 여타 소설을 통해 구현해 내고자 하는 도(道)의 세계나, 소설『시인』을 통해 노자의 '도가도 비상도'(道可道 非常道; 도를 도라고 하면 도라고 할 수 없다. 왜냐하면 도를 도라고 이름을 붙이는 순간 그것은 상대적인 세계로 떨어지기 때문이다.)를 연상케 하는 시(詩)의 세계를 보여 줌으로, 그는 자신이 동방 유학의 성현 퇴계 이황을 낳은 향리(鄕里)의 사람임을 보여준다. 멸문의 위기 속에서 입신공명을 이뤄 보려고 몸부림치다가 자연과 합일된 한 덩이 바위로 승화한 시인 김병연의 삶을 통해, 6.25 때 월북한 아버지를 둔 자신이 왜 극우세력을 대변하는 논객이 되었는지에 대한 구구절절한 해명을 그는 문학적 도구를 빌어 발하고 있다.

「"그럼 결국 시는 도(道)입니까?"

한참 뒤에 그가 그걸 물은 것은 또 다른 기대보다는 늙은이에 대한 자신의 의심을 확인하는 기분에서였다.

그 때 늙은이는 이미 더 말할 기운조차 없다는 듯 숨까지 헐떡거리며 대답했다.

"결국은 자네도…… 내 시가 덜된 중놈의 머릿속에서 빌려 온 헛것으로 보는 거지. 하나, 물은 거니 대답을 해 주지. 시는 도가 아니야. 도도 틀림없이 만상의 원뜻을 보기는 하되 그걸 무언가 다른 하나로 바꾸어 보지. 그러나 시는 있는 그대로 놓아두고 보네. 또 도는 궁극으로 이 세계를 뛰어넘으려 하지만 시는 남아 있어 이 세계와 하나가 되려하는 그 무엇이지."」

「오래잖아 익균은 거기에 대해서도 어렴풋한 짐작은 하게 되었다. 아버지는 그의 시로 기실 원래 없던 걸 불러내거나 만드는 게 아니라 다만 있던 것을 찾아냈을 뿐이다. 그러나 익균의 짐작은 겨우 그뿐, 그게 왜 자신에게는 없는 것 불러내고 만드는 것처럼 느껴지는지는 끝내 알 수 없었다.」

있는 그대로 놓아두고 보고 / 시는 남아 있어 이 세계와 하나가 되려하는 그 무엇이지. // 아버지는 그의 시로 기실 원래 없던 걸 불러내거나 만드는 게 아니라 다만 있던 것을 찾아냈을 뿐이다.

여기에 따 온 문단에서 나는 시(詩)란 만상의 원뜻을 보는 도(道)가 아닌, 있는 그대로 놓아두고 보고, 원래 있던 것을 찾아내는 것 뿐이라는 해석에 밑줄을 그어본다.

깡마른 하늘에서 시종(侍從)의 눈에 보이지 않는 손바닥만 한 구름을 먼저 본 엘리야가 연상 된다. 엘리야는 시인이다. 하늘의 징조를, 종말의 징조를 먼저 본 선견자를 본다. 밧모섬의 요한이다. 그도 시인이다.

예수께서 이 모든 것을 무리에게 비유로 말씀하시고 비유가 아니면 아무것도 말씀하지 아니하셨으니 / 이는 선지자로 말씀하신바 내가 입을 열어 비유로 말하고 창세부터 감추인 것을 드러내리라 함을 이루려 하심이니라 (마13:34-35)

예수는 시인이다. 비유로 창세부터 감추인 것을 드러내신 분이다.

그리고 우리에게 시인이 되라고 권고 하신다.

바리새인과 사두개인들이 와서 예수를 시험하여 하늘로서 오는 표적 보이기를 청하니 / 예수께서 대답하여 가라사대 너희가 하늘이 붉으면 날이 좋겠다 하고 / 아침에 하늘이 붉고 흐리면 오늘은 날이 궂겠다 하나니 너희가 천기는 분별할 줄 알면서 시대의 표적은 분별할 수 없느냐 / 악하고 음란한 세대가 표적을 구하나 요나의

표적 밖에는 보여 줄 표적이 없느니라 하시고 저희를 떠나가시다
(마 16:1-4)

여기서 표적은 '기적'이 아니라 '증거'다. 네가 그리스도라고 하는데 증거를 보여 봐라. 증거. 이에 예수께서 증거를 미리 보여 주신다. 실재했던 역사적 증거다. 즉 요나가 보인 증거다. 요나가 밤낮 사흘 동안 큰 물고기 뱃속에 있었던 것 같이 인자도 밤낮 사흘 동안 땅 속에 있으리라(마12:40). 증거로서의 비유를 예수께서는 즐겨 증거 하셨다.

시인(詩人)이 되라.

첨단 과학의 시대에도 일기 예보는 예측 불가능한 예보(豫報)다. 여전히 천기조차 분별해 내지 못한 세상이다. 그러니 눈 먼 이 세상은 시대의 표적을 당연히 분별해 낼 수 없다. 자기 의(義), 자기 자랑에 도취 된 이 땅의 사두개인들은 시(詩) 아닌 시(詩)를 읊조리며 으스대고 있다. 시(詩)가 아닌 설교 말이다. 마른하늘에서도 긴 가뭄을 해소할 구름을 보는 눈. 기적이 아니라 증거를 보는 눈. 그 눈으로 창세부터 감추인 것은 드러내 보이는 설교가 우리에게 요청 된다. 다시 말해, 뜬 구름 잡는, 회중들의 현실과는 무관한 독야청청한 자작 시편에 도취되어 독백처럼 낭송해 대는 강단이어서는 안 된다는 말이다. 마른하늘에서 구름을 볼 수 없는 시종(侍從)에게 일곱 번이나 "다시 가 봐. 분명히 비올 구름이 떠 있어!"라는 확신의 언어를 내뱉던 엘리야처럼, 우리네 강단의 언어도 선견자의 시편이어야 한다. 그리고 무엇보다도 시인으로서의 설교자에게는, "시는 남아 있어 이 세계와 하나가 되려하는 그 무엇이지"라는 정의처럼, 회중들의 삶의 자리로 내려가 그들과 하나 되려는 성육신의 몸부림이 요청된다는 말이다.

몸살이 서서히 가시고 있다.
몸의 질타는 나에게 한 편의 시(詩)를 짓는 과정 같다.
성육신(成肉身)은 해를 찢는 어둠의 발악에서 기인했다.

나를 나 되게 하고,
강단의 설교자를 시인되게 하는 과정은 반드시 실재한다.
허구란 없다. 허구로 가장한 실재가 있을 뿐이다.
시(詩)란 허구도, 언어유희도 아니다.
시(詩)는 성육신이다.
실재가 실재를 낳은.

시인이 되자.
성육신(成肉身)에 몸살 앓는 시인.

우는 자의 벗이 되려고 성육신했던 경부선 왕복은
나에게
"당신도 시인(詩人)임"
을 증거 해 줬다.

조사弔辭 마르타, 마르타 아~ 마르타

2013.10.29(화)

마르타, 마르타 아~ 마르타

마르다야~
첨에 네 소식을 듣고 너무 놀랬지만
한 번 더 놀래켜다오,

할머니가 그러셨다는 보미가 보내 온 전언을 듣고, 우리는 한 번 더 놀랄 일만 남았다고 좋아라 했답니다. 생각 없는 바보같이.

마르타, 선싸인 스마일, 미소천사였던 아침햇살 미소로 만인의 새아침을 열어줬던, 더 짧기에 애틋한 아침 햇살 같은 한 줌 미소만 남기고, 손끝에 물마를 날이 없었던 행주치마 마르타는 도미 삼십주년기념 귀국행차 일주일 만인 2013년 10월 26일 토요일 오후 9시를 겨우 넘기고 우리 곁을 떠났습니다.

일주일만 늦었어도 고국 땅에 발을 딛을 수 없었을 거라던, 고국에 돌아 온 것만으로도 하나님께 감사하다는 귀국 소감 속에는, 제 몸의 한계를 자신이 제일 잘 알았던, 거반 죽을 만큼 제 몸을 홀로 불사른 후, 살러 고국에 돌아 온 것이 아니라 죽으러 고향에 돌아왔던 바보 마르타 마경임은 아쉬운, 너무 아쉬운 겨우 쉰 넷의 나이로 자기를 버렸습니다.

하나님께 올인 한다는 핑계로 자신을 당당하게 버린, 하나님을 방패삼은 그 절묘한 술수로 우리를 속인, 속여야 가족을 살릴 수 있다는, 나 죽어 너 살리려는 감쪽같은 자기희생을 온 몸으로 감내하고 우리 곁은 떠났습니다.

우리는 아픕니다. 그녀의 죽음이 아픈 것이 아니라, 그녀를 죽음으로 몰고 간 선택의 여지가 없었던 삶의 현실이 아픕니다. 그녀 홀로 모든 것을 끌어안아야만 했던 그 모진 현실이 말입니다. 하나님 외에는 방법이 없었던, 유독 사모 윤마르타에게만 미동도 하지 않으신 하나님께 올인함으로, 그녀는 죽기를 자원했음에 틀림없습니다. 하나님 당신 외에는 방법이 없는 인생. 그 외길 인생, 외론 삶의 과정이 우리를 슬프게 합니다.

그러나 이 땅에서는 더 이상 응답이 없던, 하나님의 그녀를 향한 우리는 이해할 수 없는 깊은 섭리를 그녀만은 온 몸으로 감사하게 받아들였습니다. 우리가 우리네 간구에 응답하지 않으시는 하나님을 원망하며, 하나님 당신은 움직이지 않는 신이요, 공대(恭待)만 받는 초월적 당신이라고 시비해 댔지만, 그녀는 당신 앞에서 분통을 터뜨리는 너의 내 손, 나의 네 손을 끌어 모아 겟세마네의 손기도 되게 했고, 바르르 사력(死力)을 다해 하늘 당신께 오직, 감사 일념으로만 맞선, 참 기도의 사람이었습니다. 모처럼 안식처가 된 병상에서 그 극렬히 타오르는 고통 중에서도, 미소를 잃은 적이 없었던 참 기도의 사람, 그 모범을 참 신앙인 사모 윤마르타는 우리에게 보여주고 가셨습니다.

더 이상 젖먹일 가슴도 없애버릴 만큼, 탈대로 다 타버린 번제의 제물 된 그녀의 가슴은, 뭇 영혼을 살린 생명의 젖줄이었습니다. 2남 2녀의 어미로서, 남편 목사의 내조자로서 문밖으로 소리 한 번 내보내지 않는, 애간장을 다 태운 자기 인내로 가정을 품위 있게 지켜 온 어미요, 참 아내였습니다. 어렵고, 궁핍한 이민생활 속에서 아이들을 모두 고등교육을 시켜냈고, 이젠 든든한 사회인으로, 신앙인으로 세상의 빛과 소금 된 존재가 되게 했습니다. 마르타 마경임 사모 당신은 정녕 온전한 헌신으로 빛나는 영혼이었습니다.

그러나 우리는 이 자리에서 사모 윤마르타, 마경님,
당신께 구하는 바가 있습니다.

가을 햇살 곱고, 눈부시던 지난 10월 19일 토요일 오후 3시 40분경. 인천 국제공항 입국장 D라인에서 부지런히 여닫히던 먼데문 틈새로 언뜻 다리가 부러진 것도 아닌데, 휠체어에 실려 나오던 당신을 기억해 냅니다. 제 몸에서 우러난 천연 색조 화장으로 낙과처럼 누우렇던 낯 빛. 갖은 고초와 시련, 모진 궁핍, 악성 종양, 죽을 인내가 복수(腹水) 된 모든 오물 찌꺼기들 모조리, 제 여린 몸에 홀로 쓸어안고 폐선 되어 돌아 온 마르타의 초상(肖像)을 회상하며 우리는 눈물짓습니다.

불쌍해, 불쌍해, 불쌍해! 발을 구르며 탄식하며, 우리가 울부짖어도 다 갚을 길 없는 당신의 몸 버린 희생에 대한 우리의 보상은 결코, 그녀가 간 저 하늘에 닿을 수 없을 줄 우리는 우리가 잘 압니다.

이 시간 우리가 당신께 구하오니, 마르타 마경임 사모,

우리를 용서하소서! 우리를 용서하소서! 우리를 용서하소서!

저주받은 생의 몫인 사모의 삶을 결국 죽음으로 확증해 보인, 목사 윤사무엘의 아내, 사모 마르타여! 목사가 하나님께 지은 죄는 그 무슨 죄였든지 다 용서 받을 수 있지만, 사모(그의 아내)에게 지은 죄만은 절대로 용서받을 수 없다는 무서운 말이 있습니다. 그러나 몸 버리기까지 자기를 희생한 사모 윤마르타는 목사 윤사무엘을 이미 용서한 줄 우리는 믿습니다. 더 나아가 그랬어도 예쁜 경임이는 미욱한 윤 사무엘이를 죽음보다 강한 사랑으로 끝내 지켜낸 순애보의 여인입니다. 그 멍든 사명으로, 그 눈먼 사랑으로 자신을 이기고, 가정을 지켜내고, 우리를 울리고, 하늘을 감동시킨 마경임 사모여, 행주치마 마르타여, 연인 선샤인스마일이여! 다시 한 번 우리를 품어 주소서!

우리는 당신의 미소를 기억합니다. 설혹 이 먹빛이 사라진다 해도, 우리네 싱그러운 추억 속에 당신은 영원히 해맑게 살아남을 것입니다.

이제 마지막으로 내가 여기서 당신 대신 불러 봅니다. 당신이 목숨 버려 지켜 낸 사랑하는 이름들을. 윤사무엘 목사, 사랑의 첫 기쁨 미리암, 듬직한 아들 요셉, 고운 막내 미셀, 그리고 그 고단했던 이민자의 삶의 위로였고, 더러 혹 같았던 막내 요한. 이들을 그 하늘에서 눈동자 같이 지켜 보호해 주시고, 이 땅에서도 잘되게 복빌어 주소서.

창조와 생명의 주님. 여기, 절대로 보낼 수 없는, 우리가 정말 건네주기 싫은

우리의 모든 것 설화석고 옥합 마르타를 당신께 고이접어 선물로 드리오니

고이 받아 당신께 충만한 참 안식과 부요를 가없이 베푸소서!

그리고 우리는 기다립니다. 우리를 다시 한 번 놀래켜 줄 당신을. 몸이 다시 사는 부활로 우리를 놀래켜주려고, 먼저, 저만치 훌쩍 앞서 갔음을 굳게 믿습니다.

이제, 모든 눈물을 그 눈에서 닦아 주시는 신랑 예수 품에서 다시는 사망이 없고 애통하는 것이나 곡하는 것이나 아픈 것이 다시 있지 아니한 저 천국에서 참된 안식을 누리소서.(계21:1) 아멘

우리의 모든 것
설화석고 옥합 마르타 윤 사모를
하늘 당신께
고이 접어 선물로 드리오니...

살며
견디며
사랑하며

영혼일기 1128

詩/ 첫눈

2012.11.19(월)

첫눈이다
마른기침 한 번 없이 불현듯 내린 눈

안아본다
따숩다

찬피 동물 같은 내 체온에도 녹아들어
온기를 발하는
만년설 같은 이 친밀감
나는 나를 견뎌낼 따순 힘을 얻는다

첫사랑처럼
딱 한번 내려 이내 녹아버렸어도
나 몰래 나를 계절이 끝나는 이 날까지 기억해 준

첫사랑 같은 첫눈에

나는 나를 이겨낼 옹근 추억을 보듬는다
나를 나 몰래 기억해 준 사람이 있음에
나는 나를 살아낼 힘을 얻는다

첫눈은
이후 겨우내 다시 내게 찾아들지 않을 것이나

첫사랑처럼 첫눈은

단 한 번 간직한
차가우나 내내 따순 기억의 힘으로
엄동설한 내내
나를 이끌어 가리라

또 다시 삼백예순날을 지샌 후,
나도 모르게 나를
그 누가

첫눈처럼
다시 찾을 그날까지

故 최진실

2008.10.02(목)

사건은 사건으로 덮는다더니, 정말 그렇다.

고(故) 최진실.

그녀는 41살을 일기로 영욕의 세월을 마감했다. 한때, 보이고 싶지 않은 치부를 어쩔 수 없이 드러내 보이며 울부짖던 그녀가, 일시 재기하는 듯하더니, 과연 그 무엇을 감추고 싶어 그리도 모질게 생을 마감했는지. 바보같이 오히려 감출 수 없는 진실, 그 모든 것을 한 순간에 만인에게 적나라하게 보여주고 떠났으면서.

부어스틴(Daniel Boorstin)은 그의 저서 『이미지』에서 "스타란 의사사건(pseudo-event)이다"라고 말한다. 이 정의를 리차드 다이어(Richard Dyer)는 이렇게 해설한다.

"스타들은 의미 있는 것으로 보이지만 실제로 그 의미는 비어있다. 따라서 스타는 잘 알려져 있기 때문에 유명한 것이지 어떤 재능이나 특정한 자질 때문에 유명한 것이 아니다. 그들은 용모상 사소한 차이를 기반으로 해서 시장에 내다 파는 유명인의 본보기다.”

지금 아내가 켠 방송에서 그녀를 부검하기로 했다는 끔찍한 말이 튀어나오고 있다.

그래봤자.

그녀는 비어있을 것이다.

그녀의 재기를 도왔던 억척주부 맹순이의 이미지는, 오늘 우리에게 그 이미지가 빈 의미, 허구에 불과한 것임을 알리고 있다. 그러나 그 이미지가 허구라는 사실을 우리는 인정하고 싶지 않다. 우린 이미 그 맹순이와 감정적 친화를 주고받았다. 그리고 이미 오래 전에 “남자는 여자하기 나름이에요”라며 고혹적인 마력으로 뭇 남성들을 휘어잡았던 환영에, 우린 빠져있다.

투사(projection) - 우리는 그녀에 몰입된 삶을 살아왔다. 그래서 그녀의 파경에 대해 그 여자하기 나름, 을 기억해 내며, 그 남자보다 그녀를 더 미워했다. 그녀의 남자가 바로 그녀의 작품이라 여겼기 때문이다. 사실 그 남자는 그 남자의 잘못된 삶의 결과였을 텐데도 말이다. 그녀는 그 어떤 남자도 이상적인 남자로 만들었어야만 했다고 우리는 우겨댔다.

내가 그랬다. 그녀는 섭섭했을 것이다. 자신을 있는 그대로 봐주지 못하는 관객들에 대해서. 그래서 그녀는 그 어미에게, “사람들이 섭섭하다”는 마지막 말을 남기고 떠난 것일까?

그녀는 비어 있었고, 허약했다. 몸무게가 39kg뿐이었다고 방송은 말했다. 그런 그녀가 맹순이 같아야만 한다고 세상은 우겨댔다. 그러나 그녀는 공공연하게 새벽이 외롭고, 무섭다고 말했었다. 사람들은 그것을 '영혼의 감기'라고 말했다. 그러나 영혼의 감기는 아무나 걸리는 것이 아니다. 비어 있고, 허약했기에 그녀는 그 무병(巫病)을 앓았다.

레오 로웬달은 신으로부터 부여받은 인간의 이성을 완벽하게 발휘하던 계몽주의 시대의 천재들, 홉스, 루소 같은 사상가, 니체, 칸트와 같은 철학자, 베토벤이나 모차르트와 같은 창조적인 예술가, 셰익스피어와 같은 문학가, 뉴턴이나 에디슨 같은 과학자들을 생산적 우상들(idols of production)이라고 명명했다. 이런 과거의 우상들이 자신 안에 내재해 있는 위대함과 천재적인 능력으로 인한 불멸의 영웅이라면 현대의 우상들은 인위적으로 만들어진 이미지의 존재로서 명멸하는 스타들이다. 그래서 현대의 우상들은 소모적이며 명멸하는 순간적인 존재이다. 현대사회에서 매스미디어를 통한 문화산업은 자본주의 경제 질서를 유지하게 하는 첨병과 같은 존재로서 로웬달이 말하는 소비적 우상들(idols of consumption)이다.

故 최진실의 죽음에 대해 우리 사회는 큰 충격에 휩싸였다. 문제는 그녀의 죽음에 대한 애도를 넘어, 우리의 비고, 허약한 대중문화의 병폐를 제 것 삼으려는 이들이 줄을 이을까 걱정이다. 소비현상으로서의 스타에 대한 관객과의 관계설정이, 상당수의 대중들에게는 '자기동일시(self-identification)' 현상으로 나타나기 때문이다. 모방범죄, 베르테르효과 등이 바로 그런 것이다. 우리는

그 소비적 우상들을 그렇게 소비해서는 안 된다.

지난 80년대 분신정국처럼, 90년대 연이어 터진 각종 대형 사고처럼(성수대교, 삼풍백화점 붕괴 등), 최근 몇 해 동안 연이어 터진 스타들의 자살행진은 그런 우려를 자아내게 하고 있다. 그전 외형적 부실로 각종 건축물들이 무너져 내렸다면, 이젠 내적 부실로 우리는 영혼의 감기를 앓다가 극단으로 자신을 내몬 우리의 허약한 문화정체성을 대하고 있다.

그 영혼들은 한 결 같이 고독했다. W.E 오츠(Oates)는, "정신적으로 병든 사람은 자신의 영역에 예민한 반응을 보인다. 우울증 환자는 사랑을 주고받는 사람 곁에 항상 붙어 있고 싶어 한다"고 말했다. 그녀의 영역엔 살비비고, 땀내음을 공유할 남편이 없었다. 수가성 여인은 남편이 다섯이나 있었고, 동거하는 또 다른 남자가 있어서 자살하지 않은 것 아니었을까? 그 어떤 남자든, 아니 사람이 그 곁에 있었기에 그는, 구원에 언을 기회를 언은 것 아니었을까? 바보 같은 최진실, 다른 남자라도 옆에 끼고 살 것이지, 그 메시야를 만날 때 까지.

故 최진실은 MBC 무릎팍 도사에게 그 밤의 시린 고독을 당신이 채워 줄 수 있겠느냐 따져 물었었다. 알프레드 화이트헤드(Alfred North Whitehead)는 "종교는 다른 사람이 침범할 수 없는 혼자만의 영역으로서의 고독을 처리하기 위한 방법"이라고 말했다. 그래서 그녀는 무릎팍 도사(道士)에게 그런 구원을 요청했었던가 보다. 들리는 바에 의하면, 그녀도 기독교신자였다는데, 故 안재환도, 故 이은주도 역시 크리스천이었다는데. 그런데, 그 종교도 그를 구원

하지 못했단 말인가? 아니, 그 종교가 아니라, 그 예수를 믿는 이들이 그녀의 사랑의 대상일 수도 없었단 말인가?

오츠의 글이다. "어떤 여 환자가 병원 원목에게 했던 다음과 같은 말은 목회자들에게 많은 것을 생각하게 해준다. 하나님이 우리를 돌본다는 말은 이제 그만 해 두시고 당신들이나 우리를 도와 줘 보세요! 하나님이 우리를 돌보시는지는 당신들의 행동에 따라 우리 스스로 결정하겠어요!"

한때 내게 너무도 사랑스러웠던 청춘. 그러나 파경 무렵 내 미움덩어리였던 여인.

그러다 맹순이로 회복되면서 다시 내 안의 연인이었던 故 최진실.

그녀는 예뻤다.

그리고,

그녀를 지켜주지 못한, 종교가

이 시간 밉다.

불암산은 없다

2009.04.01(수)

몇 해 전 아내와 종각을 간 적이 있었다.

석계역에서 1호선을 타고 종각으로 행했다. 그런데 종로 5가역에 멈춰 선 전철이 그 종로 5가역을 막 출발하는 순간, 돌연 그림자가 사라져 버린 듯 허전한 느낌이 들었다. 하여 고개를 돌려 그 그림자를 찾아 봤는데, 아뿔싸 그림자가 눈에 뵈지 않았다. 그림자가 사라져버린 것이다. 그림자 같이 날 좇던 아내가 눈에 뵈지 않았다. 그녀는 종로 5가역에서 증발해 버렸다. 휴거가 이런 것일 수도 있겠다 싶었다. 하여 전철 앞, 뒤 차량을 황급히 오가며 찾고, 찾았건만 그녀는 끝내 흔적도 남기지 않았다. 실오리기하나 남기지 않은 완전 휴거였다. 그 시절 아내는 휴대폰도 없었다. 망연자실, 북새통 놀이공원에서 아이 손을 놓아버린 부모의 심정이었다.

그렇게 황당한 심사로 그 전철 차량을 오가던 중 종각역이 나왔고, 난 그 역을 빠져나와 그 누군가와 만나기로 했던 약속 장소로 터덜터덜 홀로 이동했다. 종각역 고려당 앞. 우리가 그 누군가와 만나기로 했던 우리의 약속 장소였다. 사라진 여인에 대한 염려를 가득안고 그 약속장소로 향하는 데, 눈앞에 어른거린 그녀의 실루엣. 믿기지 않았다. 그 약속 장소에 그녀가 먼저 와 있는 것이 아닌가? 그녀는 나보다 한발 앞서 그 약속장소에 와 있었다.

놀라고, 의아해하는 나에게 그녀는 담담히 이렇게 말했다.

그녀는 종각역을 향해 가다가 종로라는 말이 나오자 정신없이 먼저 내려버렸다는 거다. 왜냐하면, 그녀는 종로구를 관통하는 전철 노선에 종로 5가, 3가, 종각역 등이 있다는 사실을 전혀 몰랐다는 거다. 그래서 종로라는 멘트가 나오자 황급히 하차해 버렸다는 거다. 그리곤 5가에서 버스를 타고 그 약속장소에 나보다 먼저 도착한 것이다. 그녀가 나보다 먼저 그 약속장소에 도착할 수 있었던 것은, 내가 그녀를 찾느라 종로 3가역에 내려 다음 전철을 기다려 보기도 하고, 종각역에 내려 그녀의 흔적을 찾느라 우왕좌왕하며 시간을 지체했기 때문이었다. 일순 웃음이 터졌지만, 왠지 속내가 씁쓸했었다.

그런 웃지 못 할 해프닝이 벌어진 연유는 그녀의 일상과 밀접한 관계가 있었다. 그녀가 바로 그런 해프닝을 연출한 시기까지, 그녀는 무려 20여년 이상을 서울에서 살았지만 세상 밖으로 나와 본 일이 전무했기 때문이다. 생활이 그대를 속인 것이다. 그래 그런 불상사는 순전히 내 탓이었다. 그랬지만 난 되려 그녀를 놀려댔다.

오늘은 홍천을 다녀왔다.돌아오는 길에 우린 객기에 취해 행로를 역류해 보기로 했다. 하여 공작산 그 아흔 아홉 구비를 타고 넘어 보기로 한 것이다. 혼자라면 결코 낼 수 없는 용기를 둘, 넷이 의기투합하니 능히 감당해 낼 것만 같았다. 그 산속으로 연이어 난 길은 아득했으나, 새봄의 정취에 흠씬 취한 우리 일행은 그 낭만에 젖어 봄바람처럼 산들거렸다. 그러나 사실 깊고, 가파르며, 한적한 산길은 적잖이 두려웠다. 그 두려움을 객기어린 도전정신으로 이겨내며 산허리를 감아 돌아 나아가다가, 우린 오도 가도 못할 위기에 봉착하게 되었다. 그 높고, 깊은 산속 음지는 아직도 듬성듬성 눈밭이었다. 용케도 그 몇 차례 눈길을 헤쳐 나아가는가 싶었는데, 결국 한 오르막길에서 차바퀴가 헛힘만 써대며 제자리걸음만 해대는, 늪 같은 눈길에 우린 갇혀버렸다. 전진은 불가능했고, 후진은 실로 아찔했다. 결국 우린 회군을 결정했다. 눈물겨운(?) 공작산 회군을 감행했다. 곡예사의 첫사랑처럼, 우리의 공작산 사랑은 미완의 로망이었다. 다시 오리라. 에베레스트도 아닌데, 우린 결연한(?) 의지를 표했다.

말이 길어졌지만, 내 목적은 우리들의 그 미욱한 산행에 대해 말하고자 하는 것이 아니다. 그 산행을 감행하기 전, 그 산 길 한 복판에 신기루처럼 살던, 민가와는 너무도 멀리 떨어져 있어, 이런 깊은 곳에서도 사람이 사나 싶은 곳에서 뜻밖에 만난, 한 노인네 이야기를 하고픈 것이다. 그는 그 깊은 산 속, 외딴 집에서 돌짝밭은 일구는 화전민이었다. 우린 그 유령 같은 노인네한테 물었다.

"이 산길을 따라가면 큰 길이 나오나요?"

그는 대답했다.

"나오긴 할 텐데, 난 저 산을 넘어가 본 적이 없어요."

그랬다. 의아했으나 이내 동의할 수 있었다. 그는 참 생활인이었다. 우리 같은 한량이 아니었다. 그는 먹고 사는 일에 힘쓰느라 그 산길을 넘어가 본 적이 없었던 거다. 그는 그렇게 가족을 먹여 살렸고, 그렇게 속절없이 늙어갔던 것이다. 늙을 시간은 있었어도,

그 산을 타고 넘는 여유는 그분에게는 없었던 거다.

그는 화전민이었다. 비록 세상에서 추방당해 그 깊은 산속, 화전을 일구는 피어린 삶을 살아내야 했지만, 그는 그 환란에 굴하지 않고 생존에의 의지를 불태웠던 것이다. 그는 더 이상 퇴로가 없는 그 막장을 온몸으로 사수했다. 더 이상 물러날 수가 없었다. 그래서 그는 그 생의 마지노선을 지키느라 뒷산을 쳐다볼 시간도 없었던가 보다. 그는 객(客)이 아니었다. 비록 훔친 땅 화전이지만, 그는 그 땅의 지주였다.

그녀에게 종각이 없듯, 그 화전민에게도 그 산은 없었다. 공작산은 없었다. 공작산에 살며 공작산이 없는 인생들이 이 땅엔 허다하다. 서울에 살며 남산이 없는 인생들이 얼마나 많은고? 불암산에 살며 불암산이 없는 인생은 또 어떠한가?

인생이 그런 거다. 삶이 그런 거다.

그런 단조로운 삶을 살아내는 인생들이, 이 땅을 옥토 되게 했다.

종각도 없다.
남산도 없다.

공작산도 없다.
불암산도 없다.

내가 없다.
그래서
네가 있다.

살며 견디며 사랑하며

2008.11.08(토)

젊은이가 갔다. 결혼도 해보지 못한 젊은 목회자가, 어제 새벽 짙은 안개 속, 과속질주 하던 취중 운전자에 의해 횡단보도를 건너던 중 안개처럼 사라져갔다.

내 홈피에서 이런 부음을 접한 친구 박 목사가 오랜만에 전활 걸어왔다.

"전도서 말이 맞는 거 같아, 태어나지 않는 것이 제일 낫고, 일찍 죽는 것이 복이라는 말말이야." 그는 대뜸 그렇게 시작했다.

"보이는 것에만 만족하려니까 문제지……."

내심 동의를 표했다. 생로병사(生老病死). 어렵다. 인생이, 인생이여!

오늘따라 먼데 잊혀져가던 친구들의 전화가 줄을 이었다. 서울 신대를 빛낸 인물이라고 추앙받는 일이 면구스럽다며, 실컷 제 자랑만 일삼던 분당의 한 친구는 그런저런 귀에도, 맘에도 와 닿지 않은 사설을 늘어놓다가 접속을 끊었다.

외롭고 힘든 생. 그나마 벗이 있어 견딜 만 했는데, 나이 들면서 하나 둘 사라지고, 곁에 있는 이들조차 하나, 둘 잊혀 간다. 어차피 홀로 가는 생. 친구 전봉준 교장이 스스로 목숨을 끊었다는 비보를 며칠 전 접했다. 그 얼마나 정열적이고, 적극적이고, 긍정적인 사람, 아니 그 무엇보다 더 얼마나 낙천적인 사람이었던가? 너무나 허탈했다.

이런 비보를 접한 친구 박 목사가

"김세윤 박사 이야기 들어봤어? 자살하면 지옥 간다고 말하는 사람이 지옥 간다고 했다던 말?"

"그래서……."

"그 유족들까지 사지로 몰아넣는 협박이라는 거지. 씻을 수 없는, 사함 받을 수 없는 무서운 정죄. 그런 말 아니겠어?"

난 속으로 뇌까렸다.

'그 영리하고, 기품 있는 여인. 봉준이 처가 이런 말로라도 위로를 받았으면…….'

천 년 전, 출근 길 빙판을 달리다가 삐끗하여, 동네 저수지로 잠수한 친구 병운이가 생각났었는데. 남편을 잃고 어린 아이들과 남산 구경을 시켜 주겠다며 불러 올린 내 초청에 응했던 그녀. 그 관광 중에도 망연자실, 순간순간 내 앞에서 넋을 잃던 그녀의 모습이 떠오른다. 그 위로회는 잔인한 위로회였다. 그렇게들 쉽게, 안타깝게 그들은 갔다. 그런데 그들이 정말 더 복된 자일까? 살다보니 별

별 소리를 다 내뱉고 사는 게, 인생인 듯싶다. 모든 것이 헛된 것이라는 전도서 기자의 고백이다.

"그러므로 나는 살아 있는 산 자보다 죽은지 오랜 죽은 자를 복되다 하였으며, 이 둘보다도 출생하지 아니하여 해 아래서 행하는 악을 보지 못한 자가 더욱 낫다 하였노라 (전4:2-3)."

그만큼 힘들고, 어려운 것이 인생살이라는 말일게다.

"그 자살하는 사람의 심경을 난 이해할 것 같아."

오직 예수만으로 살아간다고 자타가 공인한 그 박 목사의 입에서 귀에 익숙한 말이 튀어 나왔다.

"해 아래서 행하는 악을 보지 못한 자가 더욱 낫다"는 말이겠지. 그 성인군자 같은 박 목사가 그럴 진데, 나처럼 부실한 사람이야 더 이상 말해 뭣하겠는가?

봉준이가 무슨 선거 사건에 연루되어(그는 출세에 출세를 거듭해 나아가다 덫에 걸린 듯 했다. 그 덫은 그의 세상에 대한 낙관론을 한 순간에 뒤집어 버린 사건이었던 것 같다), 자신의 아파트 지하 주차장에서 시신으로 발견되었다는 경악스런 비보를 듣고 난 후, 난 살아 그와 연락하지 못했던 빗나간 우정을 후회했다. 다 소용없는 탄식이었다.

하여 그 충격 속에서

난, '살며 견디며 사랑하며' 라는 말을 무의식적으로 되 뇌이곤 했다.

얼마나 산다고, 얼마나 대단하다고. 그래 우린, 엄밀히 미워할 시간도 없다. 불평할 시간도 없다. 감사하고만 살아도 시간이 부족하다. 이런 삶을 삶되게 할 지혜가 다시 내안에서 반짝 빛났다.

그래 '살며 견디며 사랑하며,' '감사함을 넘치게 하는' 삶을 한번 살아 내보자.

기독교신문 칼럼에서 이런 글이 눈에 띤다. 미국의 한 신학교에서 명언 만들기 대회를 했단다. 그 그랑프리가 이 문구였단다.

하나님께서
장미에 가시를 넣었다고 불평하지 말고,
가시에 장미를 넣었다고 감사하자.

가을이다. 가을이 저물어 간다. 전정하기 좋은 계절이란다. 나무에 수분이 적어지는 늦가을에 나무를 전정한단다. 나무 전체가 태양을 골고루 받을 수 있도록 가지치기를 한단다. 다른 가지의 성장을 방해하는 가지, 45도 각도로 자라야 에너지를 충분히 공급받을 수 있는 데, 그렇지 못한 가지, 웃자란 가지, 병든 가지 등을 전정한단다. 전문적인 용어로, 수직으로 곧게 자란 가지(직립지), 그해에 갑자기 웃자란 수직으로 곧게 자란 가지(도장지), 아래와 향한 가지로 효율이 떨어지는 가지(하향지), 나무의 안쪽으로 향한 가지-홀로 별나게 주간(主幹;나무 중심 가지)을 향하여 안쪽으로

뻗은 가지로 나무를 복잡하게 만드는 가지(내향지), 자전거 바퀴살 모양으로, 같은 높이에서 서로 경쟁하는 가지(대생지), 동일 방향으로 겹쳐지는 가지로 그 아래 주지(主枝)는 그늘이 져서 햇빛을 볼 수 없게 하는 가지(평행지) 그리고 병들어 죽어가는 가지(병든 가지) 등 등. 이런 나무들은 아름답지도 건강하지도 못하다.

이제 몸을 가볍게 해야 할 때, 난 '살며 견디며 사랑하며, 감사함을 넘치게 하는 삶'에 방해되는 내 안의 숱한 거미줄을 걷어내야만 한다. 이 전정의 계절에. 이 죽음의 계절에. 말씀 한 줄로 나를 다시 추슬러 본다. 내안의 심지를 곧게 하고, 진한 감동을 불러 일으켜, 내 삶에 힘을 더하는 주옥같은 이 말씀을.

"그러므로 너희가 그리스도 예수를 주로 받았으니 그 안에서 행하되 그 안에 뿌리를 박으며 세움을 받아 교훈을 받은 대로(전정을 받는 대로) 믿음에 굳게 서서 감사함을 넘치게 하라(골2:6-7)."

영혼일기 187

내 어린 딸이

2009.01.14(수)

내 어린 딸이 죽게 되었사오니(막 5:22)

이 언사는 부모로서 부모 됨에 실패했음을 고백한 말씀이다.이 아픈 고백을 예수께 쏟아 낸 이는 놀랍게도 회당장 야이로였다. Synagog라고 부르는 회당은 유대교에서 예배의식·집회·학습 장소로 쓰이는 공동체 예배당이다. 그 전형적인 회당에는 궤(율법 두루마리들을 보관한 상자), 궤 앞에서 타오르는 '영원한 빛', 즉 2개의 촛대, 교도들이 앉는 자리, 성서를 낭독하고 종종 사회자가 예배를 인도할 때 올라서는 조금 올라간 강단(bimah)이 있다. 그 신앙교육의 산실인 회당의 우두머리가 그의 딸을 사경에 이르게 했다.

무엇이 그 어린 딸을 숨넘어가게 했을까? 오랫동안 내려오던 남녀 차별의 관습이 정통파 회당들에서는 아직도 존속되고 있다. 말씀을 왜곡한 종교적 계율이 그 딸을 넘어지게 한 것 아닐까? 그 회당 내부에 가득한 십자가가 없는 차별과 왜곡된 공의가 자녀들을 병들게 했던 것 아닐까? 회당업무에만 올인 하느라 돌볼 겨를 없던 딸이 병든 것은 당연한 일이 아니었을까? 그는 신적인 사랑은 고사하고 온전한 인간적인 사랑조차도 자녀에게 베풀지 않았던 것 아닐까?

내 어린 딸이 죽게 되었사오니.

이 말은 곧 내가 얼마나 자주 그 아이에게 불의하고, 무자비했던가? 라는 탄식이 아닐까?

루우엘 하우는 그의 저서『인간의 욕구와 하나님의 역사』에서 "나의 자녀는 - 그대의 자녀는 그가 가장 사랑스럽지 못할 때에 가장 사랑을 요구한다(needs love most when he is most unlovable)는 것"이라고 말한다. 그런데 문제는 인간으로서의 부모의 사랑은 죄로 인해 제약되어 있다. 우리 인간의 사랑은 사랑스럽지 못한 사랑에 대한 적대(敵對)로서의 사랑이다. 그 사랑의 제약을 풀어 주는 곳이 그 회당 안에는 없다. 왜냐하면 그 제약을 벗겨주는 곳이 십자가이기 때문이다. "사랑스럽지 못한 이를 그의 가장 사랑스럽지 못한 순간에도 사랑하는 능력을 지닌 그 사랑을 볼 수 있는 유일한 곳은 십자가 위 뿐이다."

예수가 없는 회당엔 치유의 역사도 없었다. 그래서 회당장은 그 사랑 마른 회당을 뛰쳐나왔다. 그리고 그 십자가 아래 머리를 숙였다. 사랑과 미움의 가능성을 동시에 지니고 태어난 아이에게 미움만을 가르쳐 준 결과 그 어린 딸이 죽게 된 것이다. 사랑의 능력을 사랑을 받아오고 있는 결과로 생긴다. 엊그제 박영환 교수는 자녀들에게는 공통적으로 부모에게 복수하는 유전 인자가 태생적으로 내재되어 있다고 했다. 아버지를 죽인 아들. 아니 그 아들은 이미 그 아버지에 의해 죽임을 당한 것이다. 죽임의 능력은 죽임을 당해 온 결과로 생기는 것이다. 내 아들이 죽게 되었사오니 - 아비를 알아보지 못하는 아들. 아비를 보고도 기색이 변치 않는 아들. 미물 강아지도 꼬리를 흔들어 대는데 소 닭 쳐다보듯 하는 아들. 그는 그 아비의 왜곡된 시선을 반사하고 있을 뿐이다. 그 아이를 인격적인 존재로 대하지 못한 비교육적, 비신앙적 만행의 쓴 열매다. 그 보복으로 그 아이가 다시 일어설 수만 있다면. 난 죽어도 좋다. 그러나 죽어도 이런 방식으로는 죽어도 구원을 얻을 수 없다.그러나 회당장 야이로는 만인 앞에서 그 사랑의 십자가에 엎드렸다. 병을 자랑하라고 했듯, 용기 있는 자가 문제의 해결을 받는다.

> **회당장 야이로라 하는 이가 와서 예수를 보고 발아래 엎드리어 많이 간구하여 가로되**(막 5:22-23a.)

이것이 예배다. 자신을 사랑의 주체라 여겨 서투른 사랑으로 그 딸아이를 병들게 한 오만에서 벗어나야 한다. 그 는 그 십자가의 사랑이 그 아이에게 흘러가도록 링크하는 도수로(導水路)일 뿐이다. 그 사랑의 수도관(水道管)된 야이로처럼 그 발아래 엎드리는 것. 그것이 예배요, 응답받는 예배다. 예배의 진정성은 스스로 그 사랑의 도구됨을 고백하는데 있다.

루엘 하우는 부모로서의 실패의 두 가지 측면을 이렇게 지적한다. "하나는 우리가 우리 자녀의 신적 사랑의 욕구를 우린 인간적 사랑으로 만족케 하려고 함으로써, 자녀의 생에 있어서의 하나님의 지위를 빼앗으려는 유혹을 받게 되는 것이요, 다른 하나는 우리 인간으로서의 부모의 사랑은 죄로 인해 제약되어 있다는 것이다."

야이로는 그 딸아이의 무반응에 아무 할 일이 없었다. 아무것도 할 수가 없었다. 그는 영적 무위(無爲)를 강요당하고 있었다. 그 아이를 무력화 시켰던 그의 총포는 무력해져 버렸다. 십자가 없는 예배당은 공허했고, 무력했다. 사랑 없는, 사랑을 사랑되게 하는 능력 없는 회당은 단지 건물에 불과했다. "예수께서 가라사대 여자여 내 말을 믿으라 이 산에서도 말고 예루살렘에서도 말고 너희가 아버지께 예배할 때가 이르리라 - 요한 4:21절."

그는 무력한 공간이 중요한 것이 아니라, 그 예배할 때가 중요함을 절실히 느꼈다. 하여 그 때를 놓치지 않으려고 그는 온갖 체면을 다 버렸다. 그는 '그 때'에 만인 앞에서, 그 바닷가에서 그 사랑에 부복했다. 오셔서 그 위에 손을 얹으사 그로 구원을 얻어 살게 하소서 하거늘 이에 그와 함께 가실새 - 마가 5:23-24절.

그 신령과 진정으로 드린 예배가 예수와 동행을 가능케 했다. 예수와 함께 길가는 것. 그 동행이 능력이요, 기적이다. 그래서 듣는다. 이 아이가 죽은 것이 아니라 잔다 하시니 - 마가 5:39절.

"자기 자녀들이 출생하기 전과 똑같이 집안의 가구들을 놓아두었지만 그의 자녀들이 아무것도 깨뜨리지 않았다고 자랑하는 부모들에게 있어서는 그들이 그의 자녀들이 성장하는 동안에 자녀들의 꿈을 얼마나 깨뜨렸는가를 자문자답해 봄이 마땅하다 -루우엘 하우."

내가 깨뜨린 그 아이의 꿈. 내가 감히 죽었다고 선언해 버린 아이의 꿈.

예수는 이 시간 말씀하신다. 죽은 것이 아니라 잔다.

달리다굼!!! - 소녀야 내가 네게 말하노니 일어나라.

소녀가 곧 일어나서 걸으니.

사우思友, After forty years

209.08.26(수)

서편의 달이 호숫가에 질 때에 ♬
친구 내 친구 어이 이별할거나 ♬ 친구 내 친구 잊지 마시오 ♬

아직도 총각인, 사교계의 1인자, 목포 전남 지역 예술계의 대부, 테너 경돈이와 함께 나는 그네들이 살고 있다는, 전설의 고향 영암 독산으로 차를 몰았다.

40 년이 훌쩍 넘었다. 그 긴 세월 동안 우린 서로 너무 무심했다. 아홉 번의 죽을 고비를 넘긴, 옛 친구 전직 육군 장교 이원규는 훈장처럼 다리를 절룩거렸다. 그는 불같이 맹렬하게 활동하다가, 갑자기 10여 년 전 뇌졸증으로 식물인간처럼 되었었단다. 그랬으나 결코 포기하지 않고, 천지사방을 헤매며 회복의 의지를 불태우던 중, 일침(一針)의 기적으로 이젠 말도 완전히 돌아 온, 거의 성한 사람이 되었다며, 그 회복케 하신 하늘 은혜를 기렸다. 그의 아내 이

춘순 권사는 최전방 군부대 시절부터 오늘에 이르기 까지, 그 일생이 기도로 지샌 나날이었다고 나에게 나직이 속삭였다.

그의 아내 이춘순. 우린 까맣게 모르고 있었다. 친구 원규가 그 새파랗게 젊은 날 우리 몰래 같은 교회 후배인 춘순이를 그 춥고, 시린 최전방 전선으로 보쌈 해 가 버렸다는 사실을, 우리는 오늘에서야 눈으로 확인했다. 녀석 참 그럴 수가 있었느냐, 목포에서 결혼했다는데 왜 우리들에게 알리지 않았느냐고 우린 그를 타박했다. 그러니까 춘순 권사는 그녀 나이 스무 살 때, 고등학교를 졸업하자마자 결혼을 했단다. 하여 그들 사이에는 무려 38살과 36살이나 되는 두 아들이 있다했다. 그리고 그 아들들은 교회를 13번이나 옮겨 다녀야만 했던 힘든 군복무 기간에도 잘 자라줘서, 지금은 둘 다 대학교수이고, 막내는 아버지의 대를 이어 육사를 좋은 성적으로 나와, 훌륭한 군인 된 귀한 열매를 거두었단다.

기억력이 남다르게 비상한 테너 경돈이는 우리가 함께했던 그 망운 톱머리 해변 학생 수련회에 대한 여러 기억들은 복원해 냈다. 우린 그 때 풍선을 타고 바닷길을 오가는 낭만을 즐겼었다. 그런데 그 수련회에서 원규가 춘순이를 엎고 물을 건너다, 지금 아내된 그녀를 물에 엎어치기를 해버렸다며, 당사자도 가물가물한 촌극을 기억해 냈다. 춘순이는 기억이 없는 척했고, 원규는 음흉한 미소를 지으며 그랬었다고 맞장구 쳤다. 녀석 그랬었구나. 결국 한 여인의 인생을 그렇게 매다 꽂아 버렸구나. 하여 그녀를 어쩔 수 없이(?) 정금되게 한 신앙으로 이끌었구나. 오늘도 춘순이는 운전도, 손주 돌봄도 다 제 몫이었다. 그 살림도 다 그녀의 몫이었겠다 싶었다. 그래도 그 아이는 튼튼했다. 열정 넘치는 전직 배구선수는 그 부실한 남편을 잘 보필하고 있었다.

우리는 벚꽃 길로 유명한 영암 도갑사로 향하여 난 길, 그 도상에 위치한 은밀한 요정에서 맛난 만찬을 즐겼다. 이젠 그렇게 살지 말자. 외롭고, 힘든 길 우리 다시 어깨동무하며 함께 가자 다짐했다. 그들과 헤어져 돌아오는 바람 단, 시골 밤길에 하이테너 경돈이의 고운 노래가 울려 퍼졌다.

서편의 달이 호숫가에 질 때에 ♬
친구 내 친구 어이 이별할거나 ♬ 친구 내 친구 잊지 마시오 ♬

오늘은 특별한 날이다. 나는 오늘 오전에는 거의 40년 만에 내 모교회인 북교동교회 강단에 섰었다. 오전 11시 예배 설교를 했다. 그러니까 정확히는 41년만일 거다. 나는 그 고교시절, 그 교회 2백여 명이나 됐던, 학생회의 회장이었다. 그 학생회장 시절 나는 그 강단에서 설교를 한 적이 있었다. 단 한 분뿐이었던 지도교사가 결석한 날 나에게 설교를 하라고 해서 난 용기를 내어 같은 학생 신분으로 설교를 했던 기억이 지금도 새롭다. 그런데 돌고 돌아 40여년 만인 오늘 나는 다시 그 강단에 섰다.

그간 더러 모(母) 교회에 다녀갔던 적은 있었지만, 수요일을 끼고 고향에 머문 적이 거의 없었기에 그 강단에 서 본적은 없었다. 그런데 말씀을 들고 그 강단에 서자 그 40여 년 간의 교회의 영적 변천사가 한 눈에 들어왔다. 무심코 대했던 교회 앞마당의 변화가 말씀과 매치 되었다. 내 청소년 시절 북교동교회는 목사님을 비롯한 전 교우들이 '무기력 영적 분노'에 휩싸였었다. 그 이유는 이랬다. 당시 담임이셨던 홍순균 목사님께서 십여 년 동안 극심한 물질적 어려움 속에 자신과 가족들을 다 말려, 멋진 교회를 세우셨는데, 바로 그 코 앞에 산만한 건물이 들어서 버렸던 거다. 초록 담쟁이 덩굴로 소도시의 명소였던 우리 북교동교회를 그 건물이 전면을 가려버린 것이다. 그 건물에 들어선 것이 극장이었다. 중앙극장. 그랬다. 중앙이던 교회 앞에 극장이 중앙 된 영적 반전이 우리 눈앞에 전개된 것이다.

우리는 기도했다. 우리 어머니를 비롯한 교우들은 여리고 성을 돌 듯, 그 극장을 새벽기도가 끝나자마자 달려가 그 소돔과 고모라를 무너뜨려 달라고 기도하며 돌고, 도셨다고 한다. 그런데 바로 그 중앙극장을 북교동 교회가 접수한 것이다. 수년 전 다 망해서 경매로 넘어 간 극장을 교회가 낙찰 받아 버렸단다. 도시 조폭들이 유찰의 유찰을 거듭시켜 제 몫으로 하려고 했던 조직적 음모를 주께서 깨뜨리시고 북교동 교회에 선물해 주신 것이다. 그러나 그것은 바로 그 여리고 성을 돌듯, 교회의 얼굴을 가리고 있는 극장을 무너지게 해 주시라고 기도했던 순진무구한 여인들의 믿음의 기도가 이룬 기도 응답의 역사였다.

일을 행하시는 여호와, 그것을 만들며 성취하시는 여호와, 그의 이름을 여호와라 하는 이가 이와 같이 이르시도다 너는 내게 부르짖으라 내가 네게 응답하겠고 네가 알지 못하는 크고 비밀한 일을 네게 보이리라(예레미야 33장 1-3절) 아멘

과연 기도는 18만 5천 명이나 되었던 앗수르 대군을 물리치는 히스기야의 간구를 이루는 권능의 역사였다. 또한 기도는 존 번연

의 말대로, 사탄을 향해 휘두르는 채찍이었다. 과연 성전은 성전이었다. 에스겔의 환상 북교동 교회 안에서 이루어지고 있었다. 생명수가 성전 앞문에서 흘러 나와 온 세상을 적셔 악한 영향력을 몰아냈듯이, 북교동 교회는 교회 전면을 가리고 있던 거룩한 영혼들을 혼미케 하려드는 악한 영의 세력들을 몰아내 버렸다. 죽은 바다를 살려내듯, 죽은 땅을 살려냈다. 그 극장 건물은 북교동교회 선교센터가 되어 있었다.

그것은 전적인 기도의 열매였다. 우린 그 고교 시절, 정말로 기도에 열심이었다. 단 하루로 쉼 없이 새벽과 저녁에 교회 기도실에 모여 기도했었다. 갖은 은사도 체험했었다. 그리고 오늘, 그 공룡자본 중앙극장이 무너지길 바라며 기도로만 맴돌던, 그 무지한 기도가 이렇게 기적같이 응답됨을 바라보는 은혜를 누리고 있다.

은혜 구한 우리게 은혜의 주님.
그 은혜가 풍성하신 하나님을 우린 함께 예배하며, 찬양했다.
멋진 날이었다.

그냥~, 그 부사적 삶의 묘미

2010.07.22(목)

안부를 묻습니다. '그냥~' 혹서☀에 구사일생하시길♥김성찬

'그냥~'에 의지하여, 무차별적인 나를 거의 모든 너에게 보냈다. 아무런 대가나 조건 또는 의미 따위가 없는 '그냥~'을 선용했다. 근데 '그냥~'은 마법처럼, 나와 너와 사이에 존재하는 상호검열을 일순 무력화시켜버렸다. 마치 비무장지대의 무장을 해제시켜버리듯, '그냥~'은 '나에게 그것(It) 된 너' 사이에 존재하던 그 마음속의 안전거리를 없애버렸다.

그랬다. '그냥~'의 힘은 컸다. 없던 용기를, 없던 관심을, 없던 마음을 불러냈다. 지은 맘으로는 불가한 만용을 스스럼없이 저지르게 했다. 목적이 이끄는 삶인 명사적 삶으로는 가당치도 않는 낭비를 즐기게 했다. 그래 부사적 삶이 참 쉽다 생각됐다. 내가 주도하고, 내가 목적이어여 하는 교서(教書)를 내리는 일만 중시하는 의

도적인 삶에서 한 발 뒤로 물러서니 맘이 허허로운 감미로 가득 채워졌다. 나를 부사로 삼는 '그냥~.' 부사(副詞)인 나를 저들에게 날린 이 행위의 주체는 분명 내가 아니었다. 나는 살아오면서 문자를 종종 날리곤 했다. 그러나 오늘처럼 '그냥~'보낸 적은 없었다. 늘 의도가 명백했고, 주어는 항상 나였다. 근데 내가 더위를 먹었나 보다. 나를 부사삼은 오늘의 말 걸기의 주체는 내가 아니었다.

그 근거는 이렇다. 더위 먹은(?) 내가 아무 의도 없이 무심결에 내던진 구사일생 운운에 뜻밖의 퀵백(Quick Back)이 답지했다. 디지털 시대는 과연 '퀵Quick)'과 '피드백(Feed Back)'의 시대다. 문자가 다 날아가기도 전에 답장메시지가 접수됐다. 그 가운데 이런 감정이입이 입력되어 있었다. 그가 낚였다. 무심코 흐르는 강물에도 낚이는 물고기도 있다니.

"건물이 커서 정말 구사일생의 은혜가 필요합니다. 위로와 격려가 됩니다. 감사합니다. - 아무개"

그 아무개가 걸려들었다. 불특정다수를 겨냥한 말 걸기가 특정한 소수의 동의를 득했다. 젊은 날 이런 매체가 있었다면, 나는 그 사랑을 놓치지 않았을 터. 그 숨은 사랑의 고백을 접수했을 터. 아쉽 다.

건물이 커서 구사일생의 은혜가 필요한 후배 목사의 답글 메시지는 내가 부사(副詞) 된 이 사건의 주어를 밝혀냈다. 그가 명사(名詞)였다. 농반진반 그냥, 혹서(酷暑)에 구사일생하시라는 덕담이 그에게는 실제상황이었다. 그 문자가 그에게는 레마였다. 목양(牧

羊)에 매어야할 목회자들이 건물에 매인 애달픈 현실이 그를 통해 투사됐다. 그의 혹서(酷暑)는 사탄의 궤계가 아니었다. 건물덩어리였다. 삼풍백화점의 붕괴는 어제만의 일이 아니다. 그리고 그 붕괴위험은 그만이 처한 염려와 근심거리가 아니다. 그 건물 붕괴 위험은 그의 일이고 곧 나의 일이다. 그래 우리는 작금 그 부채에 눌려 아사직전에 놓여있다. 무엇이 목회의 주체인지 알 수 없는 비본질적인 삶에 우린 질식당하고 있다.

"너희가 이 성전을 헐라 내가 사흘 동안에 일으키리라(요2:19)." 우리 주님께서 준엄한 명령을 내리셨다. 46년째 짓고 있던 헤롯의 성전을 헐라 명하신 것이다. 한 때 나는 교회 건물에 묶인 돈을 빼내어 가난한 사람들에게 나눠주고, 노천에서 가난한 영혼들과 더불어 주를 즐거워하는 예배자가 되고 싶어 했었다. 그러나 형식 없는 내용이 있을 수 없다는 주변의 합리적인 사고에 굴복하고 말았다. 그랬다. 너무 순진했던 나는 본질에 충실하라는 주님의 경고를 문자적으로 받아들이는 우를 범할 뻔 했다. 그러나 나는 여전히 헤롯의 성전을 꿈꾸는 46년째를 맞고 있지 않나 싶다. 음지에서 양지를 향하는 지하교회에서.

그 후배의 근심이 내게 엄습했다. 그랬다 그 누군가가 나에게 "정작 구사일생의 은혜를 맛봐야 할 이는 당신 아니오? 반문해 왔다. 보신시켜 줄 터이니 산 넘어 오라"고 했다. 동병상련에 맘 아파하다가 나는 그 후배에게 이모티콘 천년 묵은 산삼을 전송했다.

"벌떡벌떡 힘이 납니다. 목사님도 쫌 드시고 힘마니마니 내세요. 목사님을 멀리서나마 응원합니다. 진작했어야 했는데, 제가 주변머리가 없어서 표현을 잘못해요 - 아무개"

눈이 큰 아이. 암소처럼 눈이 큰 아이. 그가 산낙지에 힘입어 불끈 그 무기력을 떨치고 일어선 황소처럼, 이모티콘에도 힘을 얻었다고 힘자랑을 해왔다. 외려 내게 기력을 불어넣어주며. 그리고 여기저기서 감사와 격려를 아끼지 않는 문자가 쇄도했다. 단 돈 만원도 안되는 투자와 작은 노고가 가져다 준 행복은 그 도를 넘어섰다. 아련한 옛사랑의 그림자까지 어른거렸다.

전철로 시내를 나가면서 책 한 권을 집어 들었다. 빛바랜 수필집이었다. 무작위로 펼쳤더니 이런 문구가 눈에 띠었다.

"증오는 아주 오래 가고 집요한 것이므로 병자에게 있어서 죽음의 가장 두드러진 징후(徵候)는 화해(和解)이다. - 라 브뤼예르"

내 죽음이 문 앞에 이르렀다는 말인가? 아니, 아직은 아니다. 여전히 나는 그 누군가를 증오하고 있기에. 나는 모두에게 문자를 보내지 않았다. 증오는 나의 힘이다. 문자를 거부한 힘이다. 그 죽음을 거부하는 힘이다. 미워죽지 않을 정도면 증오는 날 살리는 힘이다. 그런 말이다. 궤변 같지만. 궤변이지만.

"감사합니다. 다같이 구사일생, 모두 사는 무사십생! 그리하여 말씀인즉 십인상생! - 조태연"

그 깊은 신학적 통찰이 표피적 갈망을 넘어, 절대적 진리로 우릴 이끌고 있다.

만원의 행복을 누린 날.

그냥~, 부사적 삶이 사랑과 격려와 화해에 주도권을 넘겨 준 날.
나는 혹서에 이렇게 구사일생의 틈을 내었다.
아니, 무사십생-십인상생의 그냥~을 맛보았다.

모두에게 그냥~의 은혜가 충만해지기를,
앙망하며!

자기애自己愛의 동기動機는

2010.07.24(토)

"사랑하는 자들아 하나님이 이같이 우리를 사랑하셨은즉 우리도 서로 사랑하는 것이 마땅하도다(요일 4:11)"

시몬느 베유(Simone Weil)를 읽는다. 죽고 난 후 그 위대성을 떨친 여류 철학자 베유는「사랑」(『중력과 은총』중에서) 에서 이런 자기 사랑에 대한 성찰을 쏟아내고 있다.

"남을 자신처럼 사랑하는 일에는 이와 대응해서 자기 자신을 남처럼 사랑하는 일이 포함되어있다."

서로 사랑이란, 남을 사랑하는 일이며 동시에 자신을 사랑하는 일이다. 자신을 사랑하지 않는 이가 어찌 남을 사랑할 수 있겠는가? 남을 사랑하는 이가 어찌 자신을 사랑하지 않을 수가 있겠는가? 그러나 우리는 서로 사랑에 서툴다. 그 이유는 우리가 자기 사랑에 서툰 연고다. 자기 사랑은 어렵다. 자학은 쉬워도, 자기애는 쉽지 않다. 결코 행복해지기 쉽지 않는 인생사의 질곡 속에서 우리는 한 결 같이 자신을 사랑하기가 쉽지 않다.

거의 10여 년 동안 거울을 한 번 본 적이 없었다는 동굴 속 사나이. 그는 그의 은신처를 찾아 온 카메라맨에게 자신의 얼굴 한번 볼 수 있느냐 물었다. 자신을 피해 산속 동굴에 은거한 사나이처럼, 거울도 안보는 여자가 우리들 사이엔 너무도 많다. 행복에 겨운 찰나적 순간을 제외하곤 우린 불행에 일생 노출된 자신을 타박하며 한 생을 살아간다. 자기애의 방법을 몰라, 산 속에 숨어든 사나이처럼, 우리는 자기애의 방법을 알지 못한다. 본질상 진노의 자녀인 우리가 자신을 사랑한다는 것은, 그 본질상 불가능하다.

여성으로서 드물게 언론계에서 출세 가도를 달리다가 정치판에 뛰어 들었던 전직 여기자가 있다. 그녀의 그 정치적 행보는 결국 낭패로 끝났었다. 그 낭패는 그녀에게 수피(樹皮)에 불과했던 자기애를 처절하게 벗겨내 버리고 말았다. 그녀는 칩거했고, 세상은 자기애를 상실한 그녀를 그 누구도 사랑하지 않았다. 그러다가 그녀가 기적같이 예수 앞에 나가게 됐고, 그녀는 그 보좌에서 울려나는 자기애의 확증을 얻었다. "♬~ 당신은 사랑받기 위해 태어 난 사람 ♬~ 지금도 그 사랑 받고 있지요♬ 태초부터 시작된 하나님의 사랑이 우리의 만남을 통해 열매를 맺고♬~"

이상은 내 해석이지만, 나는 그 동일한 자기애 회복의 근거를 시몬느 베유의 「사랑」에서 발견한다.

"사랑이란 우리의 비참함을 나타내는 표징(表徵)이다. 신(神)은 스스로를 사랑할 따름이지만 우리는 자신 이외의 다른 것 밖에 사랑할 줄을 모른다.

신이 우리를 사랑하고 있기 때문에 우리는 신을 사랑해야만 하는 것은 아니다. 신이 우리를 사랑하고 있기 때문에 우리는 우리 자신을 사랑하지 않으면 안 되는 것이다. 이러한 동기(動機)가 없다면 어찌 자기 자신을 사랑할 수 있으랴!

이렇듯 둘러가는 길을 통하지 않고서는 사람은 자기 자신을 사랑할 수가 없는 것이다."

그렇다. 우리는 사랑의 하나님이라는, 둘러가는 길을 통하지 않고는 결코 자신을 사랑할 수가 없다. 그래서 "♬~ 당신은 사랑받기 위해 태어 난 사람 ♬~ 지금도 그 사랑 받고 있지요♬ 태초부터 시작된 하나님의 사랑이 우리의 만남을 통해 열매를 맺고♬~"라는 복음송가의 가사를 통해 자기애를 상실한 영혼이 자기애를 회복하는 은혜를 누리게 된 것이다.

그래서 이 말씀이 진리다.

"사랑하는 자들아 하나님이 이같이 우리를 사랑하셨은즉 우리도 서로 사랑하는 것이 마땅하도다(요일 4:11)**"**

자기애(自己愛)의 동기(動機)는 사랑이신 하나님 안에 있다.

"사랑 안에 두려움이 없고 온전한 사랑이 두려움을 내쫓나니 두려움에는 형벌이 있음이라 두려워하는 자는 사랑 안에서 온전히 이루지 못하였느니라 / 우리가 사랑함은 그가 먼저 우리를 사랑하셨음이라(요일 4:18-19)**"**

그가 우리를 사랑하는 그 사랑 안에,

형벌 같은 두려움으로 움츠린 우리 자신의 자기애를 회복할 수 있는,

자기애(自己愛)의 동기(動機)가 있다.

그러나 파도를 타는 부유물처럼,

파편 같은 인생들은 인간사 희로애락(喜怒哀樂)의 자기애 파도를 탄다. 윤동주의 '자화상'이다.

"전략(前略)

다시 그 사나이가 미워져 돌아갑니다.

돌아가다 생각하니 그 사나이가 그리워집니다.

우물 속에는 달이 밝고 구름이 흐르고 하늘이 펼치고 파아란 바람이 불고 가을이 있고 추억처럼 사나이가 있습니다."

우린 우리 자신에 대한 애증이 찰나적으로 교차하는 일생을 산다. 미욱했던, 미욱한, 미욱할, 나를 용납 못한 순간순간의 고통이 내 뼈를 마르게 한다. "주의 손이 주야로 나를 누르시오니 내 진액이 화하여 여름 가물에 마름같이 되었나이다(셀라)-시편 32편 4절."

떨치고 떠난 이들의 용기가 가상스런 밤이다.

이 깊은 밤. 그분을 의지한다. 말씀을 펼친다.

"우슬초로 나를 정결하게 하소서 내가 정하리이다 나의 죄를 씻어

주소서 내가 눈보다 희리이다 / 내게 즐겁고 기쁜 소리를 들려 주시 사 주께서 꺾으신 뼈들도 즐거워하게 하소서(시 51: 7-8)."

한 결 같은 자기애는 한 결 같은 그분에 대한 온전한 신앙고백으로만 가능하다. 온전한 그분에 대한 사랑으로만 가능하다. 그래서 예수님께서는 우리에게 "너희는 먼저 그의 나라와 그의 의를 구하라-마태복음6장33a절"고 하셨다.

그래서 여기 시몬느 베유의 성찰이 빼어나다.

"기쁨과 괴로움이 똑같은 감사(感謝)의 뜻을 낳을 수 있다면,
신(神)에 대한 사랑은 순수한 것이다."

밉든, 곱든 한 결 같은 격려를 나눌 수 있다면, 자신에 대한 사랑은 건강한 것이다.

그러나

신에 대한 순수한 사랑만이 자신에 대한 건강한 사랑을 낳을 수 있다.

풀빵 전문식당

2010.07.30(금)

지난 저녁, 나는 제법 규모를 갖춘 교회당엘 다녀왔다. 푸른 초장 같은 교회당에서 그 젊음이 한껏 발산되고 있었다. 그러나 그 교회 카페에서 질 좋고, 값싼 팥빙수를 먹고, 목재 마루가 깔린 탁구장에서 몸을 풀면서도 나는 신나고, 즐겁기는커녕 죄인 된 기분만 들어 내내 씁쓸했다. 그 신앙교육적 프로그램과 환경을 잘 갖춘 교회당을 거니는 동안, 우리 교회 젊은 교인들의 면면이 나의 뇌리에 오버랩 되어왔다.

해묵은 내안에 도사린 이런 해방선언이 다시 상기되었다.

그 젊은이들을 이적(移籍)시켜 이적(異蹟)을 맛보게 하라.

그랬다. 나는 목회적 양심으로 그네들에게 이적(移籍)의 자유를 허용하고 싶다. 아니 강요하고 싶다. 교회 전체를 해산할 수는 없다. 그래도 그 일부를 강제 이주시키고 싶다. 내 목회가 그 신앙적 욕구를 충족시켜주지 못하고 있는, 그 젊은 신앙인들에게 그들만의 리그로 전출시켜주고 싶다. 하여 그 이적(移籍)으로 그네들의 신앙생활에 이적(異蹟)이 일어났으면 한다.

그 누군가에게 들었다. 목회자인 그는 그의 대학생인 큰 딸이 청년 사역이 활발한 교회에도 나가고 있다며 곤혹스러워 했다. 이중생활을 하고 있다는 말이다. 자연의 법칙이란, 깃털이 같은 새끼리 모이는 법이라서 동질 집단끼리의 모임에 참여하고자 하는 맘은 순리(順理)다. 그러나 그의 말이 다소 충격적이었던 것은, 그가 섬기는 교회가 그 규모면에서 결코 작지 않는 교회였기 때문이다.

그렇다. 이젠 지(支)교회 담임목회자의 가정에서도 우린 영적 이중교적을 용인해야만 하는 신세계에 살고 있다. 평생직장의 개념이 사라진 현실은 오늘 교회의 이중교적을 자연스레 양산하고 있다. 더 나아가 신자유주의가 내세운 승자독식의 오만을 묵묵히 용인하는 것이 당연한 처세의 태도라고 우린 인식하고 있다. 그래서 근린 지역에 있는 대형교회로 자기네 청소년들이 집단 탈주(?)를 감행했다며, 그 대책을 나에게 물어 온 후배 목회자의 탄식이 내겐 우문(愚問)처럼 느껴졌다. 시대의 변천을 쉽게 감응하지 못하는 그 골방기도의 영성은 그 문화적 충격을 감내하기 쉽지 않았을 것이다.

요즘 유행어로 어느 지역 랜드마크가 된 모교회의 담임목사를 안다. 그는 자기네 지역에 교회를 개척하는 목회자들에 대한 인간적 연민으로 가슴이 아프다고 내게 말한 적이 있었다. 그의 연민은 그 개척교회가 결코 자기네 교회 때문에 그 지역에서 살아남지 못할 것이고, 결국 새 신자 몇 사람 세례교인 만들어 놓고는, 그 후 그 지역을 떠날 것을 경험칙상 예측하기 때문이란다. 그리고 그 연민을 넘어 그 피투성이된 개척자들에게 미안한 마음이 있다고 했다. 그 이유는 그 개척교회 목회자들이 사력을 다해 전도해서 신자(信者) 만들어 놓은 교우들이 결국은 자기네 교회에 등록해 왔다는 거다. 심지 않고 거두는 거북스런 은혜를 자신이 누리고 있다는 거다. 그는 그게 오늘 한국교회의 현실이라고 했다. 그래서 큰 교회는 더 큰 교회를 짓는 일에 열심일 수밖에 없다고 한다. 왜냐하면 주차장 평수만큼 교인들이 늘어나는 세태이기 때문이란다. 그런 그의 이상과 같은 애린(愛隣)적 진단과 연민은 그래도 그가 오늘은 품절된 인간미가 있는 목사라는 말이다.

오늘 대부분의 규모 있는 교회의 목회자들은 승자 독식의 신자유주의 정글의 법칙을 즐기면서, 규모 작은 교회 목회자들을 루저(Loser)로 폄하하는 규모 없는 태도를 취하고 있다. 산업화로 농촌교회가 피폐해졌듯이, 이젠 물량화로 도시의 화전민이 늘어만 가고 있다. 나는 어쩔 수 없는 이 시대적 흐름에 시비하거나 항거할 생각이 없다. 그리고 승자독식의 오만도 이젠 숙명처럼 용인한다.

오늘 내가 부러워하는 사람은 광역도시 랜드 마크가 된 대교회의 목사들이 아니다. 내가 부러워하는 사람은 촌로들이 붙들어 그 자리에 그냥 머물기로 했다는 어느 농촌교회 담임목사이다. 장례식이 목회 사역의 전부가 된 노인정 같은 목회지를 떠날 기회를 상실당한 그 목사는 행복한 사람이다. 주님 오실 때까지 함께 살아보자고 붙들고 늘어지는 성도들로만 가득한 교회는 그 어느 곳에 위치하든 그곳은 작은 천국이다. 천국환송예배만 잘 집례해도 되는 그는 한눈 팔 이유 없어 행복한 목회자이다.

그런데 나 같이 도시의 화전민된 목회자는 늘 사팔뜨기로 산다. 누가 내 어린 양을 채가는 것 아닌가 신경을 곤두세우거나, 호시탐탐 그 어떤 이웃 양을 제 우리로 유인해 낼까 골몰해 한다. 그러나 나는 그런 단계도 이미 넘어 선 목회자다. 내 목회 양심은 외려 그 내외적 환경이 신앙성장에 보다 더 효율적인 그 규모 있는 교회당으로, 내 젊은 양 떼들을 선뜻 보내지 못하는 안타까움에 있다. 손사래를 치며 꼴좋은 목양지로 이적하겠노라 이별통보를 받기 전에 내가 먼저 내치자는 심보가 아니다. 전혀 아니다. 우리네 빈약한 기반이 그네들의 영육간의 성장을 돕는데 심히 미약하다는 아픔 때문이다.

식사를 하다가 아내에게 넌지시 던졌다.

"그 누구누구 큰 교회로 보내버릴까? 다 늙은 사람들은 빼고."

산해진미의 뷔페식단을 곁에 두고, 풀빵만 먹이는 기근이 가슴 아픈 연고다.

그러나 아내는 선뜻 동의하지 않았다.
직무유기적인 내 순전한(?) 아니 무책임한 발언에 그녀는 동의하지 않았다.

주일마다 최선을 다해 그 풀빵을 빚어 왔던 그녀는 결코 동의하지 않았다.

그랬다. 최선을 다한 사람은 직무를 유기하지 않는다. 인간애적인 몽상을 하지 않는다. 왜냐하면 최선을 다한 사람은 그-그녀가 호텔 뷔페식단 주방장이든, 붕어빵 노점상이든 그 누구든 간에 자기 삶과 직무에 자부심을 잃지 않기 때문이다. 그리고 자신만을 찾는 고객들을 왕 삼으며, 오늘도 그네들의 입맛을 돋울 양식을 준비하느라 분주하다. 그리고 꿈을 꾼다. 그 풀빵 전문 식당에 사람들이 장사진을 칠 내일을.

그 누가 그랬다.
아니 허다한 내 지인들이 그랬다.

김 목사는 장가를 잘 간 것 같아.
늘 최선 다하고, 긍정적이며, 티 없이 밝고 상냥한 사모를 얻었어.
그 쑥개떡 일품이야.

그래,
말년에 그 잘난 아내 덕이라도 좀 봤으면,
좋것다. 좋것어.

영혼일기 568

난 외롭지 않아! 정말?

2010.07.13(화)

요즘 부쩍 어느 선배의 전화가 잦다. 그만큼 친밀도가 갑작스레 증진되었다는 말일까?

대화 중, 그 어떤 친교모임 태동에 대해 운운하다가 내가 이렇게 말을 내던졌다.

"목사들이 외롭잖아요."

그러자 즉각 그는 응대해 왔다.

"난 외롭지 않아, 늘 하나님과 교제하고 있기에. 전혀 외롭지 않아!"

그의 선언은 단호하고, 매몰찼다.

접속이 끊기자 주눅이 들어 나는 그분의 당당한 글을 뒤적여 봤다.

그는 회고한다.

"신학교 졸업이후, 곧 바로 들어 선 그의 사역자로서의 삶이 너무도 힘들고 어려웠다. 교회가 요구하는 것에 비하면 자신은 텅 빈 쭉정이에 불과했고, 그 날 그 날 이어가기조차 힘겨웠다. 사역의 중반이 넘어서면서 주님과의 교제생활이 시작되었다. 주님과의 교제가 깊어지면서 내안에 영혼의 양식이 쌓이게 되었고, 사역의 짐에서 서서히 자유함을 얻게 되었다. 주님과의 교제 생활이 시작된 것은 '골방기도'에 눈이 열리면서 부터다. -중략(中略)-

골방기도의 눈이 열리면서 하나님과 교제를 하면서 '구주를 생각만 해도 내만이 좋'은 은혜를 누리고 있다. 어느 날 머리(지식(知識)로만 알고 있던 임마누엘의 주님을 골방에서 만나는 경험을 하게 되었다. 주님은 항상 나와 함께 계시는 분이셨다. 항상 나와 함께 하시는 주님을 저버리고 홀로 힘겹게 살아왔던 나에게 임마누엘 주님의 발견은 정말 사막의 오아시스였다. 이 놀라움, 이 감격, 이 행복, 나는 모든 것을 찾은 기쁨이었다.

그 분은 그 말미에 이렇게 기도하고 있었다.

하나님!/ 당신의 선하심을 따라/당신 자신을 저에게 주십시오/저에게는 당신만 있으면 충분하기 때문입니다./당신이 아닌 다른 것을 /당신만큼 값있다고 생각하고 구하는 것은 옳지 않습니다./만일 제가 당신 아닌 어떤 것을 구한다면/저는 늘 부족함을 느끼게 될 것입니다./오직 당신 안에 있을 때/저는 모든 것을 가지고 있는 것입니다./ 아멘 노리치의 줄리안(Julian of Norwich)의 기도"

이상은 그가 관심을 갖게 되었던 관상기도를 출판사가 전통에서 벗어나지 않으려, 골방기도라는 용어로 치환하여 독자에게 선

보인 책의 내용 중 일부다. 암튼 그의 확신은 단단하고, 그의 하나님과의 교제를 통해 얻은 의(義)는 공고하다. 부럽다. 그의 절벽 같은 자기신뢰가. 그런데 그분이 그 홀로 가득하신 분의 충만으로 포만감을 누리는 그분이 왜 나에게 한 번 통화에 그 긴 시간을 투자한 것일까? 그는 나의 약점을 자신이 감싸주고, 보완해주고 싶다고도 말씀해 주셨건만, 그가 나를 통해 채우고 싶은 그 무엇은 없었을까? 늘 하나님과 교제하고 있기에. 전혀 외롭지 않은 그의 심사에 그 어떤 욕구가 도사리고 있는 것일까?

청주의 은자(隱者) 김정호 목사는 바나바영성의 단맛만을 탐닉하던 사역자들이 일순 다 사라져 버린 텅 빈 충만 앞에서 매번 허전함에 무너져 내리는 산고를 겪는다고 했다. 이 시대 마지막 권능자 천보산 기도원 대모 78세의 우권사님께서도 모든 것 끝난 뒤 홀로 남은 썰물 같은 고독을 견디기 힘들다 하셨다. 하나님만으로, 주밖에 다른 복이 내게 없다(시16:2)고 호언장담하던 그 선배의 길고, 잦은 그 접속은 무엇을 말하는지? 우리는 그 무엇으로 영혼육의 허기를 메우는가? 전인으로서의 인간은 전인적 욕구가 충족될 때 건강한 전인이 될 수 있다.

지난 해 내가 묵은 그 베네치아 태곳적 신비를 간직하고 있던 PARK VILLA FIORITA 호텔이 어제는 수도원이었다고 했다. 외부, 곧 악의 세력을 피해 골방기도로, 하나님과의 교제만으로 세상을 이겨보려 했던 골방 기도자들의 자진 옥쇄는 오늘 세상에 유린당한 사람 허기로 치장하고 있었다. 그렇다. 골방기도의 원형, 그 수도원에 왜 영아들의 유골들로 가득했을꼬? “그는 그의 가슴에 가장 깊숙한 구멍을 열고서, 길고 갈기갈기 찢어진 창자를 끄집어내서 그의 순교자적인 삶에 잠복해서 기생하는 무서운 동물을 내보였다.” (『백 년 동안의 고독』 G. 마르께스.) 그 홀로 독야청청한 수도사들의 창자 속에 기생하는 외로움. 영웅 본색은 홀로 있음에 그 거추장스런 외식의 허울을 벗는다. 다윗의 홀로는 밧세바를 겨냥했다. 오늘 하나님과의 교제만으로 난 전혀 외롭지 않은 그 선배는, 뜬금없는 그 접속으로 그 외로움의 실체를 드러냈다.

G. 마르께스는 그의 노벨상 수상작 『백 년 동안의 고독』에 이런 탄식을 쏟아낸다. “방탕스럽게 놀고 난 뒤의 고통스런 공허감 속에서 자기 자신에 대한 혐오감과 연민으로” 그들은 파멸했다고 말하고 있다. 그들의 파멸은 외부의 침략만이 아니라 사람 허기 때문이다. 마콘도 마을과 부엔디아 가문을 파멸시키는 원인이 그들의 근친상간이다. 우리의 파멸은 만리장성 너머의 오랑캐가 아니라, 우리 안의 도사린 사람 결핍 때문이다.

오직 주님만으로도 해결하기 어려운 우리 안의 고독이다. 수직적 직통계시만으로 계시의 완전을 우린 이룰 수 없다. 하늘과 땅으로 틈을 열며, 틈을 내줄 때에만 우린 전인적 건강을 유지할 수 있다. 하늘로 줄기를 뻗을 수 있는 한계는 땅속 깊이 내린 뿌리의 폭과 길이의 한계이다. “너는 어서 속히 내게로 오라……내가 처음 변명할 때에 나와 함께 한 자가 하나도 없고 다 나를 버렸으나…주께서 내 곁에 서서 나에게 힘을 주심은……너는 겨울 전에 어서 오라(딤후4:9,16-17,21).” 강철 같던 바울 사도도 주님께서 홀로 도우신 영적 전투에 감사하면서도, 그 전후(前後)로 영의 아들 디모데의 내방(來訪)에 목을 매고 있음을 본다. 사람을 흡입하는 것, 그것이 건강한 전인이 되는 지름길이다.

나는 이 반(半)공개적인 '영혼일기'를 쓰는 홈피를 열며,

늙어 치매에 걸리지 않는 - 일, 십, 백, 천, 만 비방 - 을 소개한 적이 있다.

하루, 한 번 선한 일을 할 것.
하루, 열 사람 이상과 수다 떨며 놀 것.
하루, 백자 이상 글을 쓸 것.
하루, 천자 이상 소리 내어 책을 읽을 것.
하루, 만보 이상 걷을 것.

천하의 장동건도 그의 절친과 하루에 여섯 시간까지 수다를 떤 적이 있다고 고백했단다. 한국 대표 남성인 그도 수시로 수다를 떨며 산다고 했다. 그도 그 포위망을 접속과 수다로 뚫고 있다는 말이다. 하루, 열 사람 이상과 수다 떨며 놀 것. 그러나 그 어디 쉬운 일인가?

G. 마르께스는 "가장 절친한 친구란? 어떤 사람이라고 생각하느냐?" 라는 질문에, "아무 이유 없이도 전화를 걸어주는 친구"라고 답했다. 그 백 년 동안의 고독은 그 소통의 부재가 원인이었다는 말일까? 그는 1982년 12월 8일 가진 노벨상수상연설문에서 "우리 자신의 것이 아닌 방식을 통하여 우리의 현실을 설명하면 우리는 한층 더 자유롭지 못한, 한층 더 고독한 존재가 되어버릴 뿐이다"라고 말했다. 고독이란 소통의 부재다. 자기 문법만 고집하는 일방적 태도 때문이다.

그러나 절친한 친구는 시도 때도 없이 소통을 시도하는 친구다.

그 시도 때도 없는 접속으로 그들은 서로의 다른 현실에 서서 서로를 본다. 절친은 고독의 부재다. 그러나 우리는 그 누구의 절친이 되기 쉽지 않다. 결코 쉽지 않다. 이 시간에, 이 시점에 내 접속 시도를 그가 과연 받아들일까? 우린 이런 자기 검열의 늪에 빠져 타인에게 말 걸기를 두려워한다. 그 누가 아니라, 내가 그렇다.

"그가 쌓아올린 벽의 밖에는 언제나 타인이 있었다." - G. 마르께스.

왜 전화했어?
그냥…….

오늘 골방 기도의 사람의 중언부언한 그 접속을,
나는 "그냥……."으로 셈하련다.

그냥, 그 누구라도 내게 말 걸어 오길,
익명의 댓글이라도 한 줄 적어 올려주길.

그대와 나의 전인건강을 위해.
위하여!
위하야!

영혼일기 593

아노덴($\alpha\nu\omega\theta\varepsilon\nu$), 그 위에서 오는(from above) 신생 新生

2010.10.17(주일)

소설적 상상은 내일의 현실이다. 이는 명제(命題)다. 명제란 객관적으로 존재하는 세계에 대하여 진술하는 한에 있어서 의미 있는 것이다. 그런데 그 명제가 의미 있는 오늘의 현실이 됐다. 무슨 말인가?

폴 갈리코의 '포세이돈 어드벤처'의 상상이 칠레 산호세 광산에서 실현됐다. 소설이, 영화가 현실이 됐다. 그 명제가 참이었다.

폴 갈리코의 '포세이돈 어드벤처'는 뒤집힌 초호화 여객선 내부에서 살아남으려 발버둥치는 인간들이 이야기다. 스콧 신부를 앞장 세워 뒤집힌 배 밑창을 천정삼아 탈출을 시도하던 인간군상의 구원 희구를 다룬 소설이다. 나는 그 소설이 말하고자 하는 바를 "'아노덴'($\alpha\nu\omega\theta\varepsilon\nu$)- 위에서(from above) 내리는 신생(新生)'이라는 제하의 글에서 밝힌 바 있다. (홈피 목회와 신학-온전한 복음 지키기) 영화화 된 그 소설이 말하고자 한 것은 결론은 이것이었다.

"삶이 저 위에 있어요. 위만 봐요, 위만!"

"오 하나님! 밖에 누가 있어! 위에, 정말 누가 있어!!"

여기는 칠레 산호세 광산. 지난 10월 13일 오후 9시 56분(현지시각) 캡틴 루이스 우르수아가 무려 69일간 매몰됐던 33명의 광부중 마지막으로, 첫 구조 후 22시간 만에 구조 캡슐피닉스를 타고 지상으로 올라왔다. 그가 지상에 발을 디딘 순간, 매몰 광부 33명의 생존 드라마는 기적 같은 '해피엔딩'으로 끝났다. 이는 지난 8월 5일 칠레 산호세 광산 붕괴사고로 지하갱도에 갇혔던, 광부 33인의 생환사건의 결말이다. 이 사건은 소설 같은, 영화 같은 감동 실화였다.

그 극적인 반전은 지구촌 사람들이 그들의 생사여부를 알지 못해 절망에 빠져 있다가, 17일 만에 극적으로 그들이 살아있음을 확인하게 되면서부터 시작되었다. 그 반전에 칠레 국민들과 온 지구촌 사람들이 환호작약했다. 그리고 전(全) 지구적 과학적 첨단 기술과 장비들을 동원하여 인류는 그들의 구출에 전력을 경주했다. 그 결과 그들 33인 전원은 622m 지하갱도에서 69일 만에 기적적으로 살아 돌아왔다. 탐침봉으로 광부들을 찾아낸 한 지형학자는, 그 사건은 75%의 과학과 25%의 기적이 이룬 쾌거였다고 말했다. 지하에 갇혀 있던 그들을 탐침봉을 찔러 찾아낸 것은, 마치 622m 밖에 있는 모기를 맞히는 것 같았다고 했다.

나는 '포세이돈 어드벤처'라는 소설의 상상이 오늘의 현실 된 생생한 화면을 산호세 광산 붕괴사고 현장에서 눈으로 확인했다. 그랬다. 구원은 밖에서 왔다. 위로부터 왔다. 마지막 천정을 뚫고 들어오던 구원의 빛이 우리에게 '신생(新生)은, 구원(救援)은 어디서 오는가'를 분명히 암시하고 있었다. 신생(新生)은 결코 '내 안'에 있는 것이 아니다. 그것은 '밖'에서, '위에서' 왔다.

그러나 인간들이 그 불가항력적인 위기 속에서 숨죽이고만 있었던 것은 아니다. 그들은 한 결 같이 살아남아 보려고 발버둥을 쳤다. '포세이돈 어드벤처'의 경우, 뒤집힌 배 속에는 생존자가 단 여섯 명 뿐이었다. 그런데 그들은 소리 없이 밀려드는 물살의 공포와 위용 속에서도 살아보려고 발버둥을 쳤다. 그들은 천정된 뒤집힌 배의 밑창을 향해 사력을 다해 기어 올랐다. 그러다가 발견한 최종 관문을 눈앞에 두고, 돌연 쏟아져 나오는 뜨거운 증기와 맞서게 된다. 그 뜨거운 증기를 차단하고자, 그 분사구(噴射口) 벨브에 뛰어 올라 힘겹게 매달린 채 벨브를 제어(制馭)하면서, 스콧(Scott) 목사는 이렇게 절규한다.

"우리 힘으로 했습니다. 당신(하나님)의 도움 없이 말입니다. 등만 돌리지 마십시오. 우리를 내버려 두십시오." 그러다 그는 끝내 탈진하여 뜨거운 기름 물탱크로 떨어져 죽고 만다. 우린 그 죽음의 물살을 역류하며, 삶의 의지를 불태우던 정열의 화신(化身), 스콧(Scott)목사의 행동하는 양심에 찬사를 보냈었다. 그러나 그의 인본주의적 의지와 노력은 한계가 있었다.

그리고 오늘 우리는 지하 622m에 갇혔던 이들 중 일부가 외부와 연락이 두절된 절망 속에서, 독자적으로 터널을 파서 탈출을 시도하려 했었다는 기사를 대했다. 순간 나는 실소를 금치 못했다. 그랬다. 그 무지한 만용과 그 무망한 허세에 대해 나는 실소를 금할 수 없었다. 이는 마치 스콧(Scott)목사가 "여러분 안에 있는 하나님께 기도 하십시오. 내 안의 하나님께. 하나님은 노력하는 자를 사랑 하십니다. 하나님은 바쁘신 분입니다. 그러므로 하나님과 인간을 개인적으로 연결하는 것은 불가능한 일입니다"라고 오만을 떨던 장면이 오버랩 되어 왔기 때문이다.

나에게 신학적 영감을 생생하게 보여준 영화 '포세이돈 어드벤처.' 그런데 바로 그 문학적 상상력이 금년 여름 지구촌을 뜨겁게 달군 '칠레 산호세 광산 붕괴사고'에서 실현된 것이다. 하여, 나는 산호세 광산 붕괴사고로 지하갱도에 갇혀있던 33인의 광부들을 구출해 내는 장면을 보면서 다시금 동일한 신학적 영감을 얻었다. 그랬다. 구원은 밖에서 오는 것이다. 신생은 '위로부터 남,' '아노덴'(ανωθεν)-'from above'다. 캡슐 피닉스는 위로부터 임하는 불사조다. 그 과학적 산물이 신학적 영감을 선사했다.

위로부터 오신 이가 구원의 주님이시다. 땅에서 구원이 생산될 수 없다. 땅에 묻힌 자 땅을 짚고 일어설 수 없다. 땅에서 넘어진 자 하늘을 붙잡고 일어서야 한다. 그들은 말했다. "땅 밑에서 나는 하나님의 손을 잡았다." 위에서 임한 구원으로 생환한 33인은 위로부터 임한 구원의 징표인, 탐침봉을 발견하지 전까지인 17일간 극심한 절망과 공포에 떨었다고 한다. 칠레 광부들이 전한 '악몽'은 이렇다. "우리는 죽음을 기다리고 있었다. 3개 그룹으로 나뉘어 다퉜고, 주먹다짐을 벌이기도 했다." "구조자들과 접촉하기 전까지 모두 극심한 공포와 절망에 빠져 있었다." "24시간마다 참치를 조금 먹었을 뿐, 다른 아무 것도 먹을 것이 없었다"고 말했다. 최악이 상황에서 식인에 대해 두렵지는 않았느냐는 질문에 비아로엘은 "당시 아무도 그것(식인)에 대해 이야기하지는 않았지만 구조대와 접촉한 후 농담거리가 되긴 했다"고 회고했다.

그랬던 그들이 "우리는 서로를 의지했다. 누군가 힘들 때 동료들이 옆에서 그를 도왔다"고 말했다. 이런 급격한 변화는 그들이 구원의 빛을 확인한 후에 가능한 일이었다. 그들은 그 구원의 희망 속에서 질서를, 희생을, 양보를, 배려를 잉태시켰다. 그리고 그들의 예배가 가능해졌다. 이것이 구원 이전과 구원 이후의 삶의 실체다. 세상이 줄 수 없는 평안은 그렇게 왔다. 예수 그리스도는 그래서 우리의 화평이시다. 우리가 오늘 모여 예배드릴 수 있는 까닭은 우리가 예수 그리스도 안에서 우리의 구원을 목격하고, 확인했기 때문이다. 죽을래야 죽을 수 없는 이유는, 이미 우리 안에 그 구원의 빛이 임했기 때문이다. 우리가 서로 사랑할 수밖에 없음도, 우리가 이미 구원을 보장 받았기 때문이다.

성도의 공동생활은 그 빛 안에서 가능했다. "믿는 무리가 한 마음과 한 뜻이 되어 모든 물건을 서로 통용하고 제 재물을 조금이라도 제 것이라 하는 이가 하나도 없더라(행4:32)." 주 예수의 부활은 핍절한 사람이 하나 없는 공동생활로 이끌었다. 어둠 속에서 그 빛 안에서, 소망을 공유하며 동고동락했던 칠레 광부 33인은, 방송 . 책 . 영화 등 수익금을 33인이 공평하게 나누기로 했다고 한다. 어둠을 함께 밝힌 동료애가 지상에서 더욱 빛나고 있다. 초대교회 성도들의 이 땅에서의 공동생활이, 저 하늘에서는 해같이 빛날 것이다.

그러나 그 막장에서 그들이 구원의 빛만 본 것이 아니다. "(땅 밑에서) 하나님과 함께 있었다. 악마도 함께 있었다." 그래 악마도 함께 있었다. 이것이 우리가 이 땅에서 긴장해야하는 이유다. 그러나 그들은 끝내 승리했다. "그들은 싸웠고, 하나님이 이겼다. 나는 하나님의 손을 잡았다. 구조될 것을 확신했다."(두 번째 구출된 마리오 세불베다)

오늘 우리 지구촌 사람들은 그들의 생환을 자신의 일처럼 기뻐하고, 박수를 치며, 함께 눈물을 흘렸다. 불사조라는 캡슐을 타고 구출작전이 완료되는 22시간 동안 한 사람, 한 사람이 지상으로 나올 때마다 지구촌이 흔들렸다. 칠레 작가 아르투호 폰타이네는 "오늘 밤 칠레에선 태양과 모든 별까지 사랑에 흔들리는 것을 느낀다"고 읊조렸다. 한 사람의 존엄성을 다시 보는 진한 감동적인 사건이었다. 그들은 과연 천하보다 귀한 한 생명이었다.

십×조, 백만 원

2010.11.08(월)

사람이 감당할 시험 밖에는 너희가 당한 것이 없나니... (고전 10:13).

우리에게 주신 것이 감당할 만한 시험밖에 없다는 말씀이다. 그 시험의 해법과 해답이 우리 손에 쥐어져 있다는 말씀이다. 인간의 힘으로는 어찌할 수 없는 생로병사(生老病死), 희로애락(喜怒哀樂)조차 죽음을 이기신 그분의 부활의 권능 안에서는 감당할 만한 시험이라는 말이다. 그러니 믿는 자에게 있어 인간만사(人間萬事)란 감당할 만한 시험이지, 형벌이 아니라는 말씀이다. 그렇다. 작금 내가 당하는 모든 환란과 고통도 시험(試驗)이지 형벌(刑罰)이 아니다.

그러나 나는 형벌 같은 시험에 극렬히 시달리고 있다. 잠 못 이루는 밤이 천 날을 넘기고 있다. 그리고 그 어떤 시험은 생래적이고, 필벌(必罰)같은 거라서 나는 불 못 같은 형벌에 나날이 쇠잔하다. 가슴을 쥐어짜는 잔기침이 끊이질 않는다. 죽음조차 감당할 수 있을는지? 그렇다. 나는 형벌 같은 시험을 앓고 있다. 감당 할 모든 시험의 열쇠인 믿음조차도 그 형극(荊棘)을 소멸시켜주지 못한 듯하다. 하여 나는 날마다 죽는다. 죽음도 죽이지 못할 것 같은 시련을 나는 견디지 못하고 있다. 감당할 시험이란 공증도 나에겐 종이 위의 법일 뿐이다. "오호라 나는 곤고한 사람이로다 이 사망의 몸에서 누가 나를 건져내랴(롬7:24)." 이 구절을 어떤 단체는 구원 이후의 실존적 절규라고 주해한다. 난 구원이전의 단계라고 생각해왔다. 그런데 작금 전자의 해석에 나는 한 표를 던지고 싶다. 처절한 인간 실존은 단 하루도 우리에게서 곤고한 날을 앗아가 주지 않는다.

최근 나에게 있어 감당할 시험 중 하나가 단돈 일백만원이었다. 달포 전, 나눔아트센터 건축 후원금 일백만원을 나는 후원하겠다고 공개적으로 약속했었다. 그리고 우리 감찰회 회원들에게도 각기 염출 부담을 지게 했다. 그런데 정작 나는 돈이 없(었)다. 내 호주머니에서 나가야 하는 데, 나는 무일푼이(었)다. 하여 간헐천 같은 금맥이 꽉 막혀있는 작금의 사정으로 쉽지 않은 후원약속이었으나, 나는 빈주머니로 내일을 사고 싶었다. 백만 원으로 나는 미래를 사고 싶었다. 미래의 사람을, 미래의 나를 사고 싶었다. 그러나 간절한 기도는 하지 않았다. 그냥 생각날 때마다, 난 그 재정 염출의 묘안이 없을까 궁리했다. 물론 묘안은 없었다.

그런데 10월 말경 막내 딸 나리가 백만 원 수입 운운했다. 개그작가 전영호란 사람의 신간 삽화를 그려줬는데, 그 출판사에서 디자인 비로 백만 원을 받기로 했다는 거다. 귀가 번쩍였다. 난 아이에게 명했다. 주는 자가 받는 자보다 복된 자니라. 나는 사도행전 20장 35절 말씀을 인용하며 참 행복론을 설파했다. 물질은 낮은 데로 흘러야 제 가치를 발하는 거야. 나는 낮은 데로 흐르는 물질의 광휘를 아이에게 펼쳐보였다. 그것이 네게 장차 금강석의 광휘를 예약하는 미래적 투자임을 힘주어 강조했다. 내 이런 지나친 설교를 달래듯, 아이는 선선히 그러마고 했다.

그리고 어제 주일 아침. 나는 애들 태우고 교회로 가는 차속에서 아이에게 나직이 물었다.

"출판사가 디자인 수고비 주던?"

"아니……."

"……."

그런데 설교 중에 전도 상금 20만원 원상회복의 은혜를 맛본 직후, 헌금 시간에 뜻밖의 헌금 봉투 하나가 강단에 올려졌다.

> 십×조
> 1,000,000 백만원 김나리
> 모든 제물을 바칩니다. 좋은 곳에 쓰일 수 있도록 기도합니다.
> 아멘 …

아이는 깜짝 연출을 시도했다. 아빠 목사를 놀라게 하고 싶었던가 보다. 녀석은 십의 십조를 했다. 그래서 십일조→십×조, 라고 교정을 본 헌금 봉투를 디자이너답게 그 아이는 강단에 올렸다. 십일조가 아니라 십×조(십조)라고 명명했다. 십의 열, 전액을 하나님께 바친 십조였다.

나는 천 년 전, 신유목회로 교회에 간증이 봇물처럼 터져 나왔던 어느 한 주일, 그날 오후 시간에 터져 나온 간증들이 불현 듯 기억났다. 면구스럽지만, 천 년 전으로 되돌아가 본다.

<…… 각종 병(病)에서 고침 받고, 구원의 확증을 받는 역사가 교회 안에서 연이어 터져 나오던 시기, 다음과 같은 특이한 고백들도 그 뒤를 이었다. 그 어느 해 직전 주일에 특별 헌금에 동참 했던 이들이, 한 주 뒤에 이런 간증들을 앞 다투어 나와 쏟아냈다.

오집사는 지난 주 일정한 헌금을 작정을 하고 돌아간 그 다음날, 수 년 동안 변호사 수임료를 보내지 않던 이에게서 뜻밖의 전화를 받았었다고 했다. 그 전화 끝에 그가 그 수임료를 이제서라도 보내겠다며 송금해 왔는데, 바로 어제 하나님께 바치기로 작정했던 물질의 몇 곱절이나 되는 물질이 통장으로 입금됐다고 신기해 했다.

그러자 연이어 나온 배 교수님께서는 이런 간증을 하셨다. 자신은 백만 원 약정을 했는데, 지난 주간 스승의 날에 그동안 전혀 연락이 없었던 제자에게서 수 십 년 만에 전활 왔었다고 하셨다. 그러면서 안부를 묻던 그 제자가 선생님 은혜에 조금이라도 보답하고 싶다며, 돈을 좀 보내겠다고 하더니, 돈을 보내왔는데, 그 제자가 보낸 액수가 더도 덜도 아닌 자신이 직전 주일에 작정한 백만원이었다며 감사해 하셨다.

그런데 이상의 사례 보다 더한 놀라운 간증이 또 터져 나왔다. 세 번째로 등장한 꼬부랑 할머니의 간증이 그랬다. 그분은 지난주일 할머니 성도 몇, 몇 분이 자신들도 특별 헌금에 동참하자며, 금쪽같은 정성을 모아 일금 10만원을 헌금했다고 하셨다. 간증하러 나오신 그분은 자신이 가진 전부, 3만원을 하나님 바치셨단다.

(이런 간증 퍼레이드가 계속되던 기간은 우리 교회가 성령 충만에 휩싸인 시기였다. 강력한 신유의 역사가 일어났었다. 그 무렵 아내가 딸아이하고 함께 드러누워 소곤대던 말을 우연히 들었는데, "어디 아파? 아빠한테 기도 받으면 못 낫는 병이 없어. 예리야." 이랬었다.) 그리고 그 무렵 나는 성도들의 영육간의 회복을 위해 "쫓긴 자가 하늘 끝에 있을지라도 내가 거기서부터 그들을 모아 내 이름을 두려고 택한 곳에 돌아오게 하리라(느1:9)"는 말씀을 들어가며, 주의 계명을 지켜 우리네 가정들이, 교회가 회복되는 은혜를 함께 누리자고 역설했었다. 그리고 그 즉각적인 순종을 이끌어내기 위해, 마태복음의 '씨 뿌리는 자의 비유'에 나오는 '백배, 육십 배, 삼십 배'의 축복(마13:23)을 누리는 비결을 이렇게 해석했다. 즉 나는 옥토 같은 마음으로, 주의 말씀에 즉각적으로 반응하는 자는 백배, 한 템포 늦추는 자는 육십 배, 두 박자 늦은 헌신은 삼십 배의 축복을 받을 거라고 가르쳤다. 그러니까 백배부터 성경이 기록한 이유는 순종의 타이밍에 있다고 힘주어 강조한 것이다. 물론 이는 나의 자의적인 해석이었다.

(근데 말씀 연구가 선배 김윤기 목사님이 저술한 책『성경에 물어 봐!』에 의하면, 농부가 좋은 땅에 뿌린 씨의 수확량을 기록하는데 있어, 〈마태〉는 '백배, 육십 배, 삼십 배' 하향식이고, 〈마가〉는 '삼십 배, 육십 배, 백배' 상향식이라고 밝힌다. 하나님께서는 귀(貴), 선(善), 다(多), 대(大)의 숫자를 앞에 쓰신단다. 그 이유로는 하

나님이 함께하면 형통, 승리, 번영을 이루기 때문이란다. 그래서 마태복음은 유대인을 위한 책이라 하향식이고, 마가복음은 로마인을 위한 것이라 상향식으로 표기했단다. 예수님은 유대인이니 하향식으로, '백배, 육십 배, 삼십 배'라고 말했다는 거다.)

그랬다. 그 시기는 이런 메시지들을 성령께서 강단을 통해 강력하게 강조하시던 시기였다. 그런데 놀랍게도 그 할머니가 100배의 축복을 받은 것이다. 그녀는 자신의 나이 칠십이 되던 해에, 집을 나간 아들이 있었단다. 그래서 자신이 죽기 전에 그 쫓긴 아들을 단 한 번이라도 보고 죽는 것이, 꿈에도 소원이셨단다. 그래서 남 몰래 눈물로 기도해 오셨단다. 그런데 그 아들에게서 연락이 온 것이다. 지난주일 주님께 가진 것 즉각적인 순종으로다 바친, 그 날 저녁이었단다.

"어머니, 4단지 상수 초등학교 뒷문으로 나오세요. 저녁 6시에요. 6시."

이런 전율할 두 차례 약속 끝에, 꿈에도 그리던 아들을 만나셨단다. 딱 10년 만에. 그립던 그 얼굴도 제대로 확인하기 어려운 촉수 낮은 가로등 아래에서, 희미해진 옛사랑의 그림자를 그 노파는 만났단다. 쫓긴 자였다가 엄마 품으로 돌아 온 그 아들이 헤어지는 순간, 노파 손에 뭔가를 쥐어 주더란다.

"뭔 종이때기를 섹장 줍디다. 아니 이게 뭐다냐. 무슨 종이때기여어?"

"어머니, 그것도 돈이에요. 돈."

난생 처음 귀경(구경)한 수표. 10만 원 권, 석 장.

"우리 하나님 아니, 우리 목사님이 영험하셔, 10년 만에 아들도 만나게 해 주시고, 돈도 주고."

훌쩍 훌쩍. 마르지 않는 눈물의 강(江) - 그 노파는 그 은혜와 사랑에 감읍해 했다. 그 무학자인 할머니가 그 사건을 영적으로 해석하고 있었다. 그리고 우리 회중들은 아멘, 아멘으로 화답했다. 돈이 좋긴 좋은 거여? 아니다. 단 돈 몇 천 만원, 몇 백 만원, 몇 십 만원에 대한 이야기가 아니다. 이 간증은 원더풀 스토리다. 미라클 스토리다. 디스 이즈 마이 스토리요, 디스 이즈 마이 송, 이다.

말씀이 우리 가운데 임하신 사건이다. 말씀이 우리에게 응했다. 나는 감동했다. 그리고 나는 이 사건을 말씀에 비추어, 즉각 이렇게 해석했다. 이는 즉각적인 순종이 이룬 백배의 결실의 증거다. 그 영적 산술은 이렇다.

10×10=100

(10년 만에 만난 아들) 10×10 (3만원 헌금 했더니, 내려 주신 종이때기 3장, 열 배 30만원 : 30÷3=10) = 100.

이렇게 백배의 축복을 주신 것이다. 이상은 부인할 수 없는 한 노파의 믿음의 간증이요, 즉각적인 봉헌의 열매였다. 나는 지금도 이를 매우 소중한 말씀의 응답으로 간직하고 있다. 우리도 한 때, 이 작으나 큰 응답을 소중히 여기는 신앙고백이 넘쳐흘렀었고. 통째로 믿는 자에게는 통째로 주실 하나님을 경험했었다. 우연이란 없는 것이다. 필연은 우연의 옷을 입고 나타나기 때문에. 순종하는 믿음은 우연을 가장한 필연으로, '백 배'를 우리에게 선사한다.〉

오늘, 나는 확신한다. 구차한 중에서도, 감당 못할 시험이 없다는 말씀에 비껴 선, 병든 믿음의 상태에 비록 내가 오늘 처해 있을지라도, 나는 그 무서운 확증을 무한 신뢰한다. 내일의 내 것 삼는다.

십×조 1,000,000 백만원 김나리 모든 제물을 바칩니다. 좋은 곳에 쓰일 수 있도록 기도합니다. 아멘 …

이 아이의 즉각적이고, 순전한 봉헌 일금 백만 원은 겨자씨다. 공중의 새들이 와서 그 가지에 깃들일 믿음의 겨자씨(마13:31-32)다. 그리고 이 땅에서 우리네가 천국을 이룰 가루 서 말을 부풀게 한 누룩(마13:33)이다. 어디 그 뿐인가 벳새다 광야의 만인을 배부르게 한 오병이어(마14:13-21)다. 즉각적인 순종으로 이룬 옥토의 백 배 결실이다. 엘리야의 바다에 떠오른 큰 비를 몰고 온, 손 만한 작은 구름(왕상18:44)이다.

천 년 가뭄을 해소할 큰 비 소리다.
큰~비의 소리다.

큰~비의 소리! 할렐루야, 아멘.

영혼일기 611

그 낯설음에 대하여

2010.11.22(월)

깊은 골, 적막에로 틈입했다. 다큐 '침묵'의 적막이었다. 그 적막 속에 사람이 살고 있었다. 산천어, 그녀는 그 적막 속에서도 희열을 느끼며 살고 있다며, 내 앞에서 환한 미소를 지어보였다. 산장의 여인은 외로움에 질려 질식사를 했었다는 데, 그녀는 외려 반문했다? 외롭다니요? 해맑은 미소로 답했다. 외롭지 않은, 외로움 없는, 그 비결을 물었다. 어리석게 저자거리의 땡초는 체면불구하고 물었다.

"기본……."
그녀의 나직하게 웅얼거렸다.

늘 기본을 다지면서, 기본에 충실하고, 기본에 충만하면 그 외로움이 틈탈 시간이 없다는 말 같았다. 무시로 기도하고, 말씀 안에 늘 살며, 베푸신 은혜에 감사하며 순간순간을 살아가는 수도자의 삶에 그 어찌 속된 이끼가 낄 수 있겠느냐는 반문인 듯 했다. 청년 시절, 경건한 삶을 위해 성경 암송을 즐기던 시절. 제일 먼저 접했던 말씀 중의 한 구절이 떠올랐다. "새벽 오히려 미명에 예수께서 일어나 나가 한적한 곳으로 가사 거기서 기도하시더니(막 1:35)."

말의 절제가 몸에 밴 듯 그녀는, 다시 한마디를 툭 내던졌다.

"완성된 맛……."

홀로, 긴 수도자의 삶을 산 까닭인지, 그녀의 말은 축약된 한 단어로 완결되곤 했다. '완성된 맛.' 놀라는 말이었다. 그녀는 기본에 충실한 삶을 살아가면서, 완성된 맛을 본다고 했다. 이 땅에서 그 신화(神化)의 경지에 이르는 삶은, 장차 올 천국생활을 낯설지 않게 할 것이라고 그녀는, 완성된 맛을 본 오늘에 서서 내일을 기대했다. 과연 천국은 준비된 자의 몫이었다.

천국이 낯선 사람. 그랬다. '완성된 맛'이라는 말도 생경했지만, 천국이 낯설지 않는 사람이라거나, 천국이 낯선 사람이라는 그녀의 말이 낯설었다. 그런데 단어는 낯설었어도, 그 낯선 언어를 접하는 순간, 내 낯이 뜨거워졌다. 그리고 내 의문이 풀렸다. 저런 인간들하고 어떻게 천국에 가서 얼굴과 얼굴을 대하며 살지? 그런 천국이 천국일 수 있겠는가 싶었다. 천국이 아주 불편할 것 같았다. 그래서 그 모든 얽히고설킨 인연들과의 관계가 과거 아닌, 추억으로만 변모하는, 신(新) 다볼산의 신비(눅 9:28~36)를, 하나님께서는 그곳에서 마련해 놓았을 거라고 나는 생각했었다. 아니 그렇게 나는 셈하고 싶었다. 나는 그렇게 천국을 내 방식대로 설계해왔었다.

그런데 수도사인 그녀는 내 앞에서 이생의 천국을 설파하고 있었다. 그녀는 그 적막한 산속에서, 천국 적응 훈련을 하고 있었다. 아무렇게나, 되는대로 살다가 구원 티켓 한 장 달랑 들고, 낯선 천국에 진입해서야 되겠느냐고 내게 반문하는 듯 했다. 천국이 낯설지 않는, 천국 적응 훈련이란, '기본 다지기'를 통해 미리 맛보는 '완성미,' 즉 이 땅에서 천국을 누리는 삶을 사는 것이라고 했다. 이런 차원 높은 경지에 있는 그녀에게 내가 '외로움' 운운했으니, 얼마나 저급한 영의 사람인가? 나는…….

하나님은 절대 1이시다. 그런데 내가 10 이 되고, 100 이 되고, 1000 이 되며, 1 ∞ (무한대)가 되는 비결은, 내가 0(제로)가 될 때란다. 나를 비우면 0 이 되는데, 내가 한 번 비우면 나는 10 이되고, 내가 두 번 비우면 100 이 되고, 내가 세 번 비우면 1,000 이 되고, 내가 무한대로 비우면 내가 1 ∞ (무한대)가 된단다.

그랬다. 그런데, 작금의 나는 그 절대 1의 우편에 선 사람이 아니다. 나는 -10 이다. 살아 오면서 적어도 1번 정도는 날 비운 적도 있었을 테니까, 나는 적어도 10 이다. 그런데 그러다가 다시 완고해졌으니, 나는 현재 -10 이다. 하나님은 내안에서 하나님이 되지 못하고 계신다. 나는 내 안에 계신 예수를 부끄럽게 하는 자이다. 나는 신앙교육의 목표를 'Christlikeness'로 잡았다. '예수같이 됨' 이다. 그러나 내안에 악독은 가득하고, 나는 예수 한 분만으로 만족하지 못한 속물이다. 예수 안에 '예수됨'의 필요충분조건이 다 갖춰져 있지 않기 때문에, 내가 예수 한 분 만으로 만족 못하는 것이 아니다. 내가 예수로 충만하지 못하기 때문이다. 예수의 기본이 내 기본이 아니다. 예수의 자기 비움이 내 비움과는 거리가 멀다. 하여, 나는 예수가 낯설다. 하니 천국이 낯설 수밖에 별 도리가 있겠는가?

나는 포장하고 산다. 이미지로 먹고사는 목사라는 스타다. 부어스틴(Daniel Boorstin)은 그의 저서 『이미지』에서 "스타란 의사사건(pseudo-event)이다"라고 말한다. 이 정의를 리차드 다이어(Richard Dyer)는 이렇게 해설한다. "스타들은 의미 있는 것으로 보이지만 실제로 그 의미는 비어있다. 따라서 스타는 잘 알려져 있기 때문에 유명한 것이지 어떤 재능이나 특정한 자질 때문에 유명한 것이 아니다. 그들은 용모상 사소한 차이를 기반으로 해서 시장에 내다 파는 유명인의 본보기다."

그랬다. 나는 목사라는 명목에 기반해서 거룩한 강단에 선, 이미지스트다. 그런데, 나는 비어 있는 자다. 나는 가짜다. 스스로 자기를 비어 종에 형체를 지녀 사람같이 되신 하나님이신 예수님의 자기 비움(케노시스(kenosis);빌2:5-11)과는 전혀 질이 다른, 나는 에릭직톤의 허기(虛飢)다. 그런 내가 하나님의 신에 충만한 자처럼 설교하고, 행동하고, 글도 쓴다.

그런 나다. 그러나 한 가지 나는 내 추악한 영적 실상을 가급적 있는 그대로 발설하기 시작했다. 일기라는 문학의 장르를 통해. 그래서 내 추악상을 반(半) 공개하고 있다. 잿빛 공의를 앞 세운 쌈질도 마다 않는다. '글기도'라고 했지만, 내 자신을 프로파간다 하는 이력서이기도 하다.

하여 부끄럽고, 천국이 심히 낯설다. 청평 깊은 산속에서 오늘 만난 영혼이 맑고, 고운 그녀는 실로 신비했다. 그녀가 낯설었다.

저녁에는, 학문적 교류를 나누는 기쁨을 선사한 뉴요커들과 오랜만에 여러 교감을 나누느라, 밤이 심히 늦었다.

이 밤. 아프다.
가만히 묻는다.
내 육신아 너만 아프냐?
나도 아프다. 이 영혼도 심히 아프다.

가만히 묻는다.

내 육신아 너만 아프냐?
나도 아프다.
이 영혼도 심히 아프다.

"세상에서 제일로 맛난 차는?"

2011.03.01(화)

이 소리가 아닙니다.
저 소리도 아닙니다.

103년차는 소리가 없습니다.
소리 없는 연대, 소리 없는 전진.

1박2일 보령엘 다녀왔다. 보령은 따뜻했다. 더 있으라고 이슬비까지 내렸다. 심지 깊은 인간미를 우리에게 맛 뵌 조영래 동기와 그가 갓 부임한 한내교회의 극진한 환대 속에 우리는 보령에 입성했다. 보령시는 대천시와 보령군이 하나가 되면서 군(郡) 이름을 붙인 통합 시(市)라고 한다. 동서남북 천지사방에서 동지들이 삼삼오오 짝지어 모여들었다. 소리 소문도 없이 비밀스런 제의를 드리는, 마치 비화밀교 신봉자들처럼 우리는 은밀히(?) 대천해변으로 몰려들었다. 벌써 4번째 103년차 지방회장단 동기회 회동이다. 재

작년 초겨울 서귀포 탄산 온천수에서 함께 몸을 적시던 중, 조영래 동기가 혼잣말처럼 "나도 한번 모시겠습니다." 그랬었다. 그랬었는데, 이렇게 신속한 긴급동의로 우리를 감격케 하다니. 모두들 진심으로 감사해 했고, 무엇보다 행복해 했다.

우리들은 지금 작은 천국을 맛보고들 있다. 얼굴과 얼굴을 대하여 보는 내일의 환희를 오늘로 끌어당겨 현실에서 절절하게 맛보고 있다. 묘사가 과한가? 거반 그렇다. 우리네 만남은 기묘한 맛이 있다. 마치 우리네 만남은 선남선녀의 첫 만남처럼 순결하면서도, 우리는 황혼의 노부부처럼 늘 정(情)에 겹다. 벌써 네 차례다. 나름 이야기가 쌓였다. 지난 제 4차례의 모임까지 이어오면서, 나는 그 일정들을 어떻게 소화해내야 하나 고민도 많았다. 이번에도 적이 맘이 쓰였다. 그랬는데, 마당을 깔아 놨더니 서로들 알아서 잘 놀았다. 그랬다. 해를 거듭하면서 쌓여가는 우리들의 이야기는 끝이 없다. 이젠 마당만 깔아 놓으면, 그냥 내버려둬도 잘 굴러갈 거다. 하여 우리는 금년이 가기 전에 두 번 더 마당을 펼치기로 했다. 12월 영남을 재(再) 추진하기로 하자, 그 기간이 너무 멀다며 입들이 튀어나와(특히 여인네들의(쏘리)) 징검다리 6월에 서울을 찍고, 부산으로 가기로 했다. 빙고!

우리는 즐긴다. 사람을 즐긴다. 서로의 존재 자체를 흔연히 즐긴다. 신상을 터는 법이 없다. 그냥 있는 그대로 서로를 받아 준다. 잘난 척하지 않고, 그 누구도 어깨를 움츠리는 법이 없다. 이번에도 그 무아(無我)을 즐기던 중, 그 누가 나에게 시인(詩人)이 앞장서서 이 모임이 잘된다고 말했다. 시인? 나는 그 말을 받았다. 그래서 플라톤이 정치는 철인이 해야 한다고 했잖았수? 그랬다. 우리

103년차 동기회에는 철학이 있다. 그것은 공평무사(公平無私)다. 그 사전적 의미는, '공평하여 사사로움이 없음'이다. 거기다가 우리는 서로가 서로에게 다정다감(多情多感)하다. 순전히 의무적인 행정적 업무를 위해 조우했다가, 이렇듯 살가운 친구 사이가 된 연유에는, 이런 매사에 공평무사하고 다투듯 다정다감한 속내가 기반이 됐다. 그래 우리는 무사(無詐, 無私)하고, 다정(多情)하다. 사심 없이 나누고, 베푸는 은혜를 서로 나누는 신비를 우리는 지금 한껏 즐기고 있다.

이번 보령 회동은 영적으로도 충만했다. 한내교회는 40일 연속 기도회에 중이었다. 그 반환점을 돌던 시기에 우리들이 진입했다. 우리는 자연스럽게 한내교회 성도들과 함께했다. 내게 케리그마를 전할 기회를 주께서 허락하셨고, 동기들은 함께 기도하면서 일일이 한내교회 성도들을 위해 안수기도를 했다. 일일부흥회였다. 우리는 이렇게 윈-윈 했다.

하루에 4번 신장투석 중인 동기 황진구 목사가 김선혜 사모와 저녁에 다녀갔다. 투석을 마치고, 힘내어 인사차 들렸단다. 함께 기도했다. 이내 돌아서던, 몽블랑 만년설에 남편 황목사를 매다 꽂던 바야야 사모님의 눈가에 이슬이 맺혔다. 부디 떨치고 속히 일어나길 우린 한마음으로 기원했다.

개화 예술공원, 보령에너지월드 관광도 인상적이었지만, 그 무엇보다도 여행은 먹을거리가 그 질(質)을 결정한다. 우리는 1박2일 동안 맛난 음식을 한껏 즐겼다. 첫날 점심 한내교회 성도들이 베푼 옻닭의 별미, 대천 해변 횟집의 쫀득한 특미, 걸쭉한 아침 콩

나물 국밥, 수덕사 정갈한 산채 정식. 거기다 더해 전영대 목사 부부가 직접 들고 온 구례 고로쇠 수액, 그 애틋한 사랑과 징한 정(情) 때문에 우리는 밤새 잠을 설쳤다. 허나 그 신비의 양약 고로쇠 수액은 일순 탈진한 내게 생기를 불어 넣던 사랑의 묘약이었다. 그리고 나만의 보너스 - 신평 탁구장(?) 사부와 한 판 진검 승부를 겨룬 후, 승자(勝者) 한선호 검객이 흔쾌히 베푼 삽교천의 만찬(황용득 선수는 자신이 없어서 자퇴한 것 같음).

마지막 덕산온천욕을 즐기고 합승을 했던 버스 안에서, 우리는 자연스레 우리 103차 동기들에게 베푸신 하나님의 위로와 격려에 대해 서로의 마음을 털어 놓았다. 늦바람이 무섭다더니 우리에게 허락하신 홍복(洪福)에 겨워 우리는 시간가는 줄 몰랐다. 한마디로 정의 하자면, "같이 놀아줘서 고맙다"는 말이었다. "끝까지 같이 놀아 달라"는 당부였다. 다들 그러마고 했다. 사방으로 거침이 없는 무사(無私)하고, 다정(多情)한 관계의 확장. 103년차는 영원할 것이다. 북유럽도 간다나? 거참. 못 말려.

그 누가 그랬다.
개화예술공원 찻집에서,
"세상에서 제일로 맛난 차는?"
"………."
ㅋ,ㅋ
"103년차!"

동감이다.
"103년차!"

그가 내 멘토다

2011.06.01(수)

"뭘 먹고 사냐?"

사례비도 받지 못한 그의 목회 형편을 염려하며 내가 천박하게 물었다.

"그게 제 믿음이죠."

"…………."

나 또한 그에 못지않은 목회형편에 처해 있기에, 그의 뜻밖의 대답은 적잖은 충격이었다. 당최 믿음이라고는 없어 뵈는 그가 '믿음을 먹고 산다니.' 나는 순간 말을 잃었다.

저녁 수요기도회 시간에 "너희가 기도할 때에 무엇이든지 믿고 구하는 것은 다 받으리라 하시니라(마21:22)"는 말씀을 묵상했다.

자가 발전 식 신념(信念) 따라 살아오면서 내 낙담은 그 얼마나 깊었던가? 지금도 나는 38년을 채우지 못하고 있다. 쓰러지는 죽는다는 경고를 받으면서도 나는 대장정에서 낙오된 졸병처럼 낙담에 절어 거반 죽어가고 있다. 나는 사람들의 긍휼을 바라고 있다. 날 가련히 여겨주는 이를 나는 구원삼고 있다. 병이 깊어 자존심까지 내팽개친 형국이다.

"배고파도 손 벌리지 않는 것. 그것이 선비정신이죠."

어린 그 앞에서 걸신들린 듯, 추접스런 복심을 내뱉은 내게 그가 굶어죽어도 빌지 않는 결기를 내 앞에서 발했다. 언행일치. 그랬다. 그는 그렇게 살고 있었다. 그간 단 한 번도 그는 궁색을 내 앞에서 떨지 않았다. 그게 믿음에 기반한 청빈일거라고는 나는 전혀 생각하지 않았다. 칙칙한 믿음과는 전혀 무관해 뵈는 골상을 그가 지녔다고 생각해 왔기 때문이다. 그런데 그런 그가 그 청빈이 믿음에서 우러나온 신앙적 덕목이라고 소리쳐 대다니. 가식인가? 아니었다. 진심이었다. 쇼크사 할 뻔 했다.

그만도 못한 믿음을 지녔다. 나는.
"믿고 구하는 것은 다 받으리라."
이 말씀의 의미는 '믿음이 다다.'는 말씀이다.
'믿음이 다다.'

저녁에 찬송을 주로 타계적인 찬송가를 택해 불러댔다. 낙담에 절은 내 마음을 달랠 길이 없었기 때문이다. 강단의 영적 색깔이 목회자의 심령 상태를 반영하는 것임에 틀림없다. 그렇다면 오늘 저녁은 적어도 잿빛이었다. 세상 모든 풍파가 내 맘을 흔들어 약한 마음 낙심천만해 함을 대신 토로해 주는 찬송 가사들을 찾아 내 위안 삼고자 했다.

♬ 세월이 흘러가는데 이 나그네 된 나는 괴로운 세월 가는 것 ♬ 눈물골짜기 더듬으면서 나의 갈 길 다 간 후에, 한 숨 가시고 죽음 없는 날 사모하며 기다리니 ♬ 마음 괴롭고 아파서 낙심 될 때 ♬ 무섭게 바람 부는 밤 물결이 높이 설렐 때 ♬ 잠시 세상에 내가 살면서 ♬

어제 저녁 7시 30분 서울중앙지방회 동부 최전선, 남양주시 국제적인 힘찬교회 담임 임태석 목사는 그 힘찬 능력으로, 'Willana Mack 초청내한 공연 선교찬양콘서트'를 그 오지에서 열었다. 그는 홀로 당당했다.

'가당키나 한 행사냐?'
'그게 제 믿음이죠.'
'………….'
나는 속으로 그와 주고받았다.

"오늘 새로 오신 분 있으시면, 손들어 주세요."
"……….."
"모두 다 새로 오신 분들이라서 손들 필요가 없으신 가 봅니다."
객쩍은 농담을 내뱉으며, 그는 그냥 혼자 피식 웃었다.
"지치지 않으려고……."
그는 그 강단에서 혼잣말처럼 내뱉었다. 그랬다. 그는 열심히 자가발전을 하고 있었다.

“내가 전혀 영양가 없는 일에 분주합니다. 그려.”

“그러다 보면 뭐라도 걸릴 겁니다.”

이런 대화를 바로 그 시간에 나는 그 누구와 전화로 주고받았다.

막차를 탄 사람들 마냥, 한국 개신교 선교 2세기의 주역들은 열매가 없어 퍽퍽하다. 너나 할 것 없이 다들 그렇다. 그렇다고 손 놓고, 세월만 보낼 수는 없다. 뭐든 해야 한다. 수간(獸姦)하고 있는 사내를 흉보던 제자들에게 공자가 한 마디 내 던졌다. “그래도 잠자는 인간보다는 저 인간이 더 낫다.” 구르는 돌에 이끼가 끼지 않듯, 뭐든 일 만들어 힘쓰는 이들에게 일감이 주어진다. 어둔 밤 쉬 되리니, 찬송이라도 불러라. 타계적이든, 구복적이든 그 뭐든 부르다 보면 문리가 열리고, 천리가 터지리라. 마실 물을 긷다가, 병 낫기를 구하다가, 나사렛 운운하며 시비를 일삼다가 구원에 이른 이들이 이룬 천국이 복음서다.

지치지 않으려고 몸부림치는 이들을, 그분은 결코 내버려 두지 아니하시리라. 일하시는 하나님의 일은 지치지 않으려고 몸부림치는 이의 일되는 일이다. 산에 올라가 소리라도 질러대라. 메아리라도 반향하리라.

His Eye is on the Sparrow. Willana Mack이 부른 찬양 중 하나다. 그의 눈은 참새 위에 머무르신다. 여기서 말하는 참새는 죽은 참새가 아니다. 살아 몸부림치는 참새다. 그의 눈은 살아보려 몸부림치는 참새 위에 머무르신다. 이런 말이다.

그가 공개적으로 나를 자신의 멘토라고 했다.

반사한다.

그가 나의 멘토다.

지치지 않으려 동부전선에서 가당치도 않는 국제적 콘서트를 연,

그가 내 멘토다. 끝없는 주 안에서의 몸부림.

그게 믿음이다. 다 이루는 믿음이다.

그는 다 이룰 것이다. 그 풍채만큼.

나는 너를 애굽 땅에서 인도하여 낸 여호와 네 하나님이니 / 네 입을 넓게 열라 내가 채우리라 하였으나/ 내 백성이 내 소리를 듣지 아니하며 이스라엘이 나를 원치 아니하였도다 (시편 81:10-11)

이런 우를 범하지 말자.

나는 너를 애굽 땅에서 인도하여 낸 여호와 네 하나님이니 / 네 입을 넓게 열라 내가 채우리라 - 여기까지 순종하자. 아멘으로 받아, 춤추며, 노래하며 주를 찬양하자.

우리 능력 되신 하나님께 높이 노래하며 야곱의 하나님께 즐거이 소리할찌어다 / 시를 읊으며 소고를 치고 아름다운 수금에 비파를 아우를찌어다 / 월삭과 월망과 우리의 절일에 나팔을 불찌어다 / 이는 이스라엘의 율례요 야곱의 하나님의 규례로다(시편 81:1-4)

영혼일기 909

빨래 끝~☀

2012.01.20(목)

나는 아침 그 모임에 가지 않았다. 서울지역전도대회를 위한 준비모임을 어느 교회에서 오전 7시에 갖는다는 통보를 엊그제 나는 증도에서 받았었다. 준비위원장께서 전활 주셔서 나에게 '동원부장'을 맡아달라고 하시면서, 오늘 모임에 꼭 참석해 달라고 신신당부하셨다. 그랬어도 나는 어제 저녁에 다시 전활 넣어 양해를 구했으나 그분을 설득하지 못했다. 그래서 오늘 오전 6시 40분경에 그분에게 정중하게 그 직책을 맡기 어렵다는 문자를 넣어드렸다. 내 총체적 역량이 그 직책을 감당하기에 역부족이라는 점과 내가 처한 자리에서 그 대회의 성공을 위해 돕겠노라는 문자를 보내드렸다.

그랬다. 나는 행사에 지쳐있었다. 이제 정말 마지막이라고 여긴 교육부 세미나 노독(路毒)이 채 풀리기도 전에 그런 요청을 받았기에, 나는 그분의 간청을 받아들이기가 쉽지 않았다. 시점도 그러했지만, 그런 대회의 직책이란 으레 물질적 뒷받침이 돼야 하는데, 나는 그럴 여력이 없다. 하여 나는 이런저런 오해가 뒤 따를 것을 예견하면서도, 나는 그 자리에 나가지 않았다. 그리고 지난 2박 3일의 긴장이 풀리면서 오한 . 발열 . 몸살에 나는 밤새 시달렸었다. 그리고 오늘부터 이틀 동안 내가 앞장 선 '엘림성경공부'도 해야 한다. 같이 공부할 분들을 내가 차로 모시고 가야하는 의무도 뒤따랐다.

이번 교역자부부세미나를 준비하면서, 나는 지난 해 3월부터 심혈을 기울여 준비해 왔었다. 우여곡절 끝에 난산하듯 명강사 정태기 박사님도 모시게 됐고, 장소도 멀지만 의미 있는 순교 성지로 정할 수 있었다. 거리, 장소, 재정 등에 있어 결코 만만치 않은 행사였다. 이 일이 만만치 않았다는 말은, 이 행사의 성공을 위해 물심양면의 수고를 아끼지 않은 교육부 서기 강충선 목사가 그 기획 초기 나를 내심 원망하기도 했다고 어제 상경 길에 고백했다. 남들 보기에는 그만큼 가당치도 않은 무리한 계획이었다. 나는 전혀 부담되지 않았던 기획이었는데. 왜냐하면 나는 이런 행사에 이골이 난 사람이기 때문이다.

젊어서부터 나는 사람을 모아 교육시키는 행사를 숱하게 치러 왔다. 내 젊은 시절 나는 총회에서 파송되어 대한기독교교육협회 간사로 일했었다. 당시 교육부를 맡았는데, 직전 담당 간사와 총무님께서 지난 해 교사강습회에 이백 명도 채 못 왔다며 그 행사를 관두자고 했다. 재정 적자를 염려하지 않을 수 없다고 했다. 지난 1980년대 초의 일이다. 그때만 해도 교단 연합 교사강습회조차 빈번하지 않던 때였다. 하여 교단 연합 교육기관에서 그런 교육적 행사를 열어 줘야할 의무가 있었다. 그런 의무와 재정적 현실 사이에서 실무자들은 현실적 고충을 토로했다. 그러나 나는 우리가 그런 의무를 방기한다는 것은 말이 되지 않는다고 역설한 후, 내가 2천명을 모을 테니, 나를 믿고 이 사업을 진행하자고 그들을 설득했다. 나의 적극적인 명분 있는 설득에 그들은 마지못해 승복했다. 나는 교회들이 관심을 가질만한 프로그램을 기획하고, 열심히 홍보했다. 결과는 내가 예상했던 바대로 2천명이나 되는 교회학교 교사들이 참석해 대 성황을 이루는 감격을 우리는 맛봤다. 그 후 나는 내가 손을 댄 행사마다 성공을 거두어 왔다.

최근 교단적으로도 나는 나에게 맡겨진 임무를 나름 훌륭하게 치러왔다. 예를 들면, 숱한 영적 방해 공작 속에서도 지난 103년차(2009년) 멀고 먼, 참가비 비싼 경주에서 열린 성령컨퍼런스도 대성공을 거뒀다. 내가 지방회장단 회장으로서 동원부장이었다. 그리고 103년차 총회 지방회장단 해외연수도 1. 안정성 2. 전문성 3. 가격대비 만족도 등 객관적인 기준과 협의 절차를 거쳐 최상의 해외연수를 동기 회장들에게 제공했다. 그 결과 그때 얻은 동기들의 신망으로 나는 오늘도 그 모임의 대표로 그들을 섬기고 있다. 그 서유럽 해외연수 이후 103년차 동기들은 무려 7회째 전국을 돌며 친선을 다졌다.

지방회적으로도 나는 나에게 주어진 일들을 최선 다해 수행했다. 교회를 살리고, 사람을 살린다는 목표 아래 나는 여러 일들을 완수했다. 제주선교60주년기념교회, 신길교회 영입, 교직자 성지순례, 금년도 교역자회 회장으로서의 여러 행사들. 특히 기억나는 감동적인 행사가 장애인사랑교회에서 있었던 그 장애인들과 함께

한 열린 음악회였다. 또한 서울지역 8개 지방회 교역자회 대표 회장으로서 약한 지방회 교역자회를 물심양면으로 후원해 가며, 혁신적인 체육대회를 성공적으로 치러내는 등 나는 나에게 주어진 숱한 임무를 최선 다해 수행해 왔다. 물론 결과도 대단했고, 아름다웠다. 그리고 마지막으로 엊그제 있었던 교육부 교역자부부세미나를 성공적으로 마쳤다.

금번 교육부 세미나는 순교 성지 증도에서 정태기 박사님을 모시고 순교 신앙을 함양하는 기회로 삼았다. 그 결과 우리는 하나님께서 주관하신 집회답게 '치유와 순교영성을 충분히 함양하는 은총'을 힘입었다. 감사하다.

폐회예배 시간에, 나는 그 성업을 물심양면으로 도운 분들에게 감사를 표했다. 특히 나는 동안 살림 어려운 교육부를 예까지 이끈 한 사람을 세워 칭찬과 격려를 보냈다. 그가 있어 가능했던 막중한 이 영적 과업. 그는 소리 없이 치러냈다.

복스럽고, 덕스럽고, 충성된 사람
강 충 선

나의 이런 호명에 그는 매우 쑥스러워 했으나, 그에게 칭찬과 격려의 박수를 보낸 이는 나만이 아니었다. 그 자리에 함께한 모두가 진심으로 그의 수고에 칭찬하며, 격려했다.

오늘 엘림 성경공부 내내 오한과 몸살에 시달렸다.
그래도 말씀 안에서 진지하고, 흡족했다.

수고했다. 나도.
더 이상, 행사는 없다.

빨래 끝~☀
레알?

영혼일기 1040

사는 것처럼 사는 것 밖에는

2012.08.20(월)

글로벌 에듀로 진종일 힘을 쏟고, 탈진하여 주일을 건성으로 맞이했다가, 때론 죽이 밥보다 맛있다는 말로 스스로를 위로하고, 대은교회 류용성 목사 원로 취임-서현철 담임 목사 취임 예배에 들렀다가, 103년차 동기 정영진 목사 부친상에 서울 측 동기들과 금년 여름 들어 세 번째 청주에 들러, 경향 각지에서 자발적으로 조문 행렬에 동참한 동기들을 반갑게 만나 함께 조문한 후 늦은 밤 귀가한 후, 다시 오늘 정년퇴임을 앞둔 친구를 축하해 주려고 분당을 막 다녀왔다.

근데 다시 움직여야할 모양이다. 궂은 비 우산 속에서 맘 밝히자며 우정이 날 불러낸다. 며칠 강행군을 했더니, 의식이 몽롱해진다. 그래도 또 누군가가 나를 필요로 한다기에, 등 붙일 시간조차 허락되지 않은 토막 시간에 나는 영혼일기를 열어 자판을 두드리며. 그들의 호출을 기다리고 있다.

그래, 그 누구보다도 늘 인정이 본질상 그리운 나는 홀로서기는 틀렸다. 근데 혹시, 지난 주 완수하지 못했던 과제 때문이 아닌가, 라는 생각이 문득 든다. 내 일천한 지식(달란트)을 과대평가해 주는 이들이 고맙고, 애석하다.

내 일천한 지식? 그 일천함보다 더 큰 문제는 이젠 내게서 한 줌 남은 본질적 욕구마저 사라져 가고 있음이 안타깝다. 오늘도 분당을 오고가다가 한신 목회자 세미나 사무실 여직원에게서 지난 25회 강연을 모아 둔 CD를 구매해 달라는 요청을 받았다. 나는 "이젠 책을 읽을 수가 없어요." 그랬더니 책이 아니라, 음성 파일이라며 강권했다. 나는 "귀도 약해져서 들리는 게 없어요, 이젠." 그랬더니 저쪽에서 "아직 목소리는 젊으신데요."라고 대꾸한다. "속이 다 삭았어요. 안 읽고, 못 들어도 그냥 그런대로 뭉갤 수 있어요." 라고 눙쳤더니, 킬킬 거리다가 전활 끊었다. 그쪽에서 먼저. 그녀는 그랬을 거다. 송화기를 내려놓으며, 뭐야 이 인간 득도했나? 벌써 노망했나? 그런 진심어린 궤변으로 끈질긴 상혼을 물리쳤는가 싶었는데, 한 식경 후, 이번엔 북동쪽에서 날아 든 문자. "전화 좀 주세요. 시인 이 아무개 교수." 천 년 전에 마감했어야 할 과제를 질질 끌어오고 있는 나를 그녀는 내치지 못하고 있음에 틀림없다. 그들 세상에서는 별종인 나의 식자(植字) 과정이 궁금한가 보다. 더 이상 미룰 수 없는 가을이 코앞에 다가왔다. 그 과제는 나름 학문적 즐거움을 내게 선사할 것이 틀림없으나, 목회적 의미까지 부여할 수 있을지 모르겠다. 이런 이유로 나는 천 년을 끌어 왔다.

오늘 분당에서의 일이다.

그가 내 눈에 띄었던 것은, 그가 교내 콩쿠르에서 주세페 조르다니(G. Giordani) '카로미오벤(Caro mio ben)'을 불러 그랑프리를 수상하며 풍지풍파를 일으켰기 때문이다. 이요섭-그는 그렇게 내게로 와 친구가 되었다. 예비고사만 합격하면 죄다 받아주던 목포교대는 정원이 400명이었다. 400명 정원에 400명이 지원했었기에, 우리는 시험 당일 전원합격통지를 받았다. 경쟁률 1:1. 경쟁률이 낮다고 우리가 실력이 없었던 것은 전혀 아니다. 70년대 초, 예비고사를 합격하기만 해도 서울 중위권 대학에는 지원이 가능했었다. 그리고 가난한 소도시에 유일했던 초급 교육대학에는 서울 양가집에서 태어났더라면, 서울시청 국장이 되고도 남을만한 실력자들이 득시글댔다. 실제로 우리 동기들 가운데 고시 공부하던 친구 중 한 명이 사법고시에 합격했었다.

이요섭 교장, 그도 집안 형편만 좋았더라면 지금쯤 서울시향 지휘자로 활약하고 있었을 거라고, 나는 생각한다. 그는 초등학교도, 중고등학교도 제대로 다녀보지 못한 수재였다. 부모님의 기대를 한 몸에 받았던 그의 맏형이 군대에서 행방불명되어 버리자 낙담한 부모들은 남은 아들들을 챙길 심적 여력까지 잃어버리셨던가 보다. 그랬어도 그 삼형제는 제 길을 개척해 나아가 오늘 나름 남부럽지 않는 성취를 이루어 냈다. 이 교장 동생도 교육계에 몸담고 있고, 막내는 중학교 때, 심장판막수술 받아 심히 약해진 몸으로도 서울대 치대를 거쳐 서울대 출신 부부 치과 의사로, UBF 서울대 목자로 영·육간 타인의 멘토로 열심히 살아가고 있다. 아직도 살아서 주님을 만나겠다는 의지로 90세 중반도 넘으신 양친 부모님들을 아들들은 지극정성으로 봉양하면서, 타의 모범이 되는 삶을 살고 있다.

우린 그 교정에서 우애를 돈독히 했고, 졸업 후 우체부도 하루

걸러 오는 섬마을 학교와 내지로 각각 발령이 난 후, 거의 하루가 멀다 하고 연애하듯 편지를 주고받으며 인생과 신앙과 청춘을 논하곤 했다. 나는 그 시절 매일 써내려 간 일기장을 지금도 간직하고 있는데, 그 일기장이 바로 이 교장의 애정행각(? 아니 우리네 청춘사랑은 곱고, 아름다웠다)이 꼼꼼히 기록된 X-파일이다. 그런 우애를 나누다가 나는 세상 밖으로 나갔고, 그는 무려 39년의 세월을 국민교육 백년대계를 위해 헌신해 왔다. 그런 그가 오는 8월 31일 자로 만 62세 정년퇴직을 한단다. 그는 나보다 한살 더 많다. 하여 우리 죽마고우들이 오늘 퇴임축하를 위해 그를 찾아갔다.

모두 네 명. 그중 셋이 목사이고, 하나는 우리들의 물주(物主) 장로다. 나를 제외한 이 교장을 포함한 네 친구들은 끝내 주는 소리꾼들이다. 그들은 고교시절 Y.F.C.에서 남성 4중창단으로 전국적 맹위를 떨친 전설들이다. 또한 우리는 목포기독학생연합회 회장을 비롯한 임원들로서 기독 청소년 연합 운동과 선교에 앞장서기도 했다. 이 교장의 현란한 하이 테너를 뒷받침 해 주는 박원석 목사의 웅숭깊이 있는 베이스는 환상적이다.

♫ 하나님의 자녀들 아름다운 노래로 주의 하신 사업을 찬미하며 나가세 / 우리 하나님 계신 그곳은 우리 조상이 기뻐하시는 좁은 길로만 따라 나가면 기쁨 충만 하겠네 ♫

아직도 그 깊고, 가없이 높아 하늘에 닿았던 하이틴들의 순수한 하모니가 귓가에 쟁쟁하다. 우린 그렇게 우정과 신앙을 돈독히 하며 반세기를 함께 살아왔다. 다들 섬마을의 순교자 고(故) 문준경 전도사님의 신앙의 후예들이며, 대부분 섬에서 유학 와서 예수사랑으로 무전취식을 베풀던 장학관에서 그들은 함께 생활하며 푸른 꿈을 키워왔다.

우린 그 집무실에서 차 한 잔을 나누며, 그의 정년퇴직을 축하했다. 그리고 우리는 성경책을 한권을 이 교장에게 선물했다. 나는 그 성경책에 데살로니가후서 3장 16절 말씀을 옮겨 적었다. "평강의 주께서 친히 때마다 일마다 이요섭-최정심 님께 평강을 주시길 기원합니다." 그네들의 삶이 이제는 더 이상 걱정이나 탈이 없는 여생이 되길 나는 주께 기원했다. 그리고 그 밑에 모두의 이름을 연명으로 각인했다.

여기 적힌 먹빛이 희미해질수록 / 그대를 향한 마음 희미해진다면 / 이 먹빛이 하얗게 마르는 날 / 나는 그대를 잊을 수 있겠습니다 / 초원의 빛이여 / 꽃의 영광이여 / 다시는 돌아갈 수 없다 해도 / 서러워 말지어다 -「초원의 빛」 윌리엄 워즈워드-

청소년기 우리네 가슴을 저미게 했던, 애틋한 시구(詩句)가 다시 읊조려졌다. 육십 평생을 살아오면서 나는 내 피붙이 같은 친구들을 몇몇 잃었다. 그중, 연습 한 번 없이 대역으로 나서서 오케스트라의 빠른 리듬을 놓치지 않고, 찰나적 감응으로 나팔을 불어댄 땅 끝 모짤트 최병운이는 사십도 안 된 아내와 어린 아들 셋을 두고, 빙판 길에 둠벙으로 차를 몰아 어처구니없이 먼저 갔고(그랬어도 그의 젊은 아내는 내가 위로하느라 불러 함께 오른 남산 타워에서 애써 해맑게 웃으며, 친구가 종래 예수 안에서 영원히 사는 삶을 택했었노라고 말했다.) 긍정의 힘을 신봉하던 낙천주의자 녹두 전봉준은 불미스런 교육감 선거전에 뛰어들었다가 검찰의 압박에 숨넘어가 생을 자진 하직했다. 그건 너무 일찍 찾아와, 아직도 머물고 있는 질긴 슬픔이다.

천지는 사라질지라도 결코 변개치 않을 영원한 말씀 위에 우리가 우리의 우정을 잊지 말자고 각인했지만, 거기 적힌 먹빛은 절로 희미해져 갈 것이며, 우리도 초원의 빛처럼 서로를 서로가 의식하지 못한 채 스러져 갈 것이다. 허니, 슬픔조차 남아 있을 수없는 망각의 계절이 오기 전에, 우린 서둘러 살며 사랑하기를 멈추지 말아야만 한다.

이 교장이 자신의 드라마틱했던 빠삐용 일생을 회고하는 글을 쓰고 싶다고 하자, 죽을 고비를 몇 번이나 넘긴 황 장로는

"여기 적힌 먹빛이 아니라,
사는 것처럼 사는 것 밖에는 남는 것이 없을 것"라고 단언했다.

그래 일본어 성경 사랑 장(章) - 고린도전서 13장 마지막 절(13절)은, "믿음 소망 사랑 이 세 가지는 항상 있을 것이나, 그중에 제일 오래 남는 것은 사랑이라"고 번역되어 있다고 한다. 난 아직 멀었다. 사는 것처럼 사는 것(사랑으로 사는 것) 대신 나는 여전히 문약(文弱)에만 흐르고 있기에. 간음하다가 현장에서 붙잡혀 온 여인을 구하시려 몸을 구푸려 손가락으로 땅에 한 줄 글을 쓰신 적 외에는, 글 쓸 틈 없이 온 몸을 불살라 한 영혼 사랑을 번제로 구현하신 예수 그리스도. 그래 하나님은 그래서 사랑이시다.

난 정년퇴직 후, 적어도 40년은 더 살아야 할 이 교장을 위해 기도했다. 여명이 무려 40년? 근거가 있다. 그의 부모님께서 100세를 앞두고 계시기 때문이다. 우리는 퇴직 후의 생에 대해 여러 이

야기를 나누었다. 나중에 함께 모여 살자는 둥, 대부분 가망치도 않는 염원이었지만, 그래도 우리네 모사만큼은 진지했다. 모이기를 폐하는 어떤 사람들과 같이 되지 말고, 그날이 가까움을 볼 수록 더욱, 서로 돌아보아 사랑과 선행을 격려하며 살자고 눈빛으로 다짐했다. 천당 밑 분당은 때깔이 고왔다. 때깔 고와 맛 고운 만찬이 이어졌다. 이 교장이 내 호주머니를 기습했다. 찔러 준 우정의 징표에 내 가슴이 아렸다. 끝도 시작도 없이 아득한 우정의 미로. 그는 내가 그를 위해 빈, 기도 말대로 우리 가운데 오신 이스라엘의 위로로 위로하는 자였다.

그래,
티 없는 사랑의 격려로 세월 속에 남으리라,
영원히,
우린.

사는 것처럼 사는 것밖에는 (II)

2012.08.26(주일)

오늘 설교 제목을 '사는 것처럼 사는 것밖에는'이라고 정했다. 지난 월요일 이 교장 정년퇴직에 즈음한 회고의 글 제목이다. '사는 것처럼 사는 것밖에는'이라는 제목이 주는 발전적 의미를 발견해 보고자, 나는 한 주간 동안 말씀을 묵상해왔다.

나는 그 짧은 회고를 중심으로, 내가 이 교장에게 선사한 데살로니가후서 3장 16절이 주는 '평강'을 주제 삼아, 그 평강을 누리기 위한 복음적 신인 합동의 근거를 빌립보서 4장 4-7절에서 찾았다. 주께서 내려 주신 평강을 받아 누릴 성도들이 지니고, 실천해야 할 덕목을 빌립보서 4장 4-7절에서, 나는 찾았다. 먼저 A.D 51년경 데살로니가 교회에 때마다, 일마다 평강의 주께서 친히 너희에게 평강을 주시기를 원하노라고 기원했던 바울 사도는, A.D 62-63년경 로마의 감옥에서 빌립보 교회 성도들에게 그 평강을 얻은 사람들의 평강을 제 것 삼는 자세에 대해 상술하고 있다. 주의 평강은 어떻게 오는가? 항상 기뻐하라(빌4:4). 관용을 베풀며 살아라(4:5). 아무 것도 염려하지 말고, 감사함으로 주께 간구해라(4:6). 그리하면 모든 지각에 뛰어 난 하나님의 평강이 그리스도 예수 안에서 너희 마음과 생각을 지키시리라(4:7).

아무 것도 염려하지 말고……

이 말씀을 묵상하는 데, 갑자기 어느 친구 목사의 푸념이 되울려 난다. "퇴직금도, 목회 연금도 챙겨 줄 수 없는 교회라니, 후~우." 나는 적이 놀랐다. 그 푸념을 내뱉은 주인공의 형편을 내가 어느 정도 알고 있기에 말이다. 그는 작금 삶과 사명에 있어, 그 역경의 열매를 톡톡히 맛보고 있는 목사이고, 나름 내일이 보장된 직임을 맡고 있는 사람이기 때문이다. 그런 그의 타산적 푸념이 날 의아하게 했다. 어느 핸가, 달랑 한 채 가진 집 팔아 교회를 개척했지만 빈 손 들고 교회를 나오게 된 선배 목사님에게, 나는 "앞으로 어떻게 사실 거냐?"고 물어 본 적이 있었다. "되는대로 살 거야." 그의 대답은 담백했다. 그 미자립 교회 원로 목사님의 체념은 차라리 고결해 뵀다. 집 한 채 없이 교회 기도원에서 생활하시다가 하늘 부르심을 받았다는 고(故) 한경직 목사님의 청빈한 삶의 이야기가 오버랩 되어 왔다.

우리는 너무도 많은 것을 염려하며 산다. 허니 평강의 주께서 내 안에 내주하실 수가 없다. 물주(物主), 예수를 잃게 되면 어디서 먹고자나 불안에 떨던 제자들에게 하나님을 믿으니, 곧 나를 믿어라. 내 아버지 집에는 거할 곳이 많단다. 내가 가서 니들 집을 마련해 두마고 약속하셨던 주님(요14:1-2). 그랬어도 그 제자들은 그 약속을 믿지 못했다.

우리도 마찬가지다. 우리는 그분을 믿지 않고, 내 염려를 믿고 산다. 영국의 탁월한 문필가이면서 기독교 옹호론자인 길버트 체스터튼(Gilbert K. Chesterton)은 "신을 믿지 않으면 다른 모든 것을 믿게 된다"고 말했다. 그래 우리는 다른 모든 것을 믿고 산다. 내 불안을 믿고 산다. 내 근심·걱정·원망·시비·낙담의 근거를 믿고 산다. 나도 타인의 평강을 기원하는 직임을 맡은 목회자들의 물신주의를 비롯한 무차별적인 범신론적 세속적 믿음을 비판하면서도, 정작 믿고 의지해야 할 분을 골방에 모시고 있는 나의 실존적 연약함에 내심 몸 둘 바 몰라 한다. 그리고 많이 힘들어 하고 있다. 아슬아슬한 현실적 불안과 뒤뚱거리는 믿음 사이에서.

성공 보수 챙기듯 만사(萬事) 제 배만 위하지 말고, 주신대로, 허락하심만큼만, 사명에 합당한 자의 자세로 꿋꿋이 '사는 것처럼 사는 것밖에는' 다른 욕심이 우리에겐 없어야 한다. '산'듯하게 사는, 산뜻하게 사는 것. 이것이 사명을 사명되게 하는 지름길이다. 주신대로, 허락하신만큼 맘 비우고 살면, 우리는 사명에 충실한 삶을 살게 될 것이다. 보다 본질에 가까운 생각과 생활을 하게 될 것이다. 그리고 적어도 우리는 "가서 너희를 위하여 거처를 예비하면 내가 다시 와서 너희를 내게로 영접하여 나 있는 곳에 너희도 있게 하리라(요14:3)"는 언약에 근거한 천국 고급 빌라 입주권을 이미 받아 쥔 천국시민들이 아닌가? "우리가 바라보는 것은 보이는 것이 아니라 보이지 않은 것입니다. 왜냐하면 보이는 것은 잠깐이요, 보이지 않는 것은 영원하기 때문입니다(고후4:18)." 우리는 보이지 않는 영원한 세계를 바라보는 자들이 아닌가? "생각하건대 현재의 고난은 장차 우리에게 나타날 영광과 족히 비교할 수 없도다(롬8:18)"라고 믿는 소망 중에 즐거워하는 하늘 시민이 아닌가?

이는 비화 밀교식의 현실 도피적 타계주의가 아니다. 아니 이는 역설적으로 가장 철저한 현실주의다. 마라나타(아멘 주 예수여 어서 오시옵소서!)의 신앙으로 연대한 초대 교회는 모든 물건을 서로 통용하고, 제 것을 조금이라도 제 것이라 하지 않는 신도의 공동생활로, 하늘천국을 누리기 이전에, 미리 이 땅에서 천국을 맛봤다. 오늘의 든든한 서구 자본은 자신에게 맡기신 직임을 소명으로 받아들인 청교도들의 충실했던 사명감의 산물이다. 그들은 하늘 처소를 소망하는 믿음에 굳게 섰기에, 역설적으로 이 땅에 부를 축적하는 부산물을 획득했다. 본질에 충실하면, 비우며 살면, 산뜻하게 살면, '사는 것처럼 사는 것밖에' 다른 길이 없음을 고백하며 살면, 우리는 사명에 충실한 사명자로 바로 서게 될 것이다.

그런데 우리는 치사하게 육적인 욕망만을 충족시키려 들고, 육신의 안식처를 한 평이라도 더 늘이려고 안간힘을 쏟고 있다. 결과적으로 전리품은 얻었는지 몰라도 우리가 세상에 의당 끼쳐야 할 영적 감화와 감동은 불러일으키지 못하고 있다. 하늘 소망이 우리의 유일하고, 절대적인 소망임을 세상에 전하는 일에 우리는 실패하고 있다. 강단의 핏대 높인 설교는 외면해도, 세상은 법정의 「무소유」에는 눈길을 준다.

우리가 쟁취해야할 사는 것처럼 사는 길은, 참 길이요, 참 진리요, 참 생명(요4:6)되신 예수 안에 있다. 그의 자신을 온전히 비우신 희생의 죽으심과 소망의 부활에 있다. 머리 둘 곳조차 없으셨던 예수의 청빈과 고독에 하늘 보좌가 빛난다. 그러므로 예수가 지금 나의 모든 것인, Christ-i-a-n (Christ is all now!)은 항상 기뻐하고, 관용하고, 나누고 베풀며, 염려대신 감사함으로 간구하면서 사는 자이다. 그리하면 하나님의 뛰어난 지각이 우리의 마음과 생각에 주의 평강을 불어 넣어주신단다.

사는 것처럼 사는 것밖에는, 이라는 말은
그 내일에 서서, 주께서 가까우심을 늘 인식하며,
오늘을,
살며 사랑하는 삶을 살 수밖에 없다는 말이다.

사는 것처럼 사는 것밖에, 몰랐던 한 청년의 이야기다.(『not a fan 팬인가, 제자인가』 -카일 아이들먼 지음, 정성묵 옮김 2012 두란노)

epilogue(요약)

스물다섯, 아까운 나이에 이슬람 선교지 전진기지 이집트에서 척수막염으로 하늘나라로 간 선교사 윌리암 보든(William Borden). 그는 명문 예일대 출신에, 억만 장자였다. 그러나 그는 예수를 위해 그 모든 것은 다 내려놓고, 목숨까지 새파랗게 젊은 나이에 그 사명을 위해 내려놓고 갔다. 그렇다면, 사는 것처럼 사는 것밖에 달리 선택의 길이 없었던, 그 젊은 순교자의 삶은 과연 헛것이었는가? 아니다. 그의 예수를 좇은 참 길을 따라 선교사로 결단한 젊은이가 수천 명에 이르고 있단다. 그가 세상을 떠난 뒤, 늘 자신을 부인하고 예수님께 순종한 그의 성경책 속에서 세 개의 문장이 발견되었다고 한다.

남김 없이(No Reserves)
후퇴 없이(No Retreats)
후회 없이(No Regrets)

사는 것처럼 사는 것밖에는,
다른 길이 없었음을 그는 죽음으로 웅변하고 있다.
수천 젊은이의 가슴 속에서 부활한 죽음으로.

영혼일기 1137

수사修士의 땅에서, 우리의 아들 요셉에게

2012.11.29(목)

말세의 성도들을 완전케 하여, 주님 재림 시 들림 받게 해야 하는, 자신의 사명을 위해 일생을 투신해 오셨다는 이경환 목사님께서, 오늘 103년 차 동기회 개회예배 설교 중에 이런 깨침을 우리에게 증거 했다. 개척교회 목사로서 품은 아이들이 무려 다섯, 병원 갈 돈도 없었지만, 믿음으로 믿음에 이르게 하는 진리에 굳게 선 이경환-김군자 목사님 부부는 열병에 시달리는 아이를 붙잡고 밤새워 하나님께 속히 회복시켜 달라고 기도하곤 했단다. 의인의 간구를 역사하는 힘이 많아 그분들의 전심전력을 기울인 피나는 자식 사랑 기도는 늘 효험을 보곤 했단다. 그러다가 한 번은 아픈 자녀를 위해 밤이 새도록 간절히 하나님께 치유의 은혜를 내려달라고 몸부림 쳐대며 울고 불며 매달리던 중, 이런 음성이 귀에 들려왔단다.

"이 목사야, 내가 너보다 더 이 아이를 사랑한다."

그 좋으신 아버지 하나님의 다정한 음성에 맘을 놓으며 경환 형은 감사의 눈물을 쏟았단다. 그 하나님께서 육신의 아비 이경환-김군자 부부보다 더 사랑하시는 그분들의 아들, 딸들은 판사, 목사, 박사가 되어 오늘 세계를 선교의 무대삼아 빛나는 영적인 삶을 살고 있다.

오늘은 좋은 날. 눈이 큰 아이 선호. 그를 생각만 해도 가슴이 뛰는 데,

그 살가운 선호 부부를 만나러 갔던 신평 행, 오늘은 기분 째지는 날.

이 해가 가기 전에 우리는 다시 만나야 했기에 세상에서 제일로 맛난 차 103년차 동기들은 충남 당진군 신평면 거산리 133-3에 선 신평성결교회로 삼삼오오 모여들었다. 때는 연말. 다들 한 해를 결산하고, 새해 목회를 준비해야 하는 가장 긴장되고 바쁜 철이라서 많은 동기들이 오고 싶어도 못 왔지만, 그래도 만사제패하고 달려온 우리 일곱 가정 14명의 형제자매들은 그 사랑과 우정의 열기로 신평면을 가득 채웠다. 시종일관 환호작약, 화기애애, 파안대소로 하루를 즐겼다. 103년차에서만 맛볼 수 있는 티 없는 흥분이 아산 방조제를 넘실넘실 타고 넘었다.

먼저 예배를 드린 후, 덕숭산(德崇山)에 위치한 수덕사로 향했다. 덕숭산, 덕을 숭상하는 뫼. 얼마나 근본이 있는 산인가? 그 덕숭산 수덕사 턱밑에 위치한 토속 음식점에서 우리는 산채정식으로 배를 채웠다. 음식이 정갈하고, 산채의 풍미가 넘쳤다. 나는 산채의 향에 취해 그 밥상 앞에서 심한 주사를 부렸다. 내 잘난 척에

다들 좋아라(?) 했다. 수덕사(修德寺) 비구니 사찰이라는 특색만으로도 사내들의 본능적 호기심을 은근히 유발시키는 수덕사. 나는 청년 시절부터 수덕사를 연모(戀慕)해 왔었다. 그 사찰에 머물었던 파란곡절 여승 일엽 때문에. 나는 가곡 '그집 앞'을 지나는 심정으로 일생 꼭 밟고 싶었던 수덕사에 들어섰다. 일엽(一葉) 그녀의 속명은 김원주. 목사의 딸로 이화여전을 거쳐 동경 유학을 하고, 동경 유학시절 일본 청년과 이루지 못한 사랑으로(양가의 반대) 사생아를 낳고, 귀국하여 결혼 했으나 실패했고, 화가 나혜석 등과 '자유연애론'로 '신정조론'을 주장하며 개화기 여성운동을 이끌었다. 그런 그녀가 불교에 귀의했었다. 호이자 법명인 일엽(一葉)은 춘원 이광수가 붙어 준 이름이다. 그녀의 속세에 대한 애증이 승화 된 환희대(歡喜臺)에서 나는 그녀의 피어린 문집「청춘을 불사르고」에서 그녀가 발한 "누구나 사람을 믿는다면 철저해야 하며 믿는 그에게서 의외의 일이 발견되더라도 실망 없이 여전하게 믿어 가는 것이 신의(信意)다"라는 일편단심 애정의 결기를 대했다.

애틋한 그 산에서 내려 와 풍진에 썩은 명리를 세심천(洗心泉)에서 씻고, 신평 탁구장에서 신평교회 당회장배 일합을 겨뤘다. 유남규, 오상은과 교류하는(무늬만?) 탁구 마니아(mania) 한선호 목사님이 교회 반(半) 지하 공간에 마루가 깐 탁구장을 꾸며 놨다. 지구촌 그 어디에도 이만큼 완벽한 교회 내의 시설은 없을 거다. 사랑은 무례히 행치 않는 거라는 데도, 나는 사랑은 무례를 무례로 받아들이지 않는 거라고 내심 우기며, 맘이 큰 아이 선호 목사에게 장어구이를 만찬으로 즐기자는 무례를 선사했다. '먹쇠'라는 서구식 고급 장어구이 집에서 우리는 해질녘에 동참한 동기 부부들과 더불어 입안에 절로 녹아드는 민물장어의 고소한 맛을 즐겼다. 디

저트로 나온 장어탕은 깊이가 다른 특미(特味)였다. 단 한나절 만에 지갑에서 한 장 정도가 날아갔을 거다. 그랬어도 눈도 맘도 큰 아이 선호-선화 목사 부부는 103년차 동기들을 위해 한 장 정도 우리가 못 쓰겠느냐고 환히 웃어줬다.

사실 오늘 회동은 정기행사라기 보다, 선호-선화 그네들이 가슴으로 낳아 가슴으로 키운 아들의 결혼 축하 뒤풀이 성격이 강했다.

우리는 무자식이 상팔자라는 말을 곧잘 쓴다. 어미가 된다는 것이, 어미 구실을 한다는 일이 얼마나 버거운 생의 짐인지 모른다. 평론가 이상숙은 그녀의 평론집「시인의 동경과 모국어」에서 어머니를 이렇게 평했다. "내 존재의 근원이지만 늘 자신의 피조물에 복종하는 어리석은 신(神)이며, 제 몸에서 나온 피와 살의 끝없는 양식이 되는 고행의 수사(修士)"라고. 첫사랑의 몸부림으로 생산한 사생아를 둔 일엽(一葉)은 그녀가 칩거한 수덕사로 찾아 와, 그녀의 품을 파고드는 아들을 문밖에 세워두고, "나를 어머니라 부르지 마라. 이곳은 절이니라. 스님이라 불러라"라고 절연을 선언했다고 한다. 제 몸에서 나온 핏덩이를 문밖에 내친 일엽의 단장(斷腸).

그 중원(中原)은 에미의 단장(斷腸)의 비애를 이어가는 수사(修士)의 땅인가 보다.

수덕사의 일엽(一葉)은 문밖 자식을 내치는 단장의 비애로 일생 산정의 적막을 택했다면, 신평의 선화는 가슴으로 낳은 아들을 비수처럼 끌어안고 몸부림 친 능동적 고행을 결코 마다하지 않은 저자거리의 수사(修士)였다. 그래, 이 땅의 에미들이 불러일으키는 슬픔의 근원은 늘 자식들이었다. 그 아들이 장가를 들었단다. 제 몸으로 키운 자식의 끝없는 양식이 되는 고행의 수사(修士)로서의 색다른 제 2인생이 시작되었단다. 그녀는 그랬다. 하늘 아버지께 너를 위해 눈물로 쌓아 둔, 내 너를 위해 비축해 둔 무한(無限) 기도를 양식 삼아 이 땅에서도 승승장구 하거라.

열병에 숨넘어가는 자식을 위해 기도로 밤새우다가 깨친 이경환 형의 깨침.

"이 목사야, 내가 너보다 더 이 아이를 사랑한다."
"선호-선화야, 내가 너희들보다 더 이 아이를 아파했단다."

선호와 선화보다, 아니 요셉이보다 요셉이를 더 아파한 하늘 아버지께서, 참 좋으신 아버지 하나님께서 요셉이의 앞날을 환히 인도해 주시리라, 우리는 굳게 믿는다. 무자식이 상팔자라고? 아니다. 남의 둥지에 알을 낳은 뻐꾸기 새끼도 돌보시는 창조의 신비처럼 사랑의 목자 한선호-김선화 부부를 통해 생명의 생명을 이어가게 하신 하나님. 자식이 급했던 그네들에게 이른 손(孫)을 번개같이 허락하신 하나님은 정말 공평하신 하나님이시다. 육순도 안 된 그네들이 이젠 이런 농을 던지며 한갓진 삶의 여유를 부리며 산단다. 겨우 24살밖에 안된 대학도 졸업하지 않은 방위병을 둔, 삼례 목사 부부에게, "아직까지 자식도 안 여의고 뭐 했냐"고 농을 쳐댔단다. 엊그제, 스물 셋 꼬마 신랑을 본 시아버님, 한선호 옹(翁)께서. ㅋ, ㅋ

수고했다. 감사했다. 즐거웠다. 행복했다.

"요셉아, 네 덕에 우리 모두는 ……."

결혼을 진심으로 축하하며, 시편 121편을 너에게 주의 이름으로 선사한다.

> 내가 산을 향하여 눈을 들리라 나의 도움이 어디서 올까 / 나의 도움은 천지를 지으신 여호와에게서로다 / 여호와께서 너를 실족하지 아니하게 하시며 너를 지키시는 이가 졸지 아니하시리로다 / 이스라엘을 지키시는 이는 졸지도 아니하시고 주무시지도 아니하시리로다 / 여호와는 너를 지키시는 이시라 여호와께서 네 오른쪽에서 네 그늘이 되시나니 / 낮의 해가 너를 상하게 하지 아니하며 밤의 달도 너를 해치지 아니하리로다 / 여호와께서 너를 지켜 모든 환난을 면하게 하시며 또 네 영혼을 지키시리로다 / 여호와께서 너의 출입을 지금부터 영원까지 지키시리로다(시 121편)

영혼일기 1163

하나님을 공개적으로 망신시키기!

2012.12.28(금)

내 비명 소리에 놀라셨는지,
오늘 하늘 아버지께서 속한 응답을 주셨다.

나는 지난 25일 일기에, 어느 사모가 사무총회에서 내 질렀다는 기상 천외한 발성. "먹고 살게는 해 줘야죠!"라는 항의를 나도 입력 해 봤다. 이렇게.

"나도 / 이불을 뒤집어쓰고는 / 하늘 아버지께 긴급동의를 발해 본다. / 당최, 먹고 살게는 해 줘야죠!"

그랬더니 하늘 아버지께서는 내 공개적 항변에 놀라셨던지, 자신이 전지 전능자임을 알라는 식으로 오늘, 그릿 시냇가의 엘리야에게 보내신 까마귀를 내게 보내셨다. 내 머리 위로 나는 까마귀에게 말을 건넸더니, 그 새가 물고 가던 만나 일부를 똑 내 손에 떨어뜨려 주고 갔다. 먼데서 내 나와바리를 경유하던 그 신심과 우애와 온정 깊은 채권자께서 그 어떤 채무자에게 밀린 물건 값을 받아가다가 내 태클, 아니 하늘 아버지의 모략에 스스로 걸려 넘어지면서 언약에 신실하신 아버지 위신을, 내 앞에서 세워드렸다.

그래 기도가 중요해, 글 기도도 물론이고, 나는 지금 무릎을 꿇고 글 기도를 쓰고 있다. 앞으로는 적어도 사흘 만에 한 번 씩 소원 수리를 하늘로 띄워 보내야겠다. 사실 나처럼 사람에게는 물론이고 하늘 아버지께 생존권 투정을 하지 않은 당신의 자녀도 없을 것이다.

살아오면서 나는 물질을 주시라는 기도를 거의 해 본적이 없다. 그것이 당신의 일꾼 된 나의 자존감을 세우는 덕목이라고 생각했다. 그리고 사람들에게도 마찬가지였다. 나는 돈을 밝히지 않는다. 함께 임원을 했던 우리 지방회 장로님들께서도 나를 '물질에 있어서 청빈한 목사'라 평해 주신다. 나는 지방회장을 하면서 받은 판공비나 교통비가 단돈 한 푼도 내 수중에 머문 적이 없었다. 적어도 나는 "오른손이 하는 것을 왼손이 모르게"했다. 우리 교회에서도 물론이다.

나는 돈 욕심을 내본 적이 없다. 그리고 물질이 없는 것이 때론 얼마나 맘 가벼운지 모른다. 가진 자들은 상상하기 어려운, 자유함이 있다. 돈 없는 나는 그래서 빈 마음으로 선후배들이 사주는 밥이나 시켜주는 목욕도 그냥 스스럼없이 받아 누린다. "어떤 형편에서나 자족하기"를 배운(빌4:11) 사도바울 선생만큼은 아니다. 그러나 나는 돈 가지고 엄살을 피우거나, 궁색을 떨지 않는다. 그래서 내 호주머니는 늘 가볍다. 호주머니가 가벼운 것에 정비례하여 맘도 가볍다. 영도 그만치 맑다. 그리고 나는 가진 자나 못가진 자에 대해서 스스럼이 없다. 누가 돈 많다고 그 앞에서 주눅 들지도 않고, 그 누가 돈 없다고 우습게보지도 않는다. 그냥 스스럼없이 대접을 받고, 다른 한 편으로는 없는 친구들을 도와주고 싶어 마음이 아플 뿐이다.

아내도 나 못지않다. 없는 살림에 그 누군가에게 보답 못해 안달이다. 오늘도 나 몰래 선한 일에 내외가 전심전력하는 후배 목사의 음력 생일까지 기억해 내, 떡 한 상자를 택배로 보내줬다가 나에게 들켰다. 나는 기억력을 좀 줄이고, 적당히 받아먹는 비위를 길러라 라고 훈시했다. 그랬어도 내 속에서는 알 수 없는 기쁨이 샘솟았다.

그런 내가 엊그제 하나님께 공개적으로 시비를 걸었더니, 그걸 기도로 여기셨던지, 제 자식이 아비 망신 시키는 게 남 보기에 민망해서, 당신의 능력을 공개적으로 나타내 보이려고 하셨는지, 오늘 나에게 떡 한 덩이를 떨구어 주셨다.

그래 하나님을 공개적으로 망신시키자!

제 자식도 먹여 살리지 못한 하나님이라고 동네방네 소문내자. 그러면 당신의 체면을 생각해서라도 메추라기를 보내주실 거다. 그래 맞다. 우리 예수님께서 우리에게 일찍이 아버지 하나님 흔들기, 즉 그 기법을 우리에게 일러주지 않았던가? "구하라 / 찾으라 / 문을 두드리라"고.

"구하라 그리하면 너희에게 주실 것이요 찾으라 그리하면 찾아낼 것이요 문을 두드리라 그리하면 너희에게 열릴 것이니 / 구하는 이마다 받을 것이요 찾는 이는 찾아낼 것이요 두드리는 이에게는 열릴 것이니라 / 너희 중에 누가 아들이 떡을 달라 하는데 돌을 주며 / 생선을 달라 하는데 뱀을 줄 사람이 있겠느냐 / 너희가 악한 자라도 좋은 것으로 자식에게 줄 줄 알거든 하물며 하늘에 계신 너희 아버지께서 구하는 자에게 좋은 것으로 주시지 않겠느냐(마7:7-11)"

오늘은 좋은 날.
겨울나기를 걱정했더니,
또 다른 까마귀가 전한 장편(掌篇)이 날아들었다.
월동할 땔감은 구할 수 있을 것 같다.

뭐가 그리 급하셨을까?
전지·전능하신 주께서…….
연달아 항복을 선언하신 것이

콱 죽어버릴 거야,
내 압박에 그리도 서둘러 굴복하신 건지?
참 심약한 당신.

두 번은 속지 않으시겠지?
담 번엔 뭐라고 응석을 부려야 할지…….

오늘은 좋은 날.
저녁 무렵에 또 다른 철새가 우리 안에 둥지를 틀고 싶다며,

노크를 했다.
든 자리는 몰라도 난 자리는 안다는 데,
그래도 문을 두드리는 데, 일단 열어 줘야지.
상처는 늘 내 몫이니까.
결과물은,
항시
나, 선한 목자의 몫이니까…….

영혼일기 1181

여호와는 나의 현찰이시니……♫

2013.01.13(주일)

시편 23편을 읽는다.
여호와는 나의 목자시니 ……♫
금년도 우리 교회 표어다.

오늘은 지난주 시편121편에 이어 시23편을 본문 삼아 설교를 했다.

속출하는 자살자들의 위패에 한 결 같이 십자가가 걸려있다.감히 망자의 면전에 대고 그(그녀)가 어떻게 죽었건 시비하는 사람은 거의 없다. 그들의 위패에 훈장처럼 걸린 십자가 문양에 대해서도 굳이 시비하지는 않을 거다. 위로 차원에서 십자가를 조화처럼 여기기 때문일 거다.

그러나 목사인 나는 그 위패 속의 십자가가 예사롭게 보이질 않는다.

교회는 뭐했는가?

아니, 저들의 하나님은 어떤 하나님이셨을까?

나와 상관없는, 나와는 무관한, 나에게 무심한 하나님이 아니었을까?

먼데 북극성처럼 우리는 하나님을 그렇게 추상적인 존재로만 여기고 있다.

그렇다.

우리의 하나님은 어떤 분이신가?

그리고 그 누구나 겪는 생의 위기와 고난 속에서 여호와 하나님은 나와 무슨 상관이 있는가? 우리는 하나님을 아주 먼, 존귀하여 근접할 수 없는 상징으로만 여기는 경향이 있다. 그래서 우리는 입으로만 하나님을 말할 뿐 정작 어려운 일을 당하는 경우에도 내 힘으로만 해결하려는 의지가 강하다.

그렇다.

우리네 하나님은 추상적이고, 관념적이고, 상징적인 존재일 뿐이다.

그런데, 불경스럽게도 아니 놀랍게도 다윗은 하나님은 목자라고 부른다. 오늘이야 신약의 복음이 하나님을 '아빠'라고 부를 수 있는 친근한 아량을 베풀었기에, 오늘 우리가 하나님을 목자라고 부르는 것은 전혀 부담이 없다. 그러나 여호와 하나님의 이름을 감히 부르지도 못했던 구약시대의 이스라엘에게 있어서, 다윗이 하나님을 왕도 아닌 양치는 목동을 지칭하는 목자라고 부른 사실은 매우 충격적인 발상이었을 거다.

그런데 오늘 우리는 다윗이 여호와 하나님을 감히 목동(목자)로 비유한 이유를 제대로 이해하지도 못하고 있다. 오늘 시편23편에 첫머리에 나오는 여호와는 나의 목자시니, 라는 구절을 우리는 목가적인 낭만의 대상이신 여호와 하나님이라고만 생각하는 경향이 있다. 그렇다. 우리는 시적 상상력을 동원하여 하나님을 목자라고 부르는 은유를 즐기고 있다. 낭만적인 성가곡의 주인공이자, 시낭송회에서 목가적 낭송의 대상으로서의 하나님일 뿐이다. 그렇다.

그런데 다윗이 여호와는 나의 목자시니, 라고 고백한 것은 문학적 상상력에서 우러른 것이 아니다. 그는 어렸을 적에 양치는 목동이었다. 양들의 목자였다. 사무엘상 17장에서 어린 다윗은 골리앗과 싸우겠다는 자신을 만류하는 사울 왕에게 자신이 목자로서 양떼들을 맹수로부터 지켜 낸 용맹스런 행위를 설명하고 있다.

"다윗이 사울에게 말하되 주의 종이 아버지의 양을 지킬 때에 사자나 곰이 와서 양 떼에서 새끼를 물어 가면 / 내가 따라가서 그것을 치고 그 입에서 새끼를 건져내었고 그것이 일어나 나를 해하고자 하면 내가 그 수염을 잡고 그것을 쳐죽였나이다 / 주의 종이 사자와 곰도 쳤은즉 살아 계시는 하나님의 군대를 모욕한 이 할례 받지 않은 블레셋 사람이리이까 그가 그 짐승의 하나와 같이 되리이다 / 또 다윗이 이르되 여호와께서 나를 사자의 발톱과 곰의 발톱에서 건져내셨은즉 나를 이 블레셋 사람의 손에서도 건져내시리이다 사울이 다윗에게 이르되 가라 여호와께서 너와 함께 계시기를 원하노라 (삼상17:34-37)"

그의 하나님은 그의 삶의 체험에서 우러른 하나님이다.

다윗의 위기관리 능력은 매우 뛰어났다.

첫째, 그는 위기 때마다 여호와 하나님의 힘을 절대적으로 의지했다.

"네 힘을 다 해 봐!"

한 아버지와 아들에게 주문한다. 집 앞마당에서 아버지가 아들에게 아들 몸집만한 돌덩이를 들어 보라고 요구하고 있다. 아들은 너무 큰 돌덩이에 겁을 먹고 그 돌을 들어 볼 생각을 못하고 있다. 아버지는 아들에게 다그친다. "한 번 들어 봐." 아들이 마지못해 돌덩이를 들어 본다. 끄떡도 하지 않는다. "아버지 못 들겠어요." 그러자 다시 아버지가 아들에게 거듭 요구한다. "네 힘을 다 해 봐." 아들은 다시 돌덩이를 들어본다. "아빠 끄떡도 안 해요. 끄떡도." 그런데도 아버지가 또 다시 아들에게 요구한다. "네 가진 힘을 다 동원해 봐!" 아들은 못마땅해 하면서도 또 다시 제 몸집만한 돌덩이를 들어보려 안간 힘을 다한다. "아빠 보셨잖아요. 내가 가진 젖 먹던 힘까지 다하는 모습을. 정말 방법이 없어요." 아들이 주저앉는다. 그러자 아버지가 아들을 나무란다. "너는 네가 가진 힘을 다 동원하지 않았어." "아니, 그게 무슨 말씀이에요? 아빠가 직접 보셨잖아요? 내가 죽을힘까지 다하는 것을." 그러자 아버지는 고개를 내젓으며 아들에게 이렇게 말을 던진다.

"아냐, 너는 네 가진 힘을 다하지 않았어."

"……"

"너는 아빠인 나에게 도와달라고 하지 않았어."

"네에?"

"그래, 네가 가진 힘이란, 이 아빠의 힘까지 포함한 거야."

우리도 마찬가지다.

우리는 '여호와 하나님의 힘'을 의지 하지 않는다.

왜일까?

믿음이 없어서 우리는 여호와 하나님의 힘을 의지하지 않는 걸까?

아니다.

우리처럼 여호와 하나님을 잘 믿는 민족이 없다.

그럼 무엇이 문제인가?

그것은 여호와 하나님의 힘이 내 힘이라고 여기지 않고 있기 때문이다. 위 예화에 나오는 아들처럼 자신의 힘만 자신의 모든 힘이라고 여기기 때문이다. 시편기자는 "나의 힘이신 여호와여 내가 주를 사랑하나이다(시18:1)"라고 고백했다. 여호와의 힘이 '나의 힘'이라는 말이다.

미소년 다윗도 그랬다. 골리앗 앞에서 그는 자신의 모든 힘을 구사했다. 즉 자신의 힘인 여호와 하나님의 힘을 그는 구사했다.

"다윗이 블레셋 사람에게 이르되 너는 칼과 창과 단창으로 내게 나아오거니와 나는 만군의 여호와의 이름 곧 네가 모욕하는 이스라엘 군대의 하나님의 이름으로 네게 나아가노라 /
오늘 여호와께서 너를 내 손에 넘기시리니 내가 너를 쳐서 네 목을 베고 블레셋 군대의 시체를 오늘 공중의 새와 땅의 들짐승에게 주어 온 땅으로 이스라엘에 하나님이 계신 줄 알게 하겠고 / 또 여호

와의 구원하심이 칼과 창에 있지 아니함을 이 무리에게 알게 하리라 전쟁은 여호와께 속한 것인즉 그가 너희를 우리 손에 넘기시리라(삼상17:45-47)."

해답은, 여호와를 어떻게 부르는가에 있다.

어린 다윗이 여호와의 힘을 의지했던 이유는, 여호와에 대한 그의 호칭에 있다. 잘 믿는 우리가 하나님의 힘을 의지하지 않는 이유도 우리가 부르는 여호와에 대한 호칭 때문이다.

즉, 여호와 하나님의 힘을 내 것 삼을 수 있는 비결은, 여호와 하나님은 나에게 있어 어떤 분이시며, 그분을 어떻게 부르느냐에 달려 있다. 다윗은 여호와를 나의 목자라고 불렀다. 그가 체험한 여호와 하나님은 자신처럼 양떼를 지켜주시던 목자셨다. 생생한 자신의 체험에서 우러른 여호와 하나님은 자신의 필요에 즉각적으로 응답하는 응급실이나 현금자동지급기 같은 분이셨다. 여호와는 나의 목자이시니……♫ 이런 여호와에 대한 호칭은, 우리에게 목가적 낭만만 선사할 뿐이다. 그림의 떡 같은 하나님이실 뿐이다. 우리는 실감나는 여호와의 호칭을 택해야 한다. 이 고백은 우리 피부에 와 닿게 바꾸어 보자면,

여호와는 나의 현찰이시니……♫
귀에 쏙 들어오지 않은가? 맘에 확 들지 않은가?

여호와는 나의 현찰이시니, 라는 직접적이고, 구체적이고, 손에 쥐어지는 호칭으로 여호와 하나님을 불러라. 그래야 여호와의 힘

을 우리는 때마다, 일마다 의지할 수 있다.

여기 성경에 나타난 단적인 예가 있다.

"여호와는 나의 반석이시요 나의 요새시요 나를 건지시는 이시요 나의 하나님이시요 내가 그 안에 피할 나의 바위시요 나의 방패시요 나의 구원의 뿔이시요 나의 산성이시로다(시18:2)"

자신의 힘이신 여호와는 나의 반석, 요새, 건지시는 이, 그 안에 피할 바위, 방패, 구원의 뿔. 나의 산성이시다.

당신이 체험한 하나님을 구체적으로 묘사하라.

여호와는 나의 (   )이시니.

괄호를 채워보라.

여호와는 나의 목자이시니……♫

여호와는 나의 현찰이시니……♫

현찰이신 하나님께 구하라.

119이신 하나님께 SOS를 쳐라.

네 힘을 다 해 봐!

아빠, 아버지, 하나님의 힘까지 동원해서.

여호와는 나의 목자시니 내게 부족함이 없으리로다(시편 23: 1)

영혼일기 1329

고마웠어, 아지야♡

2013.06.20(목)

고마웠어, 아지야 ♡
나는 그 뺨을 어루만졌다.

내 영혼에 따뜻했던 날들을 추억으로 선사하고,
아지가
오늘 2013/06/20/A.M10:50
육신을 벗어났다.

육신에 마음이 있는
마음에 육신이 있는

아지의 육신인 마음에서 눈물이 비쳤다.

지난 세기 1999/01/27 수요일

아지는 우리 가족이 되었었다.
태어난지 석 달만에(1998년 생)
그러니까 아지는 열 다섯살 바기다.

한 겨울에 왔다가
기어이 우리 안에 봄을 불러내고,
봄을 창출해 내느라 힘이 겨웠던지
이 여름을 넘기지 못하고,
애족·애국·순국·순교의 달에 우리네 하늘 아이는
마른 육신을 비웠다.

육신과 마음이 하나인
일생 한 생명뿐이라는
다시 날 수도, 다시 날 필요도 없는 몸
몸, 그 자체가 영생의 표지인 완전한 몸을 지녔기에

남김 없는 순종, 남김 없는 충성, 남김 없는 구애,
남김 없는 사랑, 남김 없는 용서, 남김 없는 헌신.

그 온전한 태생적 번제물로서
모든 것을 아낌없이 나누다가
모든 것을 아낌없이 나눠주고

눈시울 적신
영원하고, 완벽한 이별을
아지는

우리에게 고했다.

과업을 다 마치고,
졸업장을 받아 든 교정으로
다시 돌아 올 이유가 없듯

다 바치고, 다 비우고, 다 이루었으니

탈대로 다 타버렸기에
그 후회의 흔적조차 없는 사랑으로
생멸(生滅)의 완성을 이루었기에

다시 돌아 올 이유가 없기에
다시 만날 이유가 없기에
다시 불러 낼 이유가 없어서
아쉬운

생자필멸(生者必滅), 회자정리(會者定離)는 어김없이 이루었어도,
거자필반(去者必返: 떠난 사람은 반드시 돌아온다는) 만은 절대로 없다는

영혼이 없다는 아지와의 기약 없는
이 별리 아닌 영결(永訣)

그래도 아쉽다.
그래서 아쉽다.

영혼일기 1385

그 반편半偏들이

2013.08.11(주일)

황은례 권사님이 교횔 나오셨다. 자발적으로 나온 것이 아니라, 끌려 나오셨다. 그분은 이제 제 발로 교횔 나올 수가 없다. 심한 당뇨로 시력을 거의 잃었고, 뇌경색, 신부전증 게다가 알츠하이머까지 앓고 계시기 때문이다.

그분을 끌고 나온 사람은 그녀의 딸이다. 그런데 그녀 최경애 집사 또한 반편(半偏)이다. 그녀는 이제 겨우 40 중반에 이른 나이지만, 전동차에 의지하지 않으면 제 길을 갈 수 없는 불편한 몸이다. 생각도 온전치가 않다. 그러나 그녀는 맘이 백옥 같은 천사요, 교회를 섬기는 일에는 일편단심 민들레다. 복음전도에 대한 열정이 가없어 그녀가 전도해 구원받은 하늘 백성이 한, 둘이 아니다. 그녀는 미인이다. 나는 결혼식장에서 신부로서 그녀보다 더 예쁜 여자를 아직까지 본적이 없다. 그녀는 덕수상고를 나온 재원이었다. 하여 쉽게 취직을 했으나 바로 그해 그녀에게 무서운 병이 덤벼들었다고 한다. 아직까지도 그 반편 된 이유를 의학적으로 명쾌하게 규명해내지 못하고 있는데, 그녀의 머리에 빗살무늬 같은 그 뭔가가 끼어 있는 것만 확인이 된다고 한다.

그녀의 어머니 황은례 권사님은 73살이시다. 그분은 고아로 자라나서 고아인 남편을 만나 가정을 이뤘다. 그래서 삶의 아무런 기반이 없었던 그분들은 일평생 가난만 먹고 살아왔다. 먹고사는 일에 급급해서 그녀는 안 해 본 일이 없이 세상 온갖 궂은일을 도맡아 해 왔다. 그러다가 결국 나이 들어 병든 세월을 보내고 있다. 인간적으로 그분은 정말 가련한 일생을 보내고 있다.

황은례 권사님은 우리교회 권사님이 아니다. 그분이 일평생 섬겨 온 교회는 먼 데 있다. 그러나 그분은 우리와 끈끈한 신앙적 인연이 있는 분이다. 그녀의 반편 된 큰 딸 최경애 집사가 우리교회로 나오면서부터 그분과의 인연이 시작되었다. 황은례 권사님은 교회에 대한 충성심과 헌신도가 남다른 분이시다. 그분은 한때, 노점에서 꽈배기를 튀겨 팔았다. 그분의 도량만큼 큰 꽈배기를 헐값에 팔았다. 그 후한 인심 덕분에 그 지역에서 소문난 노점이 되었다. 그 반짝 잘나가던 시절, 황권사님은 내게 이런 말씀을 하셨다. "전에는 누가 내게 뭐 좀 안 주나는 생각만 하고 살았는데, 이제는 남들을 도울 수 있는 여유가 생겨서 하나님께 감사를 드리며 산다." 그랬다. 그 뙤약볕, 뜨거운 기름 가마에 덴푸라를 튀기느라 땀으로 범벅 된 그분이 내 앞에서 하늘에 올린 감사였다. 그분은 그 감사를 우리교회에도 표했다. 매일 2천 원씩 드린 일천번제를 그녀는 세 번이나 그 자녀들을 위해 우리교회 강단에 올렸다. 피 같은, 금쪽같은 예물이었다.

그런 그분이 오늘 우리 교회에 주일 예배를 드리러 오셨다. 알츠하이머병의 특징은 이렇다. 그 병(病)은 초기에는 새로운 기억이나 최근 기억을 회상하는 것이 어렵다고 한다. 새로운 정보를 배우거나 유지하는 일도 힘들고, 결국 오래된 기억도 차츰 잃어버리게 된다고 한다.

그랬다. 그분은 오래 된 기억을 아직은 잊지 않고 계심에 틀림없다. 그분의 오래 된 기억 속에 우리 교회가 추억으로 남아 있음에 틀림없다. 그랬기에 그분은 몸을 억지로 움직여 우리교회로 향하셨을 거다. 제 몸도 못 가누는 중년의 딸이 그 생각 없는 와중에도 일평생 몸과 맘에 붙은 주일성수. 그 철칙을 순전하게 준수하고자 했을 거다. 모처럼 불편한 몸을 전동차에 싣고 주일 아침 일찍 홀로 계신 어머니를 찾아 갔다가, 주일날에는 무슨 일이 있어도 교회에 가야한다는 신앙고백을 그녀가 죽을힘을 다해 실천한 것이다. “엄마, 교회는 가야 돼. 오늘 주일날이야.” 그 딸의 권면에 우리 교회가 기억이 났고, 주일 성수가 몸에 밴 그분이 몸을 뒤척거리셨을 거다. 그러나 자신들의 힘으로는 도저히 운신할 수가 없어서, 주변 사람들을 부르고, 불러 도움을 청해 가면서, 산을 넘고 강을 건너, 순전히 남의 힘에 의지해서 그들은 교회엘 나왔다.

눈물이 났다. 소경이 소경을 인도하는 역사를 내 눈으로 목도했기 때문이다. 반편이 반편을 이끌고 교회엘 나왔기 때문이다. 내 귀에 찬송이 울려났다. 그들의 주의 전을 향한 불편한 몸짓이 한편의 찬송 시였기 때문이다.

온 땅이여 여호와께 즐거이 부를지어다 / 기쁨으로 여호와를 섬기

며 노래하면서 그 앞에 나아갈지어다 / 여호와가 우리 하나님이신 줄 너희는 알지어다 그는 우리를 지으신 자시요 우리는 그의 것이니 그의 백성이요 그의 기르시는 양이로다 / 감사함으로 그 문에 들어가며 찬송함으로 그 궁정에 들어가서 그에게 감사하며 그 이름을 송축할지어다 / 대저 여호와는 선하시니 그 인자하심이 영원하고 그 성실하심이 대대로 미치리로다 (시 100:1-5)

그 반편들의 순진한 영적 몸부림. 주의 성전을 사모하는 그 절절한 고백이 찬송 된, 오늘 주일 예배에는 감동의 물결이 넘실댔다. 그분들의 영적 백치미가 말씀의 증거가 됐다. 말씀은 부활의 권능, 그 사도행전의 역사를 더듬어 가던 제 6장에 이르렀고, 우리는 일곱 집사를 세운 장면에 앞에 서 있었다. 초대 교회 일곱 집사들의 신앙의 분투를 우리는 성령의 조명하심 따라 읽어냈다. 그리고 그 순교를 마다하지 않은 신앙고백이 오늘 우리 눈앞에 자리한, 그 반편들의 몸부림 속에 살아 역사하고 있음을 우리는 발견했다. 반편과 반편이 맘을 모으자, 온전한 한 사람을 이룬 기적을 맛봤다. 그 피가 맘에서 큰 증거 되듯, 그 반편들의 행진이 우리 눈에 부활의 권능, 그 확증이 되었다. 귀로 듣기만 하던 성령 행전을 오늘 우리는 우리 눈으로 확인하는 기적을 그들은 연출해 냈다.

알츠하이머는 방향 감각도 잃는 병이란다. 그런데 그런 그들이지만, 그들은 전혀 방향 감각을 잃지 않고 있었다. 몸에 밴 주일성수. 몸에 밴 영적 나침반은 비록 정신은 혼미해졌지만, 그 몸에 밴 영적 감각은 몸이 살아 있는 한, 그 작동을 멈추지 않을 것이다. 몸이 다시 사는 것, 그분들이 그리고 우리가 동일하게 믿는 몸의 부활을 이룰 때까지.

나는 황권사님을 직접 그분의 집에다 모셔다 드렸다. 폭염 속에 나는 비지땀을 흘렸다. 나는 딸 최집사에게 “큰 일 나, 다시는 교회에 직접 모시고 나오지 마!” 엄명을 내렸다. 그러자 즉시, “아뇨, 그래도 주일은 성수하셔야죠.” 첨으로 그녀가 나에게 말대꾸를 했다. 순간 멀쑥했다. 등이 오싹했다.

“그래도, 주일 성수는 해야죠!”

.

.

.

‘죽어도, 주일 성수는…….’

돌은 다른 돌을

2013.09.05(목)

"하나의 돌은 다른 돌을 부드럽게 할 줄 안답니다."

잉게보르크 바하만의 명시(名詩), 「설명해 줘요 내게, 사랑」중 위 구절을 읽다가, 일순, 나는 하늘 소리를 듣는다.

"돌 하나도 돌 위에 남지 않고."

돌과 돌이 어깨를 겯고, 돌과 돌에 기대어 걸을 때, 연인들의 추억의 돌담이 되고,
돌이 돌을 밑에서 받쳐주고, 돌이 돌을 딛고 서야만, 담쟁이가 타고 넘는 담장이 되고,
돌이 돌과 부딪혀 깎여야 물새를 부르는 백사장을 이룰 수 있고,
돌과 돌이 서로 연대해야 외침을 막는 강철대오 성벽이 되고,
돌과 돌이 일심으로 기도할 때, 마귀를 대적할 옹벽이 되는 것

인데,

그런데, 돌 하나도 돌 위에 남지 않는,
외톨이 됨이란,
종말론적 재앙이요, 종말론적 심판의 결과다.

예수께서 성전에서 나와서 걸어가시는데, 제자들이 다가와서, 성전 건물을 예수께 가리켜 보였다. 그러자 예수께서 그들에게 말씀하셨다. "너희는 이 모든 것을 보고 있지 않으냐? 내가 진정으로 너희에게 말한다. 여기에 돌 하나도 돌 위에 남지 않고 다 무너질 것이다."

이 예언은 예루살렘의 멸망만을 가리키는 것일까? "돌 위에 돌 하나 남지 않고 다 무너질 것이다"는 주님의 말씀은, 다양한 사태나 역사적 상황에 적용이 가능한, 다중(多重) 적용이 가능한 말씀이다. 개별적이며, 우주적이다.

그리고 예수께서 "이 세대가 지나가기 전에 이 일이 다 일어나리라"(막13:30)고 '세대'를 '이' 세대로 확정하셨으나, 오늘이 영원한 현재로서의 오늘이듯, '이 세대' 또한 '영원한 현재로서의 이 세대'다. 인류 각 세대가 살아냈고, 살아 낼 것이고, 살고 있는 '이 세대'다. 그러하기에 그 다중적 의미의 예언의 실제 시간은 항상 오늘, 이 세대요, 그 대상은 바로 오늘의 나요, 이 세대를 사는 이웃들이다.

그 무엇과도, 그 어느 세대와도, 그 누구와도 비교할 수 없을 만큼, 가공할만한 현재적 재앙은 "돌 하나도 돌 위에 남지 않는" 절대 고립에 처하는 것이다. 그러나 그 고립이란, 전혀 독립적이지 않다. 무슨 말인가? 그 고립이 그 누구 한 사람의 몫이 아니라는 말이다.

돌 하나도 돌 위에 남지 않는, 이라는 말의 진정한 의미는 모두 다 절대 고립에 처하게 된다는 말이다. 모든 자에게 임하는 재앙으로서의 각기 독립적 고립이다.

순망치한(脣亡齒寒) 입술이 없으면 이가 시리다는 뜻으로, 가까운 사이에 있는 하나가 망하면 다른 하나도 그 영향을 받아 온전하기 어려움을 비유적으로 이르는 말이다.

홀로, 강한 자가 될 수 없다. 그리고 강한 자는 부드러운 자다.

그런데 시인은 부드러워지는 것은 서로 부대끼는데 있다는 성찰을 내뱉는다.

"하나의 돌은 다른 돌을 부드럽게 할 줄 안답니다."

부대끼다는 말은 서로 접촉하여 부딪치다는 말이다. 그러니 도피하지 마라. 다가서라. 그리고 부드러워 질 때까지 살을 맞대자. 아직도 고립을 자처하는 것은, 종말론적 재앙을 불러들이는 행위다. 스스로 외톨이라고 자처하는 자신만이 아니라, 우리 모두를 돌 위에 돌 하나 남지 않는 파멸로 끌고 갈 것이기 때문이다.

이제 다시, 서로 더한 몸살이 더 날지라도, 서로 접촉하자. 그리고 부대낄 여력이 없을 때 까지 한번 옹골차게 부딪쳐 보자. 서로 닳아 당신이 쓰시기에 합당한 다윗의 물매돌이 될 때까지.

귀농에 성공한 노인네가 TV에 나와 우(友) 테크를 선보였다. 경북에서 태어나 서울에서 금융계에서 활동하다가 퇴직 후, 치악산 밑에 둥지를 튼, 그분이 그 텃세 심한 동네 이장직에 오르기까지 그가 시행착오 끝에 체득한 친구 삼는 비결을 우리에게 들려 줬다. 그는 낯설고, 물선 귀촌생활 첫 삼년 동안은 이웃 없이도 살 수 있다며 홀로 지냈단다. 그러다가 삼년이 넘어가면서 이웃이 그리워져서 토박이들에게 다가가기로 했단다. 그러나 그의 누력이 그 의도와는 달리 곡해 되는 경우가 허다했다고 한다. 아는 체, 잘난 체, 있는 체한 모습으로만 그 토박이들에게 비추어졌다는 거다. 차를 타고 지나가다가 차창을 열어 밭에서 일하는 이웃들에게 손 인사를 했는데, 그네들이 입을 삐쭉거리더란다. 우리는 죽어라고 일하는데 저 인간은 팔자 좋아 차타고 놀러 다닌다고, 그냥 지나가지 뭔가 좋아서, 자랑하느라 손을 흔들어 대냐는 식이었단다. 그런 오해와 수모를 견디면서 그는 이제 그 동네에 박힌 돌이 되었다고 한다. 그분이 박힌 돌들과 이웃 된, 우(友) 테크의 비결은 세 가지다.

하나, 발품을 팔아라. 열심히, 틈나는 대로 이웃을 찾아가라. 그가 고립을 피하여 먼저 이웃을 찾아 다녔다고 한다.

둘, 내 사전에는 거절이란 없다. 주는 대로 받아먹고, 요구하는 대로 성심껏 응해줘라. 깡 소주를 즐기는 그들의 권주가(勸酒歌)에 장단을 맞추느라 몸이 부실해졌으나 마다하지 않았고, 시도 때도 없이 콜 하는 콜택시 기사 노릇도 기꺼이 행했다고 한다.

셋, 모르는 척해라. 수개 국어를 할 만큼 실력이 뛰어난 그분이지만, 그분은 알아도 모른 척하며, 동네 이웃들의 눈높이를 맞추었다고 한다.

그러자 토박이들이 맘 문을 열었고, 그 후 낭중지추(囊中之錐: 주머니 속의 송곳이라는 뜻으로, 재능이 뛰어난 사람은 숨어 있어도 저절로 남의 눈에 띄게 됨을 이르는 말), 그의 실력을 알아 본 동네 분들이 그를 그 동네의 리더로 모셨다고 한다.

내 고립의 상처는 우주적 상처다.
나와 너와 우리와 우주의 주관자에게까지 미치는 상처다.
내 몸이 우주이기 때문이다.

계시의 점진성은 과학을 통해 우리에게 그 신의(神意)를 밝히고 있다. 현대 기하학은 브누아 망델브로의 프랙탈(fractal)을 언급한다. 브누아 망델브로(프랑스어: Benoît B. Mandelbrot, 1924년 11월 20일 ~ 2010년 10월 14일)는 폴란드 태생 프랑스와 미국의 수학자이다. 프랙탈 기하학 분야를 연 중요한 사람 중 하나로 평가된다. 예일 대학교의 명예 교수, IBM 토머스 J. 왓슨 연구소의 명예 펠로이다.

프랙탈(fractal)은 일부 작은 조각이 전체와 비슷한 기하학적 형태를 말한다.

하나 속에 전체가 들어 있다는 말이다.
내가 소(小)우주이자 우주다.
그리고 우리는 예수 그리스도 안에서 우리는 한 몸이다.

나보다 남을 낫게 여기며,
아래 서 주며, 알아주며, 공존의 자리를 내어 주며,
돌 아래 돌로,
돌 위에 돌로,
허물어진 성전을 세워 나가자.

주께서 기뻐하시리라.
희락의 주님께서.

여호와께서 이와 같이 말씀하시니라 너희가 가리켜 말하기를 황폐하여 사람도 없고 짐승도 없다 하던 여기 곧 황폐하여 사람도 없고 주민도 없고 짐승도 없던 유다 성읍들과 예루살렘 거리에서 즐거워하는 소리, 기뻐하는 소리, 신랑의 소리, 신부의 소리와 및 만군의 여호와께 감사하라, 여호와는 선하시니 그 인자하심이 영원하다 하는 소리와 여호와의 성전에 감사제를 드리는 자들의 소리가 다시 들리리니 이는 내가 이 땅의 포로를 돌려보내어 지난 날처럼 되게 할 것임이라 여호와의 말씀이니라 / 만군의 여호와께서 이와 같이 말씀하시니라 황폐하여 사람도 없고 짐승도 없던 이곳과 그 모든 성읍에 다시 목자가 살 곳이 있으리니 그의 양 떼를 눕게 할 것이라(렘33:10-12)

영혼일기 1420

너의 가는 길에~

2013.09.11(수)

▷ 그녀

그녀는 저항하지 않았다. 그렇다고, 그녀는 백기를 들지도 않았다.

적어도 내 눈에는 그랬다.

다만, 주어진 현실에 가만히 몸을 누였다. 산에 올라 조난을 당한 이들이 살아남는 방법은, 조용히 그 산에 몸을 누이는 거라고 했다. 풀잎처럼 능선에 기대고 누우면 산은 제 몸처럼 맞아들여 살길을 터 준다고 했다.

밤이 밤으로만 연 이어지듯, 산이 산으로 이어지는 산첩첩 물첩첩, 헤어날 길이 없어 뵈는 험산준령에 처한 그녀였지만, 그녀는 관객들보다 더 담담해 했다.

그녀는 점점 산을 닮아 가고 있다. 풀잎같은 자연이 되어가고 있다.

무위자연,
그 도를 득한 듯, 뵌다.

▷▷ 다른 그녀

그녀와 다른 그러나 그녀와 똑 닮은 그녀

자초한 역경 앞에서 설설기는 남편 목사를 그녀는 원망해 본 적이 없다. 내 앞에서 그녀는 당한 고난에 길길이 뛰지 않았다. 그녀는 그 결말이 어떻게 나든 상관하지 않는다고 했다.

무장해제를 당하고, 빈손 털고 일어나도 괜찮은, 본전 생각 없이 산뜻하게, 공수래 공수거 인생을 외려 반기겠노라고 담담히 그 무사한 심사를 내 앞에서 몇 차례나 내 뱉었다.

여장부다. 빈 손 순교적 삶의 모범을 나는 그녀에게서 본다.

▷▷▷ 위대한 그녀들

몸이
돈이

그녀들을 숨 넘어 가게 하고 있지만, 그녀들은 그 고난과 역경을 즐기는 듯 했다. 조난당한 알피니스트가 산에 그 몸을 맡기듯, 그녀들은 하늘 당신께 온 몸과 맘을 통째로 맡기고 있다.

이 풍랑 인연하여서 더 빨리 가는, 한 번 죽지 두 번 죽나,
까짓것 어차피 죽을 몸, 그래봤자, 찰나인 일생.

내 평생소원 이것 뿐 주의 일 하다가 이 세상 이별하는 날 주 앞에 가리라 ♬
살 같이 빠른 광음을 주 위해 아끼세 온 몸과 맘을 바치고 힘써서 일하세 ♬

그녀들은 당한 고난에, 주어진 현실에 혈기로 맞서지 않는다. 알기 때문이다. 결과를 알기 때문이다. 주께 가까이 함이 내게 복임을 알고, 죽도록 충성하는 것이 최선의 삶임을 알고, 주안에서 죽는 자의 복도 알고, 주실 의의 면류관도 알기에, 시쳇말로, 내일 지구의 종말이 오더라도 오늘 사과 한 그루를 심는 창조적 비전에 삶의 영속성이 있음을 알고, 그 믿음이 인간의 본연의 자세임을 안다.

어제나 내일이 아닌, 오늘 최선을 다하는 삶이 값진 삶이요
어느 SNS 시인의 성찰처럼,
지지 않는 것이 아니라, 지치지 않는 것이 승리의 비결임을 안다.

무서운 여인들. 드보라처럼, 마리아처럼 맹렬하게, 순전하게 주님만을 사모하는 그녀들. 땅 끝에서 자신들을 불러내신 하나님의 은혜를
땅 끝에서, 벼랑 끝에서
선포하는 거룩하고, 숭고한 사역자들인, 그녀들

천하보다 귀한, 한 영혼을 구원해 내기 위해 전심전력하는
주님의 손에서 마모되기를 바라는 그녀들은
주님의 손에 합당한 구령의 도구들

울산노회 여전도회 회장 윤은경 권사
마천동교회 사모, 서울신대 M.Div. 6차 길연순 사모

그녀들은 끝내 이기리라. 반드시.

너의 가는 길에 주의 영광 있으리 평강의 왕 함께 가시니 ♪
너의 걸음걸음 주 인도 하시리 주의 강한 손 널 이끄시리 ♬

강하고 담대 하라 세상 이기신 주 ♪
늘 함께 너와 동행 하시며 네게 새 힘 늘 주시리 ♬

아멘,

영혼일기 1438

"쫓아가서 기다렸다가 쳐라"

2013.09.28(토)

난 전진 속공(前陣速攻) 형이다. 탁구 경기에서 그렇다. 전진 속공(前陣速攻)이란, 탁구에서, 경기자가 탁구대 가까이에서 상대의 공을 재빨리 받아 공격하는 일이다. 그래서 내 경기는 3구 이상을 넘어가지 않는다. 넘어 왔다하면 치고 보는 스타일이다. 그 누가 나에게 '닥공'이라고 불렀다. '닥공'이란, 닥치고 공격이라는 말의 줄임말이다. 그래서 제대로 걸리면 득점을 하지만, 대게 나는 너무 서둘러서 실점하는 경우가 허다하다. 그런 줄 알면서도 나는 매양 전진 속공을 즐긴다. 몸을 날래게 움직이는 맛에 내가 길들여져 있기 때문이다.

그런데 비단 탁구만이 아니다. 나는 매사에 그렇다.

나는 빠르다.

판단이 빠르다.

판단이 빨라 말이 빠르다.

말이 빠른 만큼 동작도 빠르다.

그런데 내가 그 빠름을 즐기고, 그 빠름을 일생 고수해 온 이유는, 살아오면서 나는 내 빠른 판단이 통계상 상당히 정확했다고 여기기 때문이다. 그래서 나는 그 어떤 현안 문제(懸案問題)를 대함에 있어 그 누구보다 먼저 움직여 왔다. 먼저 움직였다. 선동(先動). 그만큼 스타트가 빨랐다는 말이다. 선동(先動)했기에, 다른 사람들 눈에는 내가 선동가(煽動家)로 비쳐지기도 했을 것이다. 그러나 나는 먼저 움직였지, 남을 부추기어 어떤 사상을 갖게 하거나 행동을 하도록 조장하는 대중 선동을 일삼지는 않았다. 그냥 거의 홀로 번뜩인 혜안으로 그 어떤 사태에 대한 판단을 내렸을 뿐이다. 그리고 광야의 선지자처럼 고고히 세상을 향해 한마디 신탁을 하사해 왔을 뿐이다. 내가 나를 너무 미화하고 있나? 나는 선동(先動)한 사람이다. 그래서 타인의 오해와 질시의 대상이 되기도 했다. 나의 타의 추종을 불허한(?) 예지력(豫知力)에 기댄 성급한 그 어떤 발설(發說)은 타인만이 아니라, 내 자신을 당황하게 한 적이 한 두 번이 아니다. 그래 '명태(明太)'라는 말이 명천(明川) 지방에 사는 태(太) 서방이 처음 잡았다 하여 붙여졌다는 속설처럼, 선동자(先動者) 망(亡)이라는 속설도 있다. 그러나 나는 말동자(末動者) 미급(未及)이라는 속설보다 나는 선동자 됨을 더 선호한다. 미치지 못함이 망함보다 못하다. 내 기질이 그렇다.

나는 말이 빠르다. 설교 말이 빠르다. 어느 핸가 길음교회 헌신예배 설교를 갔었다. 구비문학 전공 한양대 최래옥 교수가 그 교회 시무장로였다. 설교 후, 그분이 내게 종이를 내밀었다. 설교를 받아 적은 원고였다. 남의 이야기를 받아 적어 그 재료를 정리 편집

해서 밥 먹고 사는 구비문학 전공자답게 그분은 설교 내내 내 설교 말을 받아 적었단다. "어~휴, 정말 힘들었어요. 얼마나 말이 빠른지. 그 설교 분량이면 우리 임목사님은 세 번 설교도 가능하겠어요." 그랬다. 나는 설교 말도 빠르다. 그런데 고쳐지지 않는다. 나는 그냥 입만 열면, 폭포수처럼 말이 터져 나오는가 보다. 그래서 좀 경박스럽게 타인이 느낄 것 같다. 천천히 턱을 잡아당기면서, 배에 힘주고 내뱉은 권위가 내 언사에는 없다.

나는 발도 빠르다. 몸이 날렵하다. 물 찬 제비처럼, 움직인다고 함께 경기하는 이들이 평한다. 맘 가벼우니, 몸 가볍다. 나는 욕심이 없다. 무욕(無慾)의 숭고함을 나는 자라오면서 내 삶을 보듬어 안았던 종교 환경을 통해 배웠다. 후천적으로 습득한 것이다. 그러나 나는 선천적으로는 그렇지 않다. 우리 선친과 선조들은 우리네 땅만 밟고도 평양성을 오갈 수 있을만큼 거부였다고 한다. 족보에 의하면, 우리 8대조 조부님께서는 그 시절 공양미 3백석을 시주해서 우리네 영변 고을에 절을 지어 바쳤다는 기록이 남아 있다. 그만큼 우리네 가계(家系)는 죄를 많이 짓고 산 양반 가문이었다. 그런 내가 무욕증(無慾症)에 빠진 사람처럼 물질과 명예를 탐하지 않는 이유는 후천적인 종교 환경 때문이다. 언어가 후천적 습득의 산물이듯, 특히 나의 무욕은 우리 어머님과 아직 살아 계신 증경 총회장 홍순균 목사님의 삶에서 나는 습득했다. 내 감수성이 예민하던 청소년시절 우리 교회 담임 목사님이셨던 홍목사님은 물질에 대한 욕심이 내 눈에는 거의 없는 청백리(淸白吏)셨다. 아니, 그분은 성경이 말하는 충직한 물질의 청지기, 그 자체셨다. 나는 청소년 시절부터 목회자의 물질관이 어떠해야 하는가를 그 어르신의 청백리, 청지기 정신을 통해 배웠다. 구호 물자가 곳간에서 넘쳐나던 시절, 그 관리와 배급을 책임지셨던 홍목사님께서는 자기네 뒤주 밑이 긁히는 소리를 들으면서도 그분은 밀가루 한 포대 그 고물고물한 자식들을 위해 당신에 집으로 들여 놓으신 일이 없었다. 그래서 나는 오늘까지 그분의 물질의 청지기로서의 정신과 삶을 배우려고, 힘을 다하고 있다.

이야기가 좀 옆으로 샜다. 말이 빨라서 천지사방을 오간 까닭이다. 내 몸이 날렵한 이유가 내 몸이 가볍기 때문이라는 말을 하려다 그랬다. 그런데 오늘 그 누가 내게 훈수를 뒀다. 서두르지 말고, 쫓아가자마자 때리지 말고,

"쫓아가서 기다렸다가 쳐라."

멋진 말이었다. 머리가 뻥 뚫리는 훈수였다. 제 빨리 쫓아가되, 먼저 가서 기다렸다가 공이 완전히 넘어 와, 타격하기 좋은 정점에 떠오르기까지 인내하며 기다리다가, 그 정점에 뜬 공을 잽싸게 가격하라고 했다. 오케이!!!

일생(一生), 첨 듣는 훈수였다. 만사(萬事)에 적용 가능한 훈수였다. 판단이 번개같이 솟구쳐도, 즉시 입으로 내 뱉거나, 행동에 옮기지 말고, 기다렸다가, 적시(適時)에 번개같이 타격하라는 말이다.

선각(先覺), 선지(先知) 하되, 선동(先動)하지 말라.
그렇다면,
선각(先覺), 선지(先知) 하되, 중동(中動)하라? 말동(末動)하라?
그건 아닐 거다. 어렵다. 어려운 말이다. 머리로는 이해가 되나,

행동으로는 어렵다.

"쫓아가서 기다렸다가 쳐라."

훈련은 가능하나, 실전에서는 거의 불가능하다. 그래서 몸에 붙을 때까지, 근육의 기억이 될 때까지, 우리는 훈련이 필요하다. 그래서 멘토가 필요하다. 멘토 사도 바울은 그의 사랑하는 영의 아들 디모데에게 '마지막 가르침'을 선사하고 있다. 이렇게,

> 너는 이것을 알라 말세에 고통하는 때가 이르러 / 사람들이 자기를 사랑하며 돈을 사랑하며 자랑하며 교만하며 비방하며 부모를 거역하며 감사하지 아니하며 거룩하지 아니하며 / 무정하며 원통함을 풀지 아니하며 모함하며 절제하지 못하며 사나우며 선한 것을 좋아하지 아니하며 / 배신하며 조급하며 자만하며 쾌락을 사랑하기를 하나님 사랑하는 것보다 더하며 / 경건의 모양은 있으나 경건의 능력은 부인하니 이같은 자들에게서 네가 돌아서라(딤후3:1-5)
> 그러나 너는 배우고 확신한 일에 거하라(딤후3:14)

배우고 확신한 일에 '거한다'는 말은, 배우고 확신한 바를 몸에 붙도록 열심히 익힌다는 말일 것이다.

"쫓아가서 기다렸다가 쳐라."

"조급하며……,"
그 조급함을 무력화할 때까지.
만사(萬事)에, ㅠㅠ

짧고 알찬, 앨리스 먼로의 단편 같은 하루

2013.10.10(목)

오늘 10일(현지시간) 스웨덴 한림원은 캐나다국적 작가 앨리스 먼로를 '현대 단편소설의 대가'라고 칭하며 2013 노벨문학상 선정 이유를 밝혔다. 캐나다국적 작가가 노벨문학상을 수상하기는 이번이 처음이다 76년 캐나다출신 미국소설가 솔 벨로가 수상한 적이 있다. (서울 연합뉴스)

"어떤 작가도 이렇게 짧은 분량 안에 이렇게 많은 것들을 담아내지는 못할 것이다. 그의 정교한 문장들은 평범한 표면 아래 풍부한 광맥을 숨기고 있다."(시카고 트리뷴)

"장편소설 작가들이 평생에 걸쳐 이룩하는 깊이와 통찰, 정확성을 단편소설을 통해 매 작품마다 성취해 왔다."(맨부커위원회)

나는 그 작가를 모른다. 그녀의 작품을 대한 적도 없다.

암튼 축하한다.

그러나 오늘만큼은 나도 그 작가의 단편만큼 살았다.

그 이유는 오늘 한 날의 삶이 단편 속에 장편의 분량의 서사를 담아 냈다는 그녀의 장강(長江)처럼 무궁하고, 심연(深淵) 같은 깊음이 내재 된 단편 소설처럼, 천 년 같은 하루를 보냈기 때문이다.

〈짧고 알찬〉

▷ 새벽, 사무엘하 서를 진지하게 탐하며 다윗의 생의 편린을 더듬어 보던 새벽, 아침도 거의 거른 채 나는 다윗을 통해 얻는 신앙적 삶의 영감을 자판 위에 옮긴다.

▷ 오전 10시 총회를 향한 전철로 이동하던 중, 늘 그렇듯 스마트한 세상을 열어 시(詩) 한편을 끼적이고, 삶의 단상을 입력한다. 한 시간이 찰나다.

▷ 오전 11시 총회 역사편찬위원회와 문준경 전도사 순교기념관 운영위원회와의 연석회의가 있었다.

- 순교벨트 활성화를 위해 오는 2014년 1월 16(목)~17(금) 교단 지도자들과 1박2일 순례안을 확정했다.
- 순교성지 기념관 원활한 운영을 위한 대안들을 나눴다.

▷ 오후 1시 '성결교회 역사 자료 협력 위원 초청 간담회'

- 교단 역사상 최초 역사편찬위원회 협력 위원을 위촉했다.

-그분들은 성결교회 역사자료 보관 현황을 파악, 수집, 보존하는 일에 필요한 각 지방회별 전문위원들이다. 제주, 부산 등 각지에서 올라 오셨다.

- 협력위원들에게 위원장으로서 각각 임명장을 수여.

- 협력위원회 내규 오리엔테이션 및 토의

▷ 오후 2시, 역사편찬위원회 회의

- 순교자 위원회 구성 결의

- 연구 간사 사례비에 관한 건을 처리하다.

▷ 오후 4시, 앓던 이들 빼듯, 미루고 미룬 치통을 해소 위해 다니엘 치과로 갔다.

-치과로 향하면서, 오랜 벗들에게 그룹 카톡을 일방적으로 날렸다.

30여분 이동하면서 무려 33통의 카톡을 연신 날려댔다. 그만해라, 징허다. 녀석들의 반응이다. 난 멈출 수가 없다. 치통이 해소되기 전까지는, 라고 억지를 쓰며 실황 중계하듯 카톡을 날렸다. 길가던 중 만난 노점상 좌판에 놓인 고향의 맛, 무화과도 찍어 올리고, 다니엘 치과 가는 길목, 고비 길마다의 이정표도 찍어 보내며, 녀석들을 행복(?)하게 해 주고자 난리 브루스를 쳐댔다. 사람들은 참 기이하다. 한 두 번의 카톡 소리는 반가워했고, 예닐곱 번의 카톡 소리는 지겨워했고, 열 번이 넘어서자 짜증을 내더니, 스무 번 서른 번이 넘어가자 두 손 번쩍 들고 투항해 왔다. 그랬다. 그래. 열 번 찍어 안 넘어 갈 미녀가 그 누구더냐. 징해서라도 상대해 준다.

기억해라. 오늘 내 카톡질에 행복(?)했을 네 놈들. 기다려라. 오는 24일 또 치과 호출이다. 그날 다시 보자.

- 좌측 아래 어금니와 위 송곳니가 왕창, 우측 아래 어금니 둘에 기스.
- 힘들었으나 앓던 이를 뺐다는 말의 의미를 새삼스럽게 느꼈다.
- 진료비 일금 12,000원 이도환 원장 고마우이.

▷ 저녁 8시, 찾아 가 반길 이유가 별로 없는, 오히려 SNS가 살가운 이들에게, 전화로 스마트한 심방을 하고,

▷ 저녁 9시, '거니는 자(산보자:flaneur)'로 나의 정원 과기대 교정을 거닐었다.

산보자(flaneur)를 '근대적 메트로폴리스를 거니는 예술가이자 시인'(artist-poet)이라고 샤를 보들레르(Charles Baudelaire, 1821~1867)이라고 정의했다. '거니는 자(산보자)'라는 의미의 프랑스어 flaneur(플라뇌르)는 19세기 샤를 보들레르, 빅토르 푸르넬 그리고 20세기 발터 벤야민 등을 거치며 현대 도시문화를 이해하는 주요한 사회과학 개념으로 발전했다.

속 시원한 바람이 천방지축으로 이는 악동(惡童) 같은 과기대 교정을 걸으며, 프랑스 작가 조르주 페렉의 〈잠자는 인간〉에 나오는 서글픈 '불멸의 보행꾼'을 들었다.

"너는 죽은 도시를 배회한다. 썩어가는 도시 구역질나는 흉측한 도시 서글픈 도시 서글픈 거리들의 서글픈 불빛들 서글픈 뮤지컬에 서글픈 광대들 서글픈 영화관 앞에 줄지어 늘어 선 서글픈 행렬들 서글픈 상점 안에 서글픈 가구."

너는 혼자다. 너는 홀로인 사람처럼 걷는 법을, 한가로이 산책하는 법을, 주시하지 않고 바라보는 법을, 바라보지 않고 주시하는 법을 배운다...너는 하나의 그림자가 되는 법과 마치 돌멩이라도 된다는 듯 사람들을 쳐다보는 법을 배운다. -조르주 페렉-

보들레르가 말한 플라뇌르 (flaneur; 개념으로 산책하는 사람, 경제적 자립 덕분에 예술을 즐길 수 있고, 대중보다 높은 수준을 지닌 신사)의 현대적인 삶을 살고 있는, 이 스마트한 보행으로 대학 교정에서 노닐고 있는, 밤바다의 디지털 산보자인 나를 발견한다. 빅토르 푸르넬(Victor Fournel)은 '산보의 기술'에서 '산보'는 게으른 행위가 아니라 도시 전경이 갖는 다양성과 풍부함을 이해하는 것이라고 갈파했다. 독일의 발터 벤야민(Walter Benjamin)은 1930년대 말, 푸르넬과 보들레르에 의거해 산보자를 '현대 도시의 관찰자 또는 탐색자'라는 의미를 갖는 것으로 해석했다.

도시의 탐색자.

나는 산보하며 그 속에 묻혀 있을 때는 발견 못하는 도시의 소행성인 '나'를 발견한다.

아니 소행성이 아니라, 행성 도시에 당당히 맞선 행성으로서의 '나'를 발견한다.

그 해방구에서 나는 비로소 도시와 소통한다.
소통이란, 감당해 낼만한 상대와의 말트기다.

그 교정에서 나는 산책 중에 세상을 감당할 만한 힘을 얻기 때문이다.

멈추면 비로소 보이는 것들.
걷다보면 서서히 드러나는 것들.
내 안에 숨은 나의 나.

그것은 회색 도시를 이겨 낼,
쪽빛 안식이요, 살구 빛 여유요, 금빛 부요다.

나는 도시와 소통하기 위해
나는 도시와 당당히 맞서기 위해
나는 도시를 정화시키기 위해

나는 교정을 거닌다.
하여 난, 도시보다 더 큰 나를 발견한다

▷ 밤 11시

일기를 쓴다.

노벨문학상 수상자로 캐나다 소설가 앨리스 먼로가 선정되었다는 속보를 접한다.

그녀가 사는 캐나다 작은 마을을 배경으로 심리적 리얼리즘이라 일컬을 만큼 섬세하게 조율된 스토리텔링을 선보여온 그녀는 일상적이지만 결정적인 사건들을 통해 인간 조건의 허약함과 삶의 의미가 섬광처럼 드러나는 에피파니(현현)의 순간들을 극명하게 보여주는 데 주력해왔다. 그녀는 2010년 한 인터뷰에서 "주제에 있어서 크고 작음이란 없다"며 "어떤 일이 일어났는지가 아니라 그 모든 일이 일어나는 방식으로 독자를 놀라게 하고 싶다"고 말했다.

그녀의 단편 같은 내 일상이 저문다.

about
NOYES

about NOYES21

서정이 부활하고 있다. 모던한 시대를 거쳐 포스트 모던한 시대까지 지난 세기 그 시대정신이 남겨 놓은 분열과 해체의 악순환을 단절하고, 인간의 내면과 사회를 통합하고 치유할 수 있는 구원의 방식으로 서정이 급속히 떠오르고 있다. 21세기 시대정신은 다시 서정이다. 서정은 근원을 지향한다. 위대한 과거, 황금시대를 지향한다.

그러나 우리 사회는, 교회까지도 여전히 21세기 통합과 치유라는 시대정신에 역행하는 극단적인 분열과 해체를 거듭하고 있다. 역사의 진보라는 미명 아래 근원을 부정하고, 중심을 해체시키는 파괴공학이 난무하고 있다. 발터 벤야민의 말대로 근대인들은 본질적인 세계로부터 추방의 역사를 진보라 착각하고 있는지도 모른다.

그러나 존 나이스비트의 지적대로 진보적 이상론은 과학 기술이 천국뿐만이 아니라, 지옥도 창조할 수 있다는 것이 분명해짐에 따라 산산조각이 나버렸다. 아니, 종말에 서서 볼 때, 진보적 이상론은 지옥만 창조한 것인지도 모른다.

그 과학적 진보가 길을 잃고, 인문학적 이념이 종언을 고하는 시기에 우리는 갈 바를 알지 못한 채 방황하고 있다. 하여, 돌아가자고 한다. 그러나 그 유턴의 본질은 발터 벤야민의 말대로 근원으로서의 과거가 미래적 목표로 기능하도록 해야 함에 있다. 그래, 과거적인 것이 과거적인 것으로 끝나지 않고 미래적인 의미를 지닐 수 있을 때만이 그 과거는 구원의 방식일 수가 있다. 서정적 낭만의 대상일 수 있는 것이다. 그래서 인류는 우리의 위대한 과거, 황금시대, 오래된 미래 에덴을 회복해야할 서정적 낭만의 대상으로 논하고 있는 것이다.

그 오래된 미래인 에덴으로 돌아가자.

그러나 그 위대한 과거를 이 땅에서 구현할 구체적인 언어가 필요하다.

종교개혁시대의 선구자 역할을 했던 인문주의자들의 슬로건이 'Ad Fontes' 이었다. 이는, 원래의 글자로 되돌아가자 라는 말이다. 그렇다. 우리가 회복해야 할 언어는 인류가 그 최초로 발설했어야만 했던 언어, 단호한 '아니오(No)'이어야만 한다. 실락원은 간교한 뱀의 유혹 앞에서 '아니오(NO)' 대신 '예(YES)'를 구사한 아담과 이브의 실언이 초래한 형벌이었다. 실락원은 그 실언의 산물이다. 에덴의 회복을 꿈꾸는 오늘. 우리는 인류가 최초로 구사했어야 할 언어. 우리가 반드시 회복해야할 에덴의 언어는 바로 '아니오

(no)를 예(yes)하는' 것이다. 이것이 복락원을 위한 언어적 원형이라고 생각한다.

여기에 '아니오(no)를 예(yes)하는,' 'NOYES'가 요청된다.
21세기의 화두는 NOYES여야만 한다.
하여, 'NOYES21'이다.
그래서 noyes21.com이 그 존재 이유를 얻는다.

이 언어(문자)를 일상에서 자유자재로 구사할 수 있는 능력이, 우리가 올인(all in)해도 좋을만한 오래된 미래적 가치를 구현해 낼 능력이라 여기기 때문이다.

아니오(no)를 예(yes)하여, 그 에덴을 이 땅에 회복하는 그 날까지.

noyes21.com 의 구사일생을 빌며.

2008.7.25 寧木 김성찬

NOYES -1

2008.08.01(금)

아는 만큼 보인다는 말이 있다. 옳은 말이다. 그런데 이런 말도 가능하다. 관심만큼 눈에 띈다. 'NOYES'에 관심을 갖자, 이내 그 관심사에 부응하는 응답이 있었다. 며칠 전, 저녁 산책길에 들른 서울 과기대 도서관에서 여러 신문을 훑어보던 중, 함께 한 친구가 황급히 손짓을 한다. 그 손끝에 이런 제목의 책이 자리하고 있었다.

『인류 역사를 진전시킨 신념과 용기의 외침 「NO!」』(장 프랑수아 칸 지음, 이상빈 譯, 이마고刊)

오늘 그 책을 접수했다. "그들의 용감한 외침이야말로 우리의 무사안일과 순응주의를 깨뜨리는 쇠망치다!" 그 책을 소개하는 표4의 발문이다. 찬찬히 시간을 두고 들여다 볼 예정이다.

소설 본회퍼 『진노의 잔』을 읽고 있는데, 그 제목에 비해 너무 긴장감이 없고, 군더더기가 많아 지루하다. 목적이 있는 책이 당도해서 그만 그 책을 접었다. 역시 난, 소설 체질이 아니다. 한 줄이면

될 걸, 수십, 수백 페이지로 늘이는 이 작법이란, 내 성미엔 부적합하다. 그리고 이 군번에 본회퍼라니. 그러나 그도 오늘 내 관심사에 부합한, 역사의 물길을 바꾸는 NO!를 외쳤던 영웅이 아니던가. 히틀러가 제국 의회에서 '아리안 법령'을 제정해, 유대인들을 축출하려고, 아리안 종족이 아닌 사람들을 그 공직에서 직위를 박탈하고 파면하는 일을 꾸몄을 때(아니, 아리안 족속이 아니면 독일 제국교회의 지도자가 될 수 없다는 법령), 본회퍼는 이렇게 목청을 높였다.

"유대인에 관련된 사태들에 대해서 우리가 행동해야 할 시간은 예상보다 빨리 올 수 있습니다. 교회가 미친 사람이 모는 자동차 바퀴 아래 깔려 다친 자들을 싸매고 치료할 뿐 아니라, 그 자동차에 달려들어 여전히 돌고 있는 차바퀴에 자물쇠를 채워야 하는 시간 말입니다."

결국 그는 그 NOYES를 외치다 차륜 밑에 깔려 생을 마감했다. 그러나 그의 깊숙한 태클은 역사의 물줄기를 바꾸는데, 한 힘으로 작용했다. 작금 NOYES, 나의 관심사가 내 잠자던 의식을 흔들어 깨우고 있다. 오늘 나는 '아니오(NO)를 예(YES)하는' NOYES를 장고 끝에 구사했다. 난, 살아오면서 별 재주도 없으면서 여기저기서 적잖이 부름 받는 삶을 살아왔다. 오늘도 그런 요청이 있었다. 오후 3시 난, 모 호텔로 부름을 받았다. 여기선 밝히기 어려운 거사를 도모하고, 실천하는데 있어 그들은 나를 절대적으로 필요로 한다며 연락을 취해 왔었다. 난 일단 알았다고 했었고, 그 어설픈 대답 때문에 그 자리에 나가야만 했다. 그런데, 내 속 사람은 아니오(NO)라고 반응했다. NOYES를 발하라고 속삭였다. 난, 한참을 망설이다가 접속을 시도했다. 그리곤, '아니오'를 '예'(NOYES) 했다.

난 한동안 여기저기서 요청하는 원고청탁을 거절한 적이 있었다. 내가 언론, 잡지사 등의 원고청탁을 거부해야겠다고 생각하게 된 것은, 일단 원고 청탁을 받으면 그 청탁하는 동네의 편집방향에 반드시 영향을 받기 때문이다. 그러니까 내 색깔을 온전히 드러낼 수 없는 은근한 제약을 받는다는 말이다. 지금도 그런 입장에 큰 변화는 없다. 그러면서도 최근에 별로 내키지 않는 원고를 하나 청탁받아 놨다. 속이 좀 찜찜하다. 여전히 NOYES가 익숙하지 못한 것이다.

오늘, 내가 NOYES를 한 기준은 이렇다.

하나, 오늘 나를 불러댄 곳에 불려가 내가 그 일에 개입하는 순간, 난 내 의지와는 무관한 방향으로 내 몸을 움직여야만 할 것 같은 예감이 들었다. 이제는 더 이상 독립적이고, 자주적이며, 주체적이고 주도적인 상수로서의 활동이 아닌 종속변수로서의 피동적 역할에 내 몸을 던지지 않기로 한 것이다. 협력과 조화를 거부한다는 말이 아니다. 주체적 상수로써 전인격적 신뢰를 주고받는 건강한 관계를 유지하겠다는 말이다.

둘, 그 어떤 일의 목표나 비전보다, 그 일을 함께 도모할 '사람'이 더 중요하다고 생각했기 때문이다. 무슨 일을 하느냐보다 더 중요한 것은 누구와 함께 하느냐다. 악을 무찌른다고 악당과 손잡아서는 안 된다. 악당과 손을 잡을 바에는 차라리 일을 도모하지 않는 편이 낫다. 한화그룹 김승연 회장의 우행은 그 도구를 잘못 고른데 있었던 것 아니던가? 무엇보다 내 안에서 검증되지 않은 이들과 도모했던 일의 결과가 이런 교훈을 선사했다.

난 적의 적은 동지란 말을 혐오한다. 난 그동안 내가 속한 공동체에서 그런 이합 집산을 너무도 적나라하게 목도했다. 생선을 다루는데도 칼을 골라 쓴다는데, 소위 신앙공동체 안에서조차, 자신의 목적을 이루기 위해 도구를 가리지 않는 추악한 동맹이, 너무도 자연스럽고, 비일비재하게 일어나고 있다는 사실에 놀랐다. 그 결말은 상호 토사구팽 밖에 없을 터인데도 말이다.

셋, 의도의 순수성 여부다. 모든 일을 도모함에 있어 동기와 배후를 분별해 내는 혜안이 필요하다. 그러나 이 일은 어렵다. 그 동기와 의도와 배후를 파악한다는 것은 말같이 쉽지 않다. 여기에 영력이 필요하다. 영적 분별력 말이다. 그리고 그 영력이란, 영혼의 괴로움을 늘 제 것 삼는 삶에서만 유지된다고 생각한다. 그래 고뇌하는 영혼이 드리는 진실한 기도는 우리의 영적인 눈을 훤히 열어주는 문이다. 영안이 열려 있을 때 우린 만사의 배후를 직시할 수 있다. 불 밝힌 등대를 들이받는 선박은 없다.

난, 그 요청을 거절한 대가를 치르게 될 것이다. 내 NOYES를 접한 그 접속이 저편에서 찌지직거렸다. 오늘 거사에 합류하지 않았기에 차후에 전리품을 배당받지 못할, 그 쿠데타. 그 5.16은 NOYES('아니오'를 '예')한 자에게 영원히 벗어날 수 없는 징벌방이었다.

그러나 쿠데타에 대한 아첨보다 유형의 길을 선택한 빅토르 위고처럼,

나는 주체적인 삶을 살아갈 것이다.

NO를 YES하며 살아 온 옹근 기백으로, 당당히.

오늘의 NOYES를 자축하며.

'아니오(no)'를 '예(yes)'하는 것에 대하여

2008.7.2(수)

청년시절 난, 내 책상 머리맡에 붉은 색연필로 'Temperance is the best policy.' 라는 구호를 대문짝만한 하게 써 붙여놓고 지냈었다. 온갖 유혹이 난무하던 그 청년 시절, 내 생활에 있어 절제 이상 가는, 나를 나 되게 하는 효과적인 정책이 있을 수 없었기 때문이다. 불타는 그 청춘에 있어, 유혹은 신의 간섭보다 그 빈도수가 월등히 더 많았었다. '아니오(No)'라고 떨쳐 버려야 할 유혹이 '예(Yes)'라고 답해야 할 기껍지 않은 사인(sign)보다 그 빈도수가 훨씬 더 많았었다는 말이다.

하여, 내 절제(temperance)는 '아니오(No)'라는 언어의 구사 여부에 그 일차적 성패가 놓여 있곤 했다. 난, 그 '아니오'에 매우 충실한 젊은 시절을 보냈던 것으로 기억된다. 왜냐하면, 그 '아니오'라고 유혹을 뿌리쳐대던 자발적인 훈련이 내 젊은 날에 없었더라면, 난 감히 그 부르심에 '예'라 응답할 수 없었을 것이기에.

그렇다. 그분 안에서 준비된 '예'를 위해 숱한 '아니오'가 선행되어야만 한다. '아니오'가 없는 '예'란 있을 수가 없다. 그 분 앞에서 예스맨(yes-man)은 세상의 유혹 앞에서 먼저, 노맨(no-man)이어야 한다. 그런데, 그 '아니오'를 못해서 그분 앞에 '아니오'가 된 노맨(no-man)들이 우리 안에는 너무도 많다.

나는 경건 훈련에 있어 그 첫 단계가 책임 있는 자기 돌봄이라고 생각한다. 책임 있는 자기 돌봄이란, 밀려오는 세파의 갖은 유혹에 대해 '아니오(no)'라고 말하는 데에서 시작된다고 여기기 때문이다. 이런 '아니오'로 시작하는 자기 돌봄이 완성된 후에야 자기 양육의 과정이 순조로울 수 있고, 그 후에 건강한 영적 자아를 개발하고 신장하는 자기 사랑이 훈련의 완성으로써 가능해질 것이다.

그렇다. 자기 절제의 언어는 '예'가 아니라 '아니오'에 있다.

보디발의 아내에게 저고리를 벗어 던지며 소리치며 달아났던 요셉의 언어가 '아니오'이었을 것이다. 바벨론 유수 기간에 느부갓네살이 하사한 그 왕의 진미와 포도주의 강요된 유혹 앞에 선 네 소년들, 다니엘과 그 세 친구의 언어 또한 '아니오'이었을 것이다.

간교한 뱀의 유혹 앞에서 '아니오' 대신 '예' 했던 이브는, 결국 그 유혹 앞에 무너져 내렸다. 아담 또한 그 '아니오'를 '아니오'라 말하지 못한 미적거림으로 죄의 유혹에 함께 걸려 넘어지고만 것이다.

종교개혁시대의 선구자 역할을 했던 인문주의자들의 슬로건이 'Ad Fontes' 이었다. 이는, 원래의 글자로 되돌아가자 라는 말이다. 그렇다. 우리가 회복해야 할 언어는 인류가 그 최초로 발설했어야만 했던 언어, 단호한 '아니오(No)'이어야만 한다. 우리가 돌아가야 할 언어적 원형이 바로 '아니오(no)를 예(yes)'하는 것이다.

그러나 요즘 들어 난 새삼스레 깨닫는다. 세상의 유혹 앞에서만 먼저 '아니오'라 말하는 것이 아니라는 사실을. 그 부르심 앞에서도 '아니오'가 선행됐어야만 했다는 것을. 그 청년 시절 난 준비된 줄 알았었다. 난, 준비된 목사 후보생이라 스스로 자부했었다. 술, 담배, 여자, 돈 앞에서 '아니오'라고 말했었기에, 난 그분의 부르심에 당연히 '예'라 말할 자격이 있는 자로 스스로를 여겼었던 것이다.

그러나 그것이 아니었다. 이사야 선지자가 그 부르심 앞에 "그 때에 내가 말하되 화로다 나여 망하게 되었도다 나는 입술이 부정한 사람이요 입술이 부정한 백성 중에 거하면서 만군의 여호와이신 왕을 뵈었음이로다(사6:5)"라며 '아니오' 하지 않았던가? 입술이 부정한, 그러니까 이사야 그가 온갖 유혹과 잡생각 앞에서 '예, 예'하던 '예스 맨'이었다는 고백이 아니던가? 그런 유혹 앞에 '예스 맨' 노릇하던 자신이 어떻게 감히 그 여호와의 영광 앞에서, 그 엄중한 부르심에 감히 '예'할 수 있었겠는가? 그래서 망하게 되었노라 탄식하지 않았던가? 그런데, 나는 그 부르심의 부름에 보무도 당당히 거드름을 피우며 잰 척하지 않았었던가? 예레미야 선지자 또한 "슬프도소이다 주 여호와여 보소서 나는 아이라 말할 줄을 알지 못하나이다(렘1:6)"라고 그 슬픈 부르심 앞에서 '아니오'라고 말하지 않았던가? 거슬러 올라가 위대한 해방자 모세 역시, 그 부르심에 두려워 떨며 "내가 누구관대, 주여 보낼만한 자를 보내소서(출3:11;4:13)"라고 '아니오'라며 부르신 자 여호와를 시비하지 않았던가? 오, 놀라운 그 예민한 영성의 대가들의 두렵고 떨린 영감이여.

근데, 난 지금 뒷감당 안 되는 '예'를 해놓고 이제야 '아닌' 그 무엇, 비본질적인 것의 노예가 되어 있다. 포도원에 일 나가겠다고

'예, 예'하고 두꺼비 파리 채 먹듯 넙죽거리며 문 나섰다가 '예, 아니오'가 되어 버린 맏아들(마21:29)이 된 형국이다. 전혀 감당 못할, 체질에도 맞지 않은 온갖 요구들을 상호 검증 없이 받아들여 '예 아니오'가 되어 버린, 난 시방 근 무력증에 밤을 하얗게 지새우고 있다.

그러나 다시, 새날이 시작되면 난 또 그 절제를 까맣게 망각할 것이다. 왜냐하면, '예'를 외칠 수밖에 없는 구조에 내가 자발적으로 얽혀 들었기 때문이다. 그래, 그 감당 못할 '예'에 인 박힌 난 알콜릭 환자이기 때문이다. 통제 불능 수전증에 시달리면서도 난 그 술잔을 높이 치켜들 것이다.

그 때까지, 그 날까지.
내 수족이 잘리는 구속의 은혜를 힘입을 그 깊은 때까지.
그 무덤에 내안의 유혹을 매장할 그 날까지.

유혹

2008.08.05(화)

그냥, 답례품 하나 더 챙겨오는 듯, 그렇게 봉투 하나를 더 챙겨 왔다. 그 두 번째 봉투를 받는 순간 내 속사람의 태도가 트릿했고, 그 정황이 어정쩡했다. 순서를 맡지 않은 분들에게도 예우를 갖추느라, 식후 주최 측에서 나름대로 인사치례를 하는 대열에 내가 줄 서 있었던 것이다. 식전, 첫 봉투를 전해 준 이와는 다른 그분이 나에게도 봉투를 건넸다. 그분이 나에게 보너스로 하나 더 챙겨 주시는가? 이런 느낌도 순간 들었다. 이게 아닌데, "난 이미 받았습니다"라고 말했어야 했는데, 그 말이 튀어 나오지 않았다. NOYES를 발하지 못한 것이다.

그리곤, 찜찜하게 그냥 돌아섰고, 어제 낮 시간엔 그냥 별 생각 없이 바쁜 하루를 보냈다. 주일을 정리하고, 먼데 후배의 방문도 받아 밤늦게까지 마실을 돌았다. 그러다 밤이 깊어 열대야에 뒤척이다, 문득 그 두 개나 받은 돈 봉투 생각이 다시 떠올랐다. 잠을 이룰 수 없었다. 이번엔 열대야가 아니었다. 얼굴이 화끈거리고, 뒤통수가 간질거렸다. 왜 내가 그렇게 그 작은 유혹 앞에 냉철하지 못했을까? 망신스러웠고, 그 두 번째 봉투를 건네 준 손이 날 어떻게 생각했을까? 라는 생각에 힘들었다. 그러나 그 모든 것보다 그렇게 우유부단하게 순간, 단정한 결단을 내리지 못한 내 자신이 용납되지 않았다. 그 사소한 유혹 앞에 여지없이 무너져 버린 내 자신이 미웠다.

바로 그 낙숫물 같은 유혹에 일순 무너져 내린 모래성. 아니, 겉만 단단해 보이지, 정작 그 속은 끈적끈적 유혹에 혀를 날름거리고 있는 견과류. 그게 나였다.

난, 촌지와 무관한 삶을 살아왔다. 그렇게 자부했다. 초등학교 교사 시절 난 두메산골 교사였다. 촌지는 상상도 할 수 없는 벽촌이었다. 난 그 환경을 즐겼다. 검정 고무신을 신고 다니던 아이들에게 가죽 공을 사주는 재미로 교직생활을 즐겼었다. 한번은 종렬이라는 아이의 아버지가 학교를 찾아 온 적이 있었다. 가을 하늘 드높던 운동회 날이었다. 그 아버지가 나에게 돈 봉투를 건넸다. 난생 처음 받은 촌지였다. 사양할 수가 없었다. 애들을 고향 부모님께 맡기고 객지 생활을 하던 학부모였다. 그가 모처럼 귀향하여 아들 운동회에 참석한 것이다. 그는 그 아픔을 그렇게 나에게까지 보상했다. 거절하는 것이 오히려 무례라는 생각이 들었다. 신권 석 장, 3천원이었다.

그러나 난 촌지와 무관한 사람이었다. 그런 굳건한 자부심이 날 든든케 했다. 그러다 한번 이런 사태가 발생했다. 동(同)학년 선배

교사들이 함께 가정 방문을 가자고 했다. 걸어서, 기본이 십리, 멀게는 삼십 리도 넘는 학군이었다. 해서 함께 갔다. 도시물을 먹은 선배들은 동(同)학년 연합으로 환경을 미화한다며 학부모들에게 찬조금을 요구했다. 꾀죄죄한 그네들은 그 요구에 부응한다 했지만, 두서너 집, 몇 푼 되지 않았다. 그런데, 그 푼돈을 그 선배들은 그냥 먼 길 오가느라 힘들었다면 주막에다 털어 버렸다. 어차피 그 정도 푼돈으로는 환경미화를 할 수 없다는 푸념과 함께. 난감했다. 그 꼬기작꼬기작한 지폐처럼 난 그 찬조금을 낸 집안의 어린 아이 앞에서 꼬지작한 표정을 한동안 지어보여야만 했다. 그 아이가 말없이 물어 왔기 때문이다. 그 돈으로 무슨 환경 미화를 하셨나요, 선생님?

그래, 난 촌지와 무관한 사람이 아니었다. 단지, 촌지를 받아 챙길만한 환경에 처해 보지 못한 것뿐이다. 바늘 도둑이 소도둑 된다고 난, 돈 봉투를 의례히 받는 자리에 서게 되면서 감각이 둔해지고, 엊그제와 같은 우행(愚行)을 범하게 되었다.

아침에 전활 넣었다. 그 두 번째 봉투를 건넨 분께. 할 말 없는 입으로 할 말을 해야 했다. 손이 잘못을 범했는데 입이 사과를 하고 있었다. 변명 아닌 변명을 늘어놓으며. 어쩜, 그분은 의아해 했을는지 모른다. 기억도 없거나 경황이 없어서 인식하지도 못한 일을 자백하는 아마추어리즘에.

전활 끊고 돌아서며,
날 더듬는다.

청산할 게 이것뿐이 아니다. 존재의 기반이 무너져 내릴 것 같아 청산하지 못한 퓨전경제가 내안에 여전히 존재한다. 생존보다, 존립보다 우선한 것은 없다는 명분 아닌 명분으로. 나 홀로 사수하는 이 지구 방어에 그 누가 감히 왈가왈부할 수 있겠느냐는 오만으로, 난 충만하다. 죄 아닌 죄를 죄짓고 있다. 여전히 NO를 YES하지 못하고 있다.

수몰 당해 불어난 뱃살처럼.
돌짝밭을 걸어 굳어진 발바닥 각질처럼.
이젠, 도려내기조차 힘든 나 아닌 나.

빈다.
'주여, 내 안에 정직한 영을 새롭게 하소서!'

다시 'NOYES'에 대하여

2008.12.26(금)

난 그들의 “No”에 대해 “NO!”하려고 한다.

다시 그 책을 펴든다.『인류 역사를 진전시킨 신념과 용기의 외침 NO!』이 책은 단숨에 읽어 치울 책이 아니라서 눈앞에 두고, 내 안의 전의(戰意)를 불태울 필요가 있을 때마다, 난 필요한 꼭지를 찾아 읽는다. 평생을 두고 읽어야 하고, 일생을 걸어도 다 읽어 낼 수 없는 책이다. 아직까지도 난 목숨이 아깝고, 주변정리가 완결되지 않았다. 그동안 그렇게 오해와 막심한 손해를 입으면서도 나름대로 외쳐 온 “NOYES!”를 다시 외쳐야할 시간이 다가오는데, 난 예전 같지 않게 알량한 지혜(?)를 구하고 있다.

‘NOYES’ - 아니오(NO)를 예(YES) 하기

이 용어는 내가 만든 용어다. 이 용어는 분명히 내 삶속에서 우러른 철학적 개념이다. 그런데 해아래 새것이 없다고, 위 책의 저자 장 프랑수아 칸이 비슷한 이야기를 책으로 찍어 냈다. 그러나 그는 'NO!' 지만, 난 'NOYES!'다. 허나 그의 글 속에 'NOYES'에 대한 이런 재미난 해설이 소개되어있다. 31쪽이다.

" '예스'라고 이야기하기 위해 '노'라고 이야기하기 - '예스'를 이끌어 내거나 암시하지 않는 '노'는 결국에 가서 어떤 이득도 없다. 그러한 '노'는 무책임하기 때문에 일관성이 없고, 위험이 없기 때문에 진부하다. 드골 장군의 '노'는 프랑스에 대한 '예스'였다. 빅토르 위고의 '노'는 공화국 대한 '예스'였다. 토머 모어의 '노'는 자신의 믿음에 대한 '예스'였다. 토머스 베케트의 '노'는 자신의 양심에 대한 '예스' 다. 졸라의 '노'는 민주주의에 대한 '예스'였다. 클레망소의 '노'는 국가에 대한 '예스'였다. 장 물랭의 '노'는 민주주의와 국가 및 명예에 대한 '예스'를 의미했다."

머지않아, 난 우리 신앙공동체 정신을 파괴하는 독버섯의 맹아인 패권주의적, 인종주의적, 파벌주의적, 탐욕적 불관용과 무지몽매에 대해 단호히 'NOYES'를 해야 할 자리에 서게 될 것이다. 그 이분법적 사고에 머물러 있는 퇴행적 인사들의 파벌주의적, 탐욕적 심상에서 표출된 'NO!'를 난 'NOYES'해야 한다. 그런 사명이 내게 주어졌다.

내가 가장 혐오하는, 견딜 수 없어하는 퇴폐적 인사권 남용에 대해 난 맞서 싸워야 한다.

칼에 피를 묻혀야 하는데…….

오늘 침례(?)를 행하면서, 난 '유레카'를 구했다. 내 중량만큼만 넘쳐나는 물. 내 핀급 체중으로 그 욕탕을 오염시키고 있는 오욕(汚辱)질 나는 부유물들을, 과연 내가 건어낼 수 있을까? 나 혼자 힘으로 가능할까? 이 세상의 부정부패를 모조리 쓸어버리겠다고 호언하는 문하생에게, 그 스승이 빗자루 한 자루를 내주며 저 방 안의 먼지부터 일소(一掃)해 보라 했다. 방안의 먼지를 일소(一掃)한 이가 과연 그 누군가? 없다. 불가능하다. 일소(一掃)란 일소(一笑)다.

그래서 알곡과 함께 가라지를 최후의 심판 날까지 함께 자라도록 내버려 두신다고, 우리 주님께서도 그렇게 말씀하지 않으셨던가? 옳으신 말씀이다. 흰 머리카락 하나 뽑아내면, 두, 세 개가 더 난다는 울 엄니 말씀처럼, 고문관 없는 사회 없듯, 악역은 절대로 사라지지 않는다. 오히려 악화가 양화를 구축한다지 않던가?

신앙공동체의 순결을 바라는 나의 'NOYES'는 분명 그 진정성이 왜곡되고, 폄하되고, 나는 내가 그 가면을 벗겨버릴 이들의 분노와 보복의 표적이 될 것이 자명하다. 옳고 그름은 없고, 내편이 아니면 모두가, 모든 것이 적(敵)이 되는 세상이 우리 신앙공동체다. 이권이 결탁된 부도덕한 교권에 도전한 예수의 성전청결사건이 즉각 비수되어 돌아오지 않았던가? 그리고 그분을 어제까지 환호하며 영접하던 군중들조차 돌개바람 되어 그 노회한 교권주의자들의 앞잡이가 되어버린 변신은 무엇을 말해 주고 있는가?

그리고 난 다른 한편으로 신앙공동체의 통합에 앞장서라는 책무를 부여받게 될 것이다. 그러나 명백하다. 그 아날로그적인 퇴폐적 관행을 21세기에도 전가의 보도처럼 구사하는 퇴물들은 반드시 퇴출시켜야 한다. 수술은 그래서 불가피하다. 내가 적발한 그 부도덕한 욕망에 'NOYES'하는 것은, 내가 속한 공동체에 대해 'NOYES'하는 것이다. 루터가 그가 속했던 가톨릭을 'NOYES'했던 것처럼. 껍질이 째지는 아픔 없는 성장은 있을 수가 없다. 에밀 졸라의 「나는 고발한다」는 자신이 속한 사회집단 대부분과 단절을 선언하는 글이다.

난 공동의 결의를 번복하고, 능멸한 이들과 단절했던 아픈 기억이 생생하다.

사람은 살아온 대로 살아간다.

이것이 내 삶의 길이라면 난 피하지 않을 것이다.

그런데, 이 밤, 왜 서정주의 이 시(詩)가 읊조려지는지 모르겠다. 나도 늙었는가? 아님 노회(老獪)해졌는가? 아직까지는 내 의식은 시퍼런데, 내 무의식에 변이가 왔는가? 상복(常服)하고 있는 노화방지 약품들이 내 DNA를 변이(變異)시키고 있는 겐가?

전략(前略)

괜, 찬, 타, …… / 괜, 찬, 타, …… / 괜, 찬, 타, …… / 괜, 찬, 타, ……

끊임없이 내리는 눈발 속에서는 / 산山도 산山도 청산青山도 안끼어 드는 소리, ….

(내리는 눈발 속에서는 /서 정 주)

Wonderful, joyful life!

2011.08.01(월)

불볕이다.

그녀는 지금 맹렬히 타는 풀무불 속으로 내던져지고 있다. 사드락과 메삭과 아벳느고의 하나님께서 그녀의 육신을 구원해 주시길 간절히 기원한다.

"이 사람들이 본즉 불이 능히 그들의 몸을 해하지 못하였고 머리털도 그을리지 아니하였고 겉옷 빛도 변하지 아니하였고 불 탄 냄새도 없었더라(단3:27)."

세상엔 불꽃같이 살다간 이들이 더러 있다.

고(故) 이태석 신부.

나는 지난 2010년 12월 23일(목)에 그에 삶에 대한 단상을 이렇게 정리한 적이 있다.

1. "메시아 그런 분이 우리 같은 목자에게 관심이 있겠어요?" - 영화 '위대한 탄생' 대사 중에서. "우리 같은 사람에게?" "정말?" 허나 그건, 위대한 착각.
2. 이 태 석. 그는 톤즈를 도우러 가지 않았다. 그는 톤즈로 살러 갔다. 그리고 끝내 톤즈의 사람으로 죽었다. 예수처럼! 그랬다. 살러 갔다는 말은 죽으러 갔다는 말이다. 하여, 이제 톤즈는 더 이상 울지 않는다. 죽어 영원히 그가 톤즈와 함께 살고 있기에. 이것이 임재다. 이것이 감동을 넘어 선, 사랑이다. 이것이 사랑의 임재다.
3. 그가 톤즈 버려진 한센 병 환자 각인에게 제 발의 신발을 맞춰줬듯, 나도 그냥 그 발(들)에 맞춰 줄 수는 없는지? 헌 신발 되어.

   그는 '울지마 톤즈'에서 가장 행복한 만찬을 소개했다. 밥 한 그릇을 앞에 두고 죽어가는 아버지와 피골이 상접한 자식들이 눈싸움을 하더란다. 며칠 째 입에 풀칠조차 하지 못한 병든 아버지가 먼저 한 입 뗄 때까지, 그 허기에 절은 자식들이 숟갈을 들지 않겠노라고 버티는, 슬픈 열대. 허기진 피붙이들의 만복감(滿腹感)을, 그는 목도했단다. 죽어 산 그가 해설한다. 절대 슬프거나, 가여운 식탁이 아니었습니다. 그 식탁은, 세상에서 가장 아름답고, 행복한 식탁이었습니다.
5. 예수라면? 톤즈에 학교를 세울까? 교회를 세울까? 이 태 석, 그는 학교를 세웠다. 아파도, 배고파도 울지 않던 톤즈에 눈물을 가르쳐준, 교회 같은 학교를, 사랑의 학교를. 예수라면!
6. 내 혼탁하고, 혼미한 영혼을 흔들어 깨우는, 이 부 끄 러 움.

어제 저녁 KBS 스페셜(KBS 1 T.V)에서 「〈울지마 톤즈〉그 후 - 선물」을 방영했다. 방송은 고(故) 이태석 신부의 리더십을 '섬김의 리더십'이라고 명명했다. 다음은 KBS 스페셜 홈피에 떠있는 방송 내용 중 일부다.

"세계적인 지도자를 키워온 미국 아이비리그 대학에서 30년 동안 강조해온 리더십이 있다. 서번트 리더십(servant leadership), 섬김의 리더십이다. 그린리프 박사가 개념을 정립한 서번트 리더십은 타인이 필요한 것을 알아내 이를 얻을 수 있도록 봉사하는 리더십을 말한다. 〈울지마 톤즈〉 이후 이태석 신부를 '서번트 리더'로 부르며 그의 리더십을 실천해야 한다는 목소리가 나오고 있다. 제작진은 미국 중부 '서번트 리더십 센터'를 찾아 영화를 보여 주고, 이태석 리더십의 그 무엇이 사람들의 감동을 불러온 것인지 취재했다. 신부가 보여준 서번트 리더십의 감동(感動)은 사회 지도층의 구체적인 변화를 만들어내기도 했다."

그 방송에 소개 된 미국 중부 '서번트 리더십 센터'의 관계자가 고(故) 이태석 신부에게 받은 감동을 이렇게 전했다. "그의 젊은 죽음이 애석한 것이 아니라, 이태석의 짧지만 굵었던 Wonderful, joyful life가 자신에게는 큰 감동을 선사했노라"고 말했다.

Wonderful, joyful life!

그랬다. 그 다큐 속의 이태석은 풀무불 속에서도 항상 밝고 명랑했다. 그리고 모두를 감동시킨 그의 낮은 자로서의 온전한 섬김의 삶은 뭇사람들을 놀라게 하기 이전에 자신이 먼저 자신을 즐거워하는 삶이었다. 사람다운 삶에서 우러른 희열을 그는 누리며 살았다. 죽음과도 바꿀 수 있는 짜릿한 일생이었다. "죽어도 좋아~." 그의 실천으로 마감 한, 그 탄성은 마치 다니엘의 세 친구들이 "그리 아니하실지라도(단3:18)"이다. 지금 비록 그들이 맹렬히 타는 풀무불 앞에서 자신들이 '몸을 가진 존재'가 아니라 '몸에 의한 존재'임을 자각해야하는 엄혹한 순간에도 그들은 '몸에 의한,' 즉 몸에 매이는 존재가 아님을 만천하에 선포한 것이다. 이는 마치 욥이 그 참혹한 고난 속에서도 "이르되 내가 모태에서 알몸으로 나왔사온즉 또한 알몸으로 그리고 돌아 가올지라 주신 이도 여호와시오 거두신 이도 여호와시오니 여호와의 이름이 찬송을 받으실지니이다 하고 / 이 모든 일에 욥이 범죄치 아니하고 하나님을 향하여 원망하지 아니하니라(욥:21-22)."고 선언했던 고백과 일맥상통하다. Wonderful, joyful life! 그렇다. 예수 안에서 즐거워하던, 놀라운 믿음을 소유 했던 작은 예수들은 '몸에 의한 존재'이기를 거부했다. 순교신앙은 절대로 몸에 매이지 않는 신앙이기 때문이다. 그렇게 그들은 몸에 매이지 않고, 그 사랑에 매어 찬송하며 갔다. 성경이 말하는 몸이란 정신의 외피로만 취급당한 육체(의 이데올로기)가 아니다. 몸은 전체다. 전부다. 김현승의 가장 나종 지닌 것 한 방울, 눈물이다. "Wonderful, joyful life!" 이는 몸의 유혹에 대해 NOYES한 이들이 주안에서 얻은 희열이다.

오늘 맹렬히 타는 풀무불 속으로 걸어 들어가야 하는 한 신앙인을 대한다.

그녀는 물불을 가리지 않고 온 몸을 내던져 주의 일에 앞장서 왔다. 사람들은 그녀를 미련했다고 탓하며, 애석해 한다. 그러나 그녀의 삶은 Wonderful, joyful life! 했다. 그리고 오늘 그녀는 생사의 갈림길에 서 있다.

"여호와께서 또 욥에게 일러 말씀하시되 / 트집 잡는 자가 전능자와 다투겠느냐 하나님을 탓하는 자는 대답할지니라 / 욥이 여호와께 대답하여 이르되 / 보소서 나는 비천하오니 무엇이라 주께 대답하리이까 손으로 내 입을 가릴 뿐이로소이다 / 내가 한 번 말하였사온즉 다시는 더 대답하지 아니하겠나이다(욥40:1-5)."

적어도 그녀는 두 번은 하나님과 다투지 않을 것이다.

그러나 내 바라옵기는 전능하신 주께서, 치료의 광선을 발하시어(말4:2) 그녀의 생명을 히스기야처럼 연장시켜 주시기를(왕하20:1-11) 간구하고, 간구한다.

"네 이름을 경외하는 너희에게는 공의로운 해가 떠올라서 치료하는 광선을 비추리니 너희가 나가서 외양간에서 나온 송아지 같이 뛰리라(말4:2)."
"이 사람들이 본즉 불이 능히 그들의 몸을 해하지 못하였고 머리털도 그을리지 아니하였고 겉옷 빛도 변하지 아니하였고 불 탄 냄새도 없었더라(단3:27)."
"믿음의 기도는 병든 자를 구원하리니 주께서 그를 일으키시리라 혹시 죄를 범하였을지라도 사함을 받으리라(약5:15)."

그리 아니하실지라도, Wonderful, joyful life!를 살고 있는 그녀이지만, 나는 이상의 말씀이 그녀의 몸을 통해 역사하길 기도한다.

간절히.

NOYES21.COM

'아니오'(NO)를 '예'(YES)하여,
그 에덴(Eden)을
이 땅에 회복하는 그날까지!

영혼일기
1500회

영혼일기 1500회
상황을 견디게 한 글쓰기를 넘어

2013.12.07(토)

작가 이승우는 '현대 프랑스 문단의 살아있는 신화' '살아 있는 가장 위대한 프랑스 작가'로 불리는 2008년 노벨문학상 수상자 르 클레지오가 장차 노벨상 문학상에 가장 근접한 한국의 소설가라고 평한 바 있다. 서울신학대학교 동문인 그가 참 자랑스럽다. 실로 오랜만에 소설가 이승우 선생과 접속했다.

믿음으로 구원을 얻지만, 구원에 이르는 도상(途上)에서 부딪히는 상황을 견디게 하는 방편으로서의 글쓰기의 효험에 그는 동의했다. 상황을 견디게 하는 글쓰기. 소설가인 그가 그렇듯 나 또한 영혼일기를 반(半) 공개적으로 써 오면서 나는 거부하고 싶은 상황을 견뎌냈기에 그의 진단에 나는 재청을 발했다. "사람에게는 희망을 걸 수가 없어서……." 그 고립을 글쓰기를 통해 내면화했고, 주저앉을 수 없어 뭔가 끼적이다가 예까지 이르렀다는 말이다. 그랬다. 나도.

나는 목회란, 사람에 대한 믿음을 잃어가면서 하늘 당신에 대한 믿음을 더 얻어가는 일이라고 나는 천 년 전에 후배들 앞에서 갈파한 적이 있었다. 그 말은 씨가 됐고, 나는 소설로 복무하고 있는 신학도 출신 소설가에게 오늘 나의 목회관이 결코 오답이 아님을 확인했다. 슬프다.

나는 사주팔자를 믿지 않는 사람이다. 그런데 오늘 조간신문 1면을 장식한 남아공 첫 흑인 대통령 만델라의 서거(逝去)와 오늘 새벽에 있었던 브라질 월드컵 조 추첨식이 거의 한 날에 겹친 조화가 예사롭지 않다고 여겨진다. 자유를 향한 여정을 마치고 잠든 '세기의 거인' 만델라(1918~2013)와 FIFA가 무슨 관련이 있다고 두 사건을 연관 짓느냐고 혹자는 반문할 것이다. 아니다. 두 사건 사이에는 분명 깊은 연관이 있다.

궁극적으로 남아공이 민주 국가로서의 기틀을 다지는 것이 만델라의 삶의 목표였다. 그러나 그 목표를 이루는 과정에서 그가 겪어내야 했던 모진 상황을 견뎌내게 한 것이 축구였다. 소설가 이승우와 내가 글쓰기로 상황을 견뎌 낸 것처럼. (물론 전적으로 글쓰기에만 천착한 전문 작가의 경우와 나를 비교한다는 것은 다소 어폐가 있지만) 만델라는 축구를 통해 민주 국가의 기틀을 다지는 인내의 시간을 살아냈다.

시인이자 아프리카 미술 기획자인 작가 정해종은 만델라와 축구에 대해 이런 소개를 하고 있다.

「로벤 섬에는 감옥이 있었다. 남아공의 극단적인 인종분리 정책인 아파르트헤이트에 저항했던 정치범들을 수감했던 감옥이었다. 아파르트헤이트 자체가 공포였던 시절이니, 정치범들을 다루는 방식이 얼마나 가혹했을까. 고된 노동과 폭력으로 점철된 날들이 이어졌다. 간수들 몰래 셔츠를 둥글게 뭉쳐 발길질하는 것을 낙으로 삼던 수감자들은 정치 노선을 떠나 한 목소리로 축구를 할 수 있는 권리를 주장했다. 온갖 탄압 속에서도 스스로 인간임을 자각할 수 있는 유일한 여가활동을 집요하게 탄원했고, 때마침 남아공의 가혹한 인종차별 정책에 반대하던 국제사회와 적십자사의 압력에 결국 교도소 당국은 축구 경기를 허락하게 되었다.

천사백여 명에 이르는 수감자들은 선수, 매니저, 심판, 코치 등 체계적으로 구성된 팀들을 만들고, FIFA의 규정을 엄격하게 적용하여 경기를 치렀다. 지속적인 투쟁으로 경기 중에는 죄수복을 벗고 유니폼을 입을 수 있는 자유도 얻었다. 만델라의 여든아홉 번째 생일에 축구 역사상 처음으로 개인이나 국가가 아닌 단체의 자격으로 FIFA 회원이 된 '마카나 축구협회'는 이렇게 만들어지게 되었다. 서슬 퍼렇던 아파르트헤이트 체제하에서, 그것도 정치범들을 모아놓은 수용소에서, 전설 같은 그들만의 리그는 1991년 만델라 정권에 의해 감옥이 폐쇄될 때까지 계속되었다.

"우리는 축구를 통해 저항과 단결을 도모했다"는 만델라의 말처럼, 로벤 섬의 감옥 축구는 다양한 정치적 신념과 배경을 가지고 있는 수감자들을 하나로 묶어 아파르트헤이트에 저항하는 계기를 만들었다. 공으로 승패를 가르는 단순한 게임을 넘어 자유를 위한 투쟁의 연대였던 것이다. 지옥 같은 수용소에서 수많은 역경을 딛고 인간의 위엄을 찾는 도구로 축구가 어떻게 활용되었는지에 대한 이 믿기 힘든 설명은, 우리 모두에게 자유와 꿈의 의미를 다시 한 번 되새기는 아름다운 전설로 남는다. 『디스 이즈 아프리카』저 : 정해종(난다) 중에서」

그랬다. 그 상황을 견디게 한 힘으로서의 글쓰기처럼, 저 상황을 견디게 한 간수들 몰래 셔츠를 둥글게 뭉쳐 발길질한 것이 오늘 남아공의 민주화가 가능케 된 힘이었다. 그 주연과 조연으로 만델라와 FIFA가 있었다. 그리고 공 하나로 윈-윈 했던 만델라과 FIFA가 우연을 가장한 필연으로 오늘 옷깃을 스치며 별리를 고했다.

상황을 견디게 하는 힘으로서의 글쓰기. 신심 깊은 신앙인들은 이런 고백이 다소 낯설 것이다. 상황을 견디게 하는 기도. 이래야 아멘이 터져 나올 텐데. 장차 가장 유력한 노벨상 후보로 지목 된 것이 매우 부담스럽다며, 다시는 그런 류의 립 서비스는 자기 앞에서 발하지 않았으면 한다고 내게 당부한 이승우 선생은, 소설이나 쓰고 있는 자신의 영적 허전함도 언뜻 내비쳤다. 그는 신학도였다. 그는 적어도 소명에 응답한 전도자로서의 사명을 아직도 잊지 못하고 있어 뵀다. 나는 그가 언젠가 "자신은 소설로 복무한다"라고 표방했던 그 사명관을 환기 시켜줬다. 그랬더니, 그건 면피용이었다며 말끝을 흐렸다. 나는 노벨상을 받아 조국을 빛낸 후, 슈바이처 박사처럼 아프리카 람바레네로 복음을 들고 가라고 했다.

그렇다. 상황을 견디게 하는 힘으로서의 글쓰기에만 매달리는 사명자란 엄밀히 말해 사명자라고 말할 수 없다. 사명의 다양성을 굳이 인정한다고 해도 한 때, 신학도였던 사명자가 글쓰기로만 그 사명을 완성했다고는 말할 수 없기 때문이다. 소설로 복무한다는 말을 전업 작가도 동의할 수 없다는데, 하물며 목사인 내가 어떻게 글쓰기로 사명을 대체하고 있다고 말할 수 있겠는가? 그래서 면피용으로 나는 그동안 내 일기를 '글기도(祈禱)'라고 치장해 왔다. 그러나 로빈 섬에서 축구만 해댔다면, 볼만 차고 말았다면 오늘의 만델라도, 남아공의 민주화도 없었을 것이다. 상황을 견디게 하는 힘으로서의 그 무엇이란, 적어도 그 본질적 사명을 감당해 낼 근력(筋力)이어야만 한다. 사명을 온전히 감당하기 위해 근력을 다지는 것. 그런 근력 다지기는 비단 글쓰기나 볼 차기만이 아니다. 숱하게 많은 근력 다지기 방편들이 있다. 나는 일기 쓰기를 택했을 뿐이다.

그리고 영혼일기 1500회. 나는 지난 일기를 비교해 보면서 내가 전인(全人)적으로 무척 건강해졌음을 확인한다. 사명을 감당할 만한 근력이 몸에 붙었다는 말이다. 근력은 힘이다. 영혼일기를 통해 얻은 힘. 이 강력(强力)은 반드시 마귀의 궤계를 대적하는데 사용되어져야만 한다. "정사와 권세와 이 어두움의 세상 주관자(主管者)들과 하늘에 있는 악의 영들을 쳐부수는데(에베소서 6:12)" 사용되어야 한다. 자신의 이름이나 높이고, 얻는 부로 자신의 배나 채우는 데 쓰라고 우리에게 그런 방편들을 허락하신 것이 아님을 적어도 나는 안다.

자리를 박차고 일어서야 하리.
옥문을 깨부수고 삶의 현장으로 들어서야 하리.

이제, 상황을 견디게 한 유희를 넘어,
그 다져진 근력으로 상황을 밟고 진군하라.

당신의 나라가 이 땅에서 이루어지도록.
회전하는 그림자도 없는,

당신의 나라가 임할 그날까지.